民国笔记小说粹编编委会

十叶野闻

民国笔记小说粹编

许指严 著

山西出版传媒集团
三晋出版社

图书在版编目(CIP)数据

十叶野闻 / 许指严著. —太原:三晋出版社,
2022.6
(民国笔记小说粹编)
ISBN 978-7-5457-2458-5

Ⅰ. ①十… Ⅱ. ①许… Ⅲ. ①笔记小说—小说集—中
国—民国 Ⅳ. ① I246.1

中国版本图书馆CIP数据核字(2022)第102819号

十叶野闻

著　　者: 许指严
责任编辑: 薛勇强
责任印制: 李佳音
封面设计: 段宇杰

出 版 者: 山西出版传媒集团·三晋出版社
地　　址: 太原市建设南路21号
电　　话: 0351-4956036(总编室)
　　　　　0351-4922203(印制部)
网　　址: http://www.sjcbs.cn

经 销 者: 新华书店
承 印 者: 山西人民印刷有限责任公司

开　　本: 850mm×1168mm　1/32
印　　张: 9.5
字　　数: 190千字
版　　次: 2022年7月　第1版
印　　次: 2022年7月　第1次印刷
书　　号: ISBN 978-7-5457-2458-5
定　　价: 42.00元

总　序

黄　霖

承蒙三晋出版社的错爱，我遵嘱为他们在《民国笔记小说大观》的基础上再做的选粹本作了这个序。说实话，当时我一听这个书名就感到有点头疼，因为自从1912年王文濡推出《笔记小说大观》以来，究竟如何认识“笔记小说”这个名目可以说是众说纷纭，非三言两语能够说清，再加上手头的事情实在太多，不想去算这笔糊涂账了。但后来一想，近年来我正从研究近代文论的圈子里跨出来，在关注现代的“旧体”文学与文论，“笔记小说”这个名目作为一种文类或文体亮相并引发了争议，也正是从近现代开始的，因此也不妨乘此机会来梳理一下吧。

显然，要辨说“笔记小说”，首先要将“笔记”与“小说”这两个概念简要地说一说。好在古代对这两个概念，大家的认识本来就大致相近。

假如从《庄子·外物》《论语·子张》《荀子·正名》分别所说的“小说”“小道”“小家珍说”算起，“小说”之名是出现得比较早的。到汉代桓谭《新论》所提的“小说”就与20世纪前一般学者所认识的“小说”比较一致了。它指出其特点是“丛残小语，近取譬论，以作短书”。尽管“小说”于“治身理家，有可观之辞”，但据《论衡·谢短篇》等篇的解释，这类“短书”，写的都是“小道”，“非儒者之贵也”。到《汉书·艺文志》就明确在史志目录中将“小说”归为一类，并列出了具体的书名，从中可见，“小说”中既有“史官记事”之作，也有“迂诞依托”之书，另有阐发哲理的议论、风俗逸闻的记载，等等，内容庞杂，范围广泛。以此可见，“小说”这个概念的出现，先是从内容着眼，强调它写的是有别于经传“大道”之外的杂七杂八的“小道”，与此相适应的是在形式上都是“丛残小语”。简言之，所谓“小说”，就是并非正面、集中阐述“大道”的杂、碎文字。

至于“笔记”之名，当后起于文笔相分的六朝。刘勰《文心雕龙·总术》云：“今之常言，有文有笔，以为无韵者笔也，有韵者文也。”笔记，当属用无韵之笔随记而成的、有别于经年累月、深思熟虑写就的杂、碎文字。当时之所以起用“笔记”之名，主要是从写作的方式与形式的角度上来考虑的。一时使用这个概念者也较多，如刘勰在《文心雕龙·才略》中明确地提出了有“笔记”之作：“路粹、杨修，颇怀笔记之工”，“温太真之笔记，循理而清通，亦笔端之良工也”。差不多同时的萧子显在《南齐书》卷五十二《文学·丘巨源传》中也提到了“笔记”之名。到宋代就有了以“笔记”为名的书籍，如宋祁的《宋景文公笔记》、苏轼的《仇池笔记》等等，久盛不衰。假如也用一语而言之，则所谓“笔记”，就是随笔而记的无韵杂、碎文字。

于此可见，“小说”与“笔记”之别，主要是在起用这两个概念时的着眼点、出发点不同，一是从内容出发，一是从写作的方式出发，在20世纪以前的文献学意义上，它们的实际内涵与外延应该是大致相同的，所谓“笔记”或“小说”，都是指经（正）史之外的，包括各类内容与多种形式的零简短章。它们一般都用的是文言，所以到现代，有人在“小说”之前加了“笔记”，用来与“白话小说”相区别；它们一般成集，但也有单篇或零星几章的，特别是在报刊兴起之后，单篇之作也很多。正因为“小说”与“笔记”两个名目，有异有同，古人又似未见对此有所辨析，只是在各自的著作中自做不同的分类或赋予不同的名目，于是就分分合合，弄得缠夹不清了。

不过，据我粗略的检视，在20世纪以前的漫长历史中，文人墨客或用“小说”之名，或称“笔记”之作，绝大多数并没有将这两个名称合在一起，没有把“笔记小说”或“小说笔记”作为一个文体或文类的名称来使用的。偶尔有之，也是为了文气的连贯而将两者作为相近文体或文类而并列在一起而已。假如当时有标点符号的话，应该是写成“笔记、小说”更为确切，只是当时没有标点符号，就将两者并写在一起了，如宋代史绳祖在《学斋占毕》卷二“蔆蔆二物”条中说：“前辈笔记小说固有字误，或刊本之误，因而后生末学不稽考本出处，承袭谬误甚多。”[①]再如清代王杰所编的《钦定重刻淳化阁帖释文》中有一文写道，“各有专书以纠其失，其他见于古今诗、文及说部、笔记者指摘不胜枚举”。[②] 这里的诗与文、说部与笔记之间都是应该加顿号的，它们都是并称的。再如江藩在说钱大昕治元史时说：“搜罗元人诗文集、小说笔记、金石碑版，重修元史，后恐有违功令，改为《元诗纪事》。”[③]其“小说笔记”也只能看作是性质相近的两类文字并写在一起，也并没有将“小说笔记”四字合在一起看作是一个文体或文类。

时代跨进了20世纪，在新的文学思潮影响下，1902年梁启超在正式发行中国第一本小说杂志《新小说》之前两个月，在《新民丛报》第十四号上发了一篇《中国惟一之文学报〈新小说〉》，对将要发行的《新小说》的宗旨、形式、内容、发行等问题做了介绍，特别详细地对将要发表的各类小说做了分类说明，指出有历史小说、政治小说、哲理科学小说、军事小说、冒险小说、探侦小说、写情小说、语怪小说等不同，这些显然都是从内容上分类的。接下来就从形式上、或者说从文体上指出还有“札记体小说”与“传奇体小说”。在这里，“札记”与“笔记”义同。他特别在“札记”与“小说”之间加了一个“体”字，意义非

① 史绳祖《学斋占毕》卷二，文渊阁四库全书本。

② 王杰等辑《钦定石渠宝笈续编》卷二十三，清乾隆末年内府朱丝栏抄嘉庆增补本。

③ 江藩《国朝汉学师承记》卷三，清嘉庆十七年刻本。

凡。这表明在新潮的西方文学观念影响下，他所认识的“小说”已不再是传统的不论在内容上还是形式上都是包罗万象、混沌模糊的一个概念，而是开始将“小说”看作“文学”中的一种自具特色的文体，而“笔记”也只是一种特殊的表现形式与手段。正是在转变了小说观念之后，他在“笔记”与“小说”之间加了一个“体”字，以示这类小说是“笔记”类文体或形式的小说。后在《新小说》正式发行时，他又将“札记体小说”略称为“札记小说”。这种“札记小说”的代表作就是“随意杂录”的“《聊斋》《阅微草堂》之类”。这也就是说，“札记小说”乃是一种用随意笔记的形式写就的如《聊斋志异》《阅微草堂笔记》一类的有故事、有人物，乃至有虚构的文字，也就是“札记体小说”。现在看来，梁启超在新潮的纯文学观念影响下，他心中的“小说”已不同于桓谭、班固到刘知几、胡应麟及四库馆臣笔下的“小说”了。他已将“小说”作为“文学”中的一种独立的文体，不再与“笔记”混同一体，而认为古代作品中“笔记”与“小说”这两者的关系，只能是“笔记体小说”或“小说体笔记”，因而在他主编的《新小说》中发表诸如《啸天庐拾异》《反聊斋》《知新室新译丛》等作品时所标的“札记小说”四个字的含义，实际上已经与古人所用的“笔记小说”之义大相径庭，赋予了“笔记体(类)小说”的新意。这是一次历史性的跨越。自此之后，“札记小说”或“笔记小说”四字的含义，就不再只是“笔记与小说”或者是“笔记加小说”一解，而是另有了一种新义了。而且在这里也清楚地告诉了人们，“笔记”与“小说”两者是不能相混的：在“笔记”中有一类是“小说”，还有许多并不是小说；在小说中有一类是“笔记体”，还有很多是非笔记体的；所谓“札记体小说”或“札记小说”，就是用笔记的手法写成的小说，或者说是归于“笔记”类中的“小说”。

梁启超的看法立即产生了影响。继《新小说》之后，不久发行的一些小说杂志，如《竞立社小说月报》《月月小说》，乃至如以学术为主的《东方杂志》之类也都在这样理解“札记小说”四字的基础上安排了这一专栏，发表了一系列的“笔记体（类）小说”。同时，商务印书馆出版的规模宏大的“说部丛书”，也据梁氏的分类标准，在每一部的封面上大都醒目地标明了是属于某类小说，如政治小说、军事小说等等，其中也有《海外拾遗》《罗刹因果录》等标明是“笔记小说”。此二书，都是分八则，写了各色人等的故事。这里的“笔记”与“小说”之间虽无一个“体”字，但实际就是“笔记体（类）小说”的意思，都是用随笔的形式写成的有故事、有人物、有虚构的作品。乃至在 1929 年 4 月 2 日的《新闻报》的广告栏中刊载大华书店发售的小说，也标明了不同的分类，除了从内容上区别“武侠小说类”“香艳小说类”及新与旧的不同外，另就形式而言也有“笔记小说类”。显然，这个“笔记小说类”也就是“笔记中的小说”或“小说类的笔记”，与梁启超的认识是一脉相承的。

但到民国年间出现了新问题，好编丛书的王文濡，接连编印了《古今说部丛书》《笔记小说大观》《说库》等将传统笔记与小说混在一起的丛书。其用“说部丛书”“说库”之名当无问题，而其于1912年用进步书局之名出版的《笔记小说大观》一书，共分八辑，收220余种作品，体量极大，尽管其书的《凡例》称“所选趋重小说”，但同时又说，“然关于讨论经史异义，阐发诗文要旨”等“古人笔记中往往有之”之作品也不忍“割爱”。且开宗明义第一条就说：“本编纂辑历代笔记，起六朝，迄民国，巨人伟作，收罗殆遍。”其书在报纸上刊载的“预约广告”也说：“《笔记小说大观》，系集汉魏以来笔记二百余种之汇刊，都五百余册。”[①]都是将“笔记”覆盖了“小说”。可见王文濡心目中还是将“小说”与“笔记”混在一起的。这样一来，同样“笔记小说”四字，自古至今出现了三种理解：一种是古代个别学者将“笔记”与“小说”并称而合在一起；另一种是如梁启超们将“笔记”中可称“小说”的一类称之为“札记体小说”或略称为“札记小说”；再者就是王文濡将“笔记”与“小说”混为一类的“笔记小说”。

由于当时的小说界普遍接受了新潮的小说观，而对古人曾经有过的零星将“笔记”与“小说”并称的情况没有注意，所以一见王文濡将“笔记”与“小说”混为一类就多有不满，如在当时文坛上比较活跃的姚赓夔就撰文说：

---

① 《新闻报》《民国日报》1928年6月19日同载。

> “笔记小说”四字，最不可解。笔记自笔记，小说自小说，岂可相混？笔记而名之以小说，是何异画蛇而添足乎？①

署名玉衡者也发文说：

> 笔记与短篇小说，体裁既异，结构亦不自同。而今之作者，往往互相混淆，是无异于孙周之兄不能辨菽麦。②

《海上繁华梦》作者漱石生也说：

> 笔记有笔记体裁，小说有小说绳墨，二者绝不相混也。③

与此同时，小说界开始注意辨析“笔记”与“小说”的异同。如《申报》1921年3月20日载《笔记与小说之区别》，列举了九条，如云：“笔记须有记载之价值，次之趣味；小说须有百读不厌之精神，次之勿使阅者意懈，目不终篇。”“笔记重实叙，故曰记；小说可虚绘，故曰说。”“笔

---

① 《小说杂谈》，《星期》1922年第29期。

② 《小说管窥》，《星期》1923年7月29日。

③ 《余之古今小说观》，《新月》1925年11月1日。

记叙人物、地址皆有名，示翔实焉；小说多以‘某’代之，或并某字而无之，如‘生’‘女’皆成名称，不妨虚衬也。”为了避免将“笔记”与“小说”混淆，一些学者重拾梁启超的旧话，用“笔记体的小说”[①]“笔记式的小说”[②]或“笔记的小说”[③]等提法来取代容易混淆的“笔记小说”。应该说，假如大家都遵循这样的提法的话，后世就不会产生歧义了。

但问题比较麻烦的是，实际上从梁启超始，既创用“札记体小说”之名，又将之略称为“札记小说”，自乱了阵脚。现经《笔记小说大观》热炒畅销之后，特别经过一些“笔记+小说”类的“笔记小说”选本与丛书的不断亮相（选本与丛书中也有一些是只收“小说”的或只称“笔记”的），还是有相当一部分人将“笔记小说”看成是“笔记+小说”的。“笔记小说”一个名目、两种理解状况就始终存在着。

更使人缠夹不清的是，尽管自20世纪二三十年代后，大多数小说史家与文学史家笔下的“笔记小说”的实际含义已是“笔记类小说”，但他们还是乐此不疲地沿用“笔记小说”来论文与著史。最典型的如郑振铎先生，他在1930年写的专论小说分类的《中国小说的分类及其演化的趋

---

① 叶楚伧《中国小说谈》，《民国日报》1923年7月24日。

② 赵芝岩《小说闲话》，《半月》第3卷第14号。

③ 周群玉《白话文学史大纲》，上海群学社1928年版，第123页。

势》长文中，一方面指责《笔记小说大观》收之太滥，强调“笔记小说”丛书应当编成“故事集”，另一方面还是沿用“笔记小说”之名。他说：

> 第一类是所谓“笔记小说”。这个笔记小说的名称，系指《搜神记》（干宝）、《续齐谐记》（吴均）、《博异志》（谷神子）以至《阅微草堂笔记》（纪昀）一类比较具有多量的琐杂的或神异的“故事”总集而言；范围固不能过于狭小，内容的审查，固不能过于严格，然也不能如前之滥，将一切“杂事”“异闻”“琐语”都包括了进去，有如近日出版的通俗本的“笔记小说大观”。我们应该将他们限于“故事集”的一个标准之下，或至少须是具有大多数的故事的。所谓“琐语”之类的东西，像《计然万物录》（编者注：托名计然著，东汉时成书，原书佚，清茆泮林辑）、《博物记》（汉唐蒙）、《博物志》（晋张华）、《清异录》（宋陶谷）、《杂纂》（唐李商隐）、《幽梦影》（清张潮）、《板桥杂记》（清余怀）；所谓“异闻”之类中的《山海经》《海内十洲记》《神异经》；所谓“杂事”之类中的《摭言》（唐王定保）、《云溪友议》（唐范摅）、《北梦琐言》（宋孙光宪）、《归田录》（宋欧阳修）、《侯鲭录》（宋赵德麟）等

等，都是不能算作“笔记小说”的。[①]

在民国时期另作专论“笔记小说”的是王季思先生。他写的《中国的笔记小说》《中国笔记小说略述》两文内容大致相同。其基本意思也同郑振铎。他说：“就笔记说，凡是纯属学术的讨论与考订的，如《困学纪闻》《日知录》《廿二史札记》《十驾斋养新录》，虽是笔记，却非小说。”除此之外，笔记的“轶事、怪异、诙谐”三类中，不论所写“幻想幻觉”还是“所见所闻”，凡有故事，有人物，“最可见作者及所记人物个性”的，就是“笔记小说”。[②]

民国时期两篇有关“笔记小说”的专论，都是认同用四个字来表达笔记中的小说是一种独立的文体。这样的认知与表达实际上也反映了民国以来绝大多数的文学史、小说史作者的看法。不但如此，以后的文学史、小说史作者大都也是如此，一直到20世纪90年代所出的几本具有代表意义的“笔记小说史”，乃至目前最流行的袁行霈先生主编的《中国文学史》与袁世硕先生主编的《中国文学史》，都是将“笔记小说”理解为“笔记体小说”而不是“笔记与小说”的。苗壮先生的《笔记小说史》定义“笔记小说”时说：“以笔记形式所写的小说，它以简洁的文言、短

---

① 郑振铎《中国小说的分类及其演化的趋势》，《学生杂志》1930年第17卷第1期。

② 王季思《中国的笔记小说》，《战时中学生》1939年第9期；《中国笔记小说略述》，《新学生》1947年第4卷第2期。

小的篇幅记叙人物的故事。”[①]而袁行霈先生主编的《中国文学史》说“笔记小说”是“采用文言，篇幅短小，记叙社会上流传的奇异故事、人物的逸闻轶事或其片言只语”。[②]显然，他们都将“小说”之外的“笔记”排斥在“笔记小说”之外。但是，时至今日，人们在沿用这个歧义的“笔记小说”的名目时，已经很少有人再想起历史上曾经用过的“笔记体小说”“笔记式小说”“笔记类小说”这类比较确切的提法了。

从梁启超到郑振铎、王季思，到当代的文学史、小说史作者们，为什么明明心里想要表达的是“札记体小说”，要将“笔记”与“小说”区别开来，认为混入了不少笔记的《笔记小说大观》收得过滥，而最后还是没有鲜明地表示“笔记自笔记，小说自小说”，还是用了一个容易混淆视听的“笔记小说”呢？我想可能主要是汉字构词的特点所造成的。我们的汉字富有弹性，构词时常常留下了活络的空间。“笔记小说”四字，的确可以包容“笔记与小说”“笔记体小说”“笔记小说这一类小说”这三种不同的理解。谁都可以用这四个字来表达，谁都不能算错。再加上传统写诗作文，用四字构词比较上口，特别如梁启超，在为未出的《新小说》做广告时拈出了“札记体小说”，而当《新

---

① 苗壮《笔记小说史》，浙江古籍出版社1998年版，第4页。

② 袁行霈主编《中国文学史》第三版，第二卷，高等教育出版社2014年版，第153页。

小说》正式付印时，考虑与“历史小说”“政治小说”“科学小说”等并称，就略称为“札记小说”。当时在他心目中，肯定觉得这“札记小说”就等于“札记体小说”，殊不知“札记小说”也可理解成不是“札记体小说”的呢！

再看，从《笔记小说大观》问世以来，陆陆续续用“笔记小说”之名出版的一些选本或丛书，其总体数量虽不能与一些史著与研究著作相比，但其混乱的程度却非常突出。当然，其中也有一些选本或丛书用“笔记小说”或“小说笔记”之名来编选作品时，基本上都是选录了一些有小说意味的作品，如 1934 年江畬经编选的规模不小的《历代小说笔记选》就是一例。1949 年后，如 2004 年天津古籍出版社出版的《唐宋笔记小说释译》就明确说，“所选篇目以故事性、趣味性的轶事为主”。对于“笔记小说”概念的辨析最为清楚的，要数严杰先生在他编选几种“笔记选”时所写的前言中说的：“笔记小说只是笔记中的一大类”；“笔记大致可以分为三类”，“第一类以记载短小故事为主”，“第二类以历史琐闻为主”，“第三类以考据辩证为主”；“把笔记划分为三大类，并确定笔记小说的范围，需要注意的是，其间界限并不是非常清楚的，只能划出大略的轮廓而已。在确认第一类笔记为笔记小说的同时，也应该承认第二、第三类中也存在着相当数量的小说。笔记小说毕竟不能算是有意识创作的产物，其中的文学成分不是很纯净的”；“我们就不便再把唐传奇当作笔记小说看待了，尽管它同笔记小说有着渊源关系”。[①] 但是，毋庸讳言，还有编选者对于“笔记小说”的概念是缠夹不清的。比如，自《笔记小说大观》之后，1978—1987 年台北新兴书局出版的《笔记小说大观丛刊》，1990 年、1994 年先后由周光培编辑出版的《历代笔记小说汇编》（辽沈书社）、《历代笔记小说集成》（河北教育出版社），1999—2007 年上海古籍出版社出版的《历代笔记小说大观》，规模都很庞大，然其所收的没有小说意味的笔记触处可见，显然它们都是受王文濡的影响，将笔记与小说混为一类的。还有的，甚至将传奇、通俗长篇小说都纳入“笔记小说”之内，如有《清代笔记小说类编》一书，其《总序》说：“全书以传奇体小说为入选重点，从清人所作的约一百五十部笔记中选取二百余位作家创作的约一千九百篇作品，按类分编成十卷。”[②]我真不知道他选的究竟是传奇还是笔记。还有的竟然将《岭南逸史》《儒林外史》这样的长篇通俗小说也归入“笔记小说类”。[③] 此外，还有不少人将“笔记小说”与从语言上分类的“文言小说”混为一谈。如江西人民出版社 1984 年出版的《历代笔记小说选》称：“我国古代短篇小说，可分为两种：一是笔记小说，一是话本小说。前

① 严杰《唐五代笔记小说选译前言》，《唐五代笔记小说选译》，巴蜀书社 1990 年版，第 1—6 页。

② 陆林《〈清代笔记小说类编〉总序》，《清代笔记小说类编》，黄山书社 1994 年版，第 3 页。

③ 《新闻报》1929 年 4 月 2 日载大华书局广告。

者是用文言写的，后者是用白话写的。”诸如此类，可见对于“笔记小说”的理解真是五花八门，难怪程毅中、陶敏等先生站在不同的角度上大呼“笔记小说”的提法“于古于今都缺乏科学依据”，①“造成了许多混乱”。② 的确，这种混乱的局面再也不能继续下去了。

如今，我们要厘清“笔记小说”这个概念，就应该既要尊重历史演变的实际，又要解开一个结。这个结，就是要在正确认识传统的“大文学观”与目录学的基础上，去顺应近现代中西文学交流下的文学观念的通变，接受新的“小说”观，从而重新审视传统的“笔记”与“小说”。我们不能简单地认为接受新的小说观就是“以西律中”，抛弃传统。事实上，中国传统的包括叙事文学观在内的文学观本身也是在不断地发展变化，对于“文学”不同于学术乃至其他所有“文字著于竹帛”者而自具特性的认识也在不断发展与深化。就“小说”而言，对于这一文体的叙事、写人、虚构等特质的认知也是在一步一步地从混沌走向明晰，所以当西方的小说观传入后就能一拍即合，相互融合，形成了一种新的“小说”文体观。20 世纪以来逐步形成的所谓“小说”，乃至“笔记小说”“传奇小说”“话本小说”“章回小说”等名目，都是在立足本土、借镜西方、反复

① 程毅中《略谈笔记小说的含义及范围》，《古籍整理研究学刊》1991 年第 2 期。

② 陶敏、刘再华《“笔记小说”与笔记研究》，《文学遗产》2003 年第 2 期。

讨论的过程中形成的具有中国特色的新概念。这种新的小说文体观的确立与分类的细化，正标志着中华民族文化的进步，也显示了我们民族具有包容与消化世界先进文化的胸怀与能力。实际上，我们对于古代与西方的文化，都应该以一种辩证的、发展的、现实的眼光来看待，站在当代的、中国的、科学的立场上来接受与扬弃。承传中华民族文化的优秀精神，不是要倒退，而是要向前。假如今天不接受百年来形成的新的小说观，再将古今两种小说观搅在一起的话，“笔记”与“小说”的糊涂账将是永远算不清楚的了。

当我们辨明“笔记小说”四字的前世今生，再面对现实的发展态势，我相信将来的发展可能不用学者们过多辩说，事实上会“约定俗成”地形成这样的情况：“笔记小说”四字即表达了“笔记体小说”或“笔记类小说”“笔记式小说”的意思。这已为自梁启超以来的百余年历史所证明，绝大多数小说家及文学史、小说史专家，以及多数“笔记小说”的选本、丛书等出版物，都是将“笔记小说”理解为用笔记体写成的、大致符合现代文体分类中具有“小说”意味的作品。它是“笔记”的，也就是不同于有完整故事的传奇，更不是通俗长篇之作，而是一些随意编录的零简短章；它是含有现代所理解的“小说”意味的，其核心是记事的，或实或虚，或真或幻均可，而不同于传统习用的内容没有边界、相互纠缠不清的“小说”“笔记”“说部”“杂说”等名目了。

至于将“笔记”与“小说”混成一体的、甚至再羼杂“笔记”“小说”之外作品的“笔记小说”观，虽然在一些选本与丛书中偶然还看到，但实际数量是并不多的。而且我们还应该注意到，不少选本与丛书的选家，为了避免混淆“笔记”与“小说”，就干脆只用“笔记”之名而摒弃了因古今理解不同而容易引起歧义的“小说”两字，在《笔记小说大观》之后，就出现了为数不少的唯名“笔记”的选本，如姜亮夫编的《笔记选》(北新书局 1934 年版)、陈幼璞编的《古今名人笔记选》(商务印书馆 1938 年版)、叶楚伧主编的《历代名家笔记类选》(正中书局 1943 年版)、吕叔湘编的《笔记文选读》(文光书店 1946 年版)、刘耀林编的《明清笔记故事选译》(中华书局 1962 年版)、《历代史料笔记丛刊》(中华书局于 1979 年起编刊)、周续赓等编的《历代笔记选注》(北京出版社 1983 年版)、福建师范大学历史系华侨史资料选辑组编的《晚清海外笔记选》(海洋出版社 1983 年版)、卉子编的《中国古代笔记文选读》(四川少年儿童出版社 1986 年版)、偬仕编的《魏晋笔记选》(中国文学出版社 1999 年版)、黄飙编的《历代笔记选析》(海峡文艺出版社 2015 版)、倪进编的《唐宋笔记选注》(上海教育出版社 2016 年版)和《元明笔记选注》(上海教育出版社 2018 年版)等等，其中有的甚至主要或全部收的是“笔记体小说”，也宁可用“笔记”之名而不带“小说”两字了。这与 1983 年江苏广陵古籍刻印社重刊《笔记小说大观》的序言提到的一种看法完全相同：“笔记就是笔记，联带上‘小说’有点不伦不类，不如叫《笔记大观》为好。”[①]这的确既遵循了传统，又避开了混乱，可谓是明智之举。以后欲将“笔记”与“小说”混为一类的选家，不妨都照此办理，只用“笔记”或“说部”之类中国传统的概念来标名，恐怕不失为一条坚守传统的老路吧！

至于有时要将“笔记”与“小说”放在一起并称的，那就比较简单，只要中间加个顿号就解决了。

这样，用三种方法来表示三类本来纠缠不清的“笔记小说”，就不会相混了。我相信，历史的发展必然会继续沿着百余年来已被多数学者所认同和走过的这条道路继续前进。

行文至此，话归正传。我们打开山西古籍出版社1995年始出版的《民国笔记小说大观》，共有四辑52种，其中除《曾胡治兵语录》一编外，大致都有现代意义上的“小说”味。如今又出《民国笔记小说萃编》凡24种，已无《曾胡治兵语录》一类的笔记了，但其中有三部书也可能会产生一些不同的看法。第一部是刘成禺的《洪宪纪事诗本事簿注》。假如从传统文献分类来看，它的基本性质是一部诗注。但它是用“笔记小说”类的文字来注的，其注98篇文字编撰了丰富而生动的故事，说它是笔记体小说也应该是可以的。第二部是《寒云日记》。“日记”本身

---

① 高斯《重刊〈笔记小说大观〉序》，《笔记小说大观》，江苏广陵古籍刻印社1983年版，第2页。

就是一体。这本日记又夹杂了不少有关诗词的著录、名物的考辨等，然“日记”作为按日所记之笔记，作者又以自己作为中心，用其简约、隽永的文字，逐日记事写情，还是具有一点“小说”因素的。第三部就是缪荃孙之《云自在龛随笔》。从此书的主要成分看，实是一部学术随笔，所记多为金石书画、版本目录之学，但中间亦可见多篇记事写人、饶有文趣之作。所以这三部书，虽然显得各有一点另类的味道，但就其实，用比较宽松的眼光来看，不妨也可列于“笔记小说”之中吧。

至于其他著作，几乎都是记述一些社会生活中的大小事件、人物轶事之类，作者当时往往将它们视为“掌故”“杂史”“稗史”之类的史著，未必认同这也是“小说”。本来，在古代笔记中有小说味的作品主要是两类，一类是记鬼怪，另一类是记人事。记人事的也有虚、实之别，当然是写实的居多。凡所谓稗史、掌故、野史、琐记、轶闻等等，名目繁多，都是以记人叙事为主。在晚清民国时期，倡导科学，因而多视记鬼怪者为迷信，不少作者有意回避。与之相应，此时做笔记者大都自命其作是为了补翼正史。作者又多生于高官世家，或本身就是名流学者，熟稔朝廷内外及学界文场的种种故实，所记多自亲睹亲闻，有的还到图书馆里翻阅书刊查证。笔下虽有一些是梳理了历史上的陈迹，但最可宝贵的是触及了晚清民国时期诸如宫廷斗争、外交风波、官场倾轧、吏治腐败、名臣功过、史事曲折、遗老姿态、名士趣闻等方方面面，且多标榜信实，自诩为良史。固然，这些笔记，从作者的写作意图来看，他们主要是想写“史”，而不是要创作小说。后来的历史研究者们，引用这些民国笔记中的片段时，也往往将它们作为故实来证史。它们“史”的本质毋庸讳言。

强调信实的历史著作，与可以虚构的文学创作，从现代学科分类来看，当然是两个门道。但是，它们最重要的一个内核，即记事，是相同的。古代朝中史官之记事，当然是一件十分严肃的事情，所谓“圣人之记事也，虑之以大，爱之以敬，行之以礼，修之以孝养，纪之以义，终之以仁”（《礼记·文王世子第八》）。但后来到民间记事，就未必如此郑重其事了，所记未必都是国家大事，也有的来自道听途说，再有的加些油盐酱醋，甚至有的还故意幻设了一些故事，于是就出现了所谓“稗史”“野史”“外史”，乃至“谐史”“趣史”之类，虽也称之为“史”，但此史已不同于彼史了。更何况，就是一些纪传体、纪事本末体之类的所谓“正史”之作，所记之事，所写之人，也有的富有文学意味，人们也常将它们当作文学作品来欣赏。一部《史记》，不是在“中国文学史”著作中也有着崇高的地位吗？与此同理，民国间那些用笔记的形式，所记的大大小小的故事、形形色色的人物，不也可以当作文学中的一类“小说”来欣赏吗？

事实正是如此。我们就以颇有代表性的瞿兑之来说吧。他在民国期间大力提倡“掌故学”，其主要精神是为了在“正史”之外用“杂史”来保存与发掘真实而完整的史料。有人称他是继王国维、梁启超之后，可与陈寅恪相颉颃的“史学大师”。[1] 他认为，自宋以后，在“正史”中已找不着“政治社会制度之实际情况”了，这是因为“自来成功者之纪载必流于文饰，而失败者之纪载又每至于湮没无传。凡一种势力之失败，其文献必为胜利者所摧毁压抑”。所以治史者“为救济史裁之拘束，以帮助读史者对于史事之了解”，必须“对于许多重复参错之琐屑”加以综合审核之后，“存真去伪，由伪得真”，所以“杂史之不可废”。更何况到了清末，“文字之禁骤然失效，从前闷着不敢说的一切历史上疑案”，人们都敢说敢写了，再加上私家印书方便，报章杂志风行，笔记杂事轶闻之作就纷然而起，以求在“史学上”做出贡献。同时，从文字表达的角度来看，他认为先前的《史记》《汉书》，“叙述一个重要人物每从一二节上描写，使其人之性情好尚，甚至于声音笑貌跃然纸上，即一代兴亡大事，亦往往从一件事故的发生前后经过著意叙述，使当时参加者之心理，与夫事态之变化都能曲折传出，而其所产生之果自然使读者领会于心。”但“后来史家每办不到而渐趋于官样文章之形式。所以然者，秉笔之人多少有一点公务的史职在身，而后代的文网较为苛密，加之私家的传说太多，不是公认的话不敢说，不是官式的史料不敢依据，因此虽然极好的史裁也受

---

① 周劭《瞿兑之与陈寅恪》，《闲话皇帝》，上海书店 1994 年版，第 113 页。

了限制，不能像《史记》那样活泼泼地了。”[①]所以现在他要从“杂史”中找回“正史”中早就不存在的那种“活泼泼”的文字，这也就使他们的“笔记”“掌故”等杂史之作带有了文学味、小说味。他们写的既是史著，但又可视之为“小说”了。且看其《杶庐所闻录》中有一则记张之洞曰：

> 张文襄虽主新政，而思想陈旧，亦出人意表。其在鄂督任时，公文不用新语，必苦思所以代之者。及入管学部，一日稿中偶有新名词。公批曰：“新名词不可用。”部员某年少好事，戏夹签于内曰：“新名词亦新名词，亦不可用。”次日更定上之，而忘去此签。公见而惭怒，竟日不语，遍翻古书，欲有以折之，卒不可得，乃霁颜谢焉。[②]

此短短数语，将虽主新政、思想仍旧的张之洞，围绕着“新名词”一词，对于属下批评后的神情变化，表现得惟妙惟肖。另见其《辛丑和约余闻》一则，就李鸿章签订和约事，写张之洞与李鸿章因两人所处的地位、经历不同而各持己见，各有意气，只用了一二语，即神情毕现：

---

① 瞿兑之《〈一士类稿〉序》，《一士类稿》，《民国笔记小说大观》第二辑，山西古籍出版社 1996 年版，第 17—27 页。

② 瞿兑之《杶庐所闻录》，《民国笔记小说大观》第一辑，山西古籍出版社 1995 年版，第 27 页。

辛丑议和之役，李鸿章一手主持，不免有徇外人之意太过者。当时急于求成，亦无人起而抗争。惟与俄国单独订密约一事，众议哗然，中外皆不以为然，卒未画押。张之洞、刘坤一争之尤力。相传刘、张联衔电李争持，实出张之手。李愤甚，电致军机处，谓："不意张督任封疆二十年，仍是书生意见。"张闻之亦惭怒，谓人曰："李相办和议事二三次，便为交涉老手耶？"①

与瞿兑之同道的有徐一士，写的笔记小说也多，他们两人一吹一唱，所持的观点完全一致。徐一士也认为笔记首先当写得"不违乎事实，而有益于知闻"，同时要有文采，"或为工丽之章，或具闲逸之致"。但在"专制之朝，王者为防反侧"，迭兴文狱，"故以当时之人而为私家之著作，处境綦难，有时饰为颂扬，良非得已。至清之既亡，则野史如林，群言庞杂，秽闻秘记，累牍连篇，又过于诞肆，楚则失矣，齐亦未为得也。"至于民初设清史馆，所编《清史稿》之类，"取材循官书文件之旧，评赞多夷犹肤饰之词"，根本无当于"史笔"。因此，他要将"有清一代，专三百年中华之政，结五千年专制之局，为世界交通新陈代谢之窍键"中的"是非得失"，"爬梳搜辑"，通过"随笔之体"

① 瞿兑之《杶庐所闻录》，《民国笔记小说大观》第一辑，山西古籍出版社 1995 年版，第 194 页。

来“贡一得之愚”。[①] 他自幼就好读《三国演义》《水浒传》《西游记》《封神演义》《聊斋志异》《儒林外史》《隋唐演义》《儿女英雄传》《三侠五义》等“闲书”，以听故事为乐，这种熏陶，就使他的笔记更有小说味了。其他收入此编的诸作，虽然文风有异，繁简有别，但大都如这样的一些文史兼备之作，读来皆有兴味。所以此编名之为《民国笔记小说粹编》，也可谓是名副其实，不知读者以为然否？

2022 年 1 月 2 日

---

① 徐凌霄、徐一士《〈凌霄一士随笔〉自序》，《凌霄一士随笔》，《民国笔记小说大观》第三辑，山西古籍出版社，1997 年版，第 8、9 页。

编纂凡例

《民国笔记小说粹编》，选编民国时期笔记小说名家名作，呈现民国笔记小说主要面目，以利阅读和研究。

一、命名。笔记小说是对文史掌故笔记著作的传统称谓。《四库全书总目提要》将掌故著作归于杂家及小说家等类，20世纪20年代有集古代掌故笔记著作之大型丛书《笔记小说大观》出版。至90年代，本社出版《民国笔记小说大观》凡四辑52种49册。本次整理选其精要，亦收新品，精编精校，名之曰“民国笔记小说粹编”。

二、收录范围。本丛书主要收录民国时期（1912—1949）撰写或出版过的文史掌故著作。兼收个别清末出版的重要掌故笔记，因这些清末著作实质上是民国笔记的先声，对民国笔记的繁荣发展起过巨大的推动作用；但只限于其作者为入民国后仍从事创作活动并有相当影响者。丛书所收民国笔记均在万字以上，个别有特殊价值的不受字数限制。

三、排版、文字。简体横排。

四、点校、加注。凡有多种版本的，择一善本为底本，他本作参校，需要时出校记；手稿或单一版本的采取自校。整理时原则上保持底本文字原貌，异体字一般统一为规范字（涉及古地名、人名、译名等的字不在此限），凡明显错讹缺衍之字、词，均做改正并加以标示，符号为：原稿残缺或无法辨识的字用“□”标示；错别字后跟改正字外加“（）”标示（以下情形不做标示：人名前后不一致的，径改为正确人名；词形不一致，原文即混用的，直接统一改为现代汉语规范字，如“看作”“看做”统一改为“看作”）；缺脱字直接补充字外加“〔〕”，衍文外加“〈〉”。丛书正文不加注释，需特殊说明之处，做脚注，或于导言中予以说明。

原书未分段、标点者，均分段并以新式标点标点。如有整段引文或整首诗词等，亦分段。

特别说明：书稿中用语、用字、用法具有时代特征，与现行规范不合的，保留原貌，如“的、地、得”的使用；“右述”“如左”等原有格式标指文字，保留原貌；特殊的公文（如法律条文等），原文未标点，保留原貌；音译外国人名、地名等，保留原貌。

五、撰写导言，拟小标题。本丛书每部书前均由编者撰以导言，对作者生平、版本流变及内容特点等予以简介。对未予随事标题之笔记，凡有条件者，均酌情拟小标题（此种情况须在导言中说明），以便索引及阅读。

六、原书中有“胡清”“发逆”“拳匪”“蛮”“夷”等歧视性称谓，以及某些不当观点，为保存原著全貌，保存原著作者观点，均未予删节或更改，特此申明。

由于时隔久远、资料不足，加之其他种种原因，本丛书虽纠正了原著诸多误载，但绝难尽善尽美，敬希读者予以指正。

民国笔记小说粹编编委会

2022年2月

目　录

导 言

许指严（1875—1923年，一说1925年），江苏武进（今常州）人。原名国英，字志毅、指严、子年等，号苏庵，别署不才子、不才等，室名砚耕庐、弹华阁、寄庐。南社社友。清末掌教于南洋公学，又任商务印书馆编辑。辛亥革命后主讲于南京高等师范，旋任北京财政部秘书。1917年主编《说丛》，后归沪卖文为生。

许指严是清末民初历史学家，著有《清鉴易知录》，熟于清史，尤以清史掌故与小说闻名于民初。有《清史野闻》《民国春秋演义》《天京秘录》等三十多种笔记著作。其内容大多记述清代至民初之秘闻异事，文采焕然，可诵可读。其友人郑逸梅先生云："闻指严祖父，固宦海中人，熟悉宫廷及官场中事。指严幼得祖父欢，很颖悟，所记十九出于祖父口述，他一追记，非虚构也。"故其中不乏珍秘异闻，不仅可读，资料价值也是很高的。至其病逝，或曰："指严死，掌故笔记与之俱死。"可见其掌故学贡献之大。

《十叶野闻》为许指严掌故笔记力作，书名全称《清秘史十叶野闻》，下署“毗陵许指严著”，创作年代未详。据内文推测，在1917年至1920年之间，当即为指严潜居上海卖文诸作之一。全篇共四十三则，专述清代宫廷内幕，兼及与此相关的官场百态与侠客行踪，是那种足以吸引人一读到底的掌故著作。如“九王轶事”述清初多尔衮与顺治帝及其母孝庄皇太后之间的情感纠葛、权力纷争；“夺嫡妖乱志”述康熙帝诸子广集文人武士，明争暗斗，谋夺皇位。而尤着墨于清中后期咸丰帝、同治帝之糜烂生活（“豹房故智”“四春琐谭”）；东、西太后围绕立帝等事件互相倾轧（“垂帘波影录”）；安德海、李莲英诸太监之百般媚上、专权纳贿（“崔李两总管”“寇太监”“刘太监”）；光绪帝与西太后之权力斗争（“控鹤珍闻”“瀛台起居注”）；荣禄、袁世凯之八面玲珑，卖帝求荣（“荣禄与袁世凯”）；庆王之贪得无厌（“老庆记公司”）。此外，尚有大量篇幅描述与宫廷秘事相关之剑侠的伟奇经历，如大盗鱼壳、大侠甘凤池、女杰鱼娘、侠娘等，刀光剑影，神踪秘迹，更开近世武侠小说之先声。

指严述事记人最善描写渲染，乃是以写小说之纯熟笔法撰掌故笔记的。其记事则情节曲折，扣人心弦；述人则神情毕现，如在目前。加之刻意追述宫廷秘事，寻微探幽，极具欣赏价值，故其笔记最符合“笔记小说”之称。如记同治帝之崩：

（穆宗）与贝勒载澂（即恭亲王之子）尤善，二人皆好着黑衣。倡寮酒馆，暨摊肆之有女子者，遍游之。后忽病发，实染梅毒，故死时头发尽落也。甲戌十二月初五夜，穆宗崩，召恭邸入内，时外间尚无知者。王入，侍卫及内监随掩关，越十数重。更入，则见陈尸寝宫，那拉后手秉烛谓恭邸曰："大事至此，奈何？"旋与恭邸议定，下手诏迎载湉入宫。载湉尚幼，在舆中犹酣睡也。翌晨，始告帝崩。相传穆宗小殓时，侍者检其怀纸中，尚有余银盈握，盖微行时所零用未尽者。

指严记事，多所秉实。即如穆宗之死，此记为梅毒所致，另一记则称其因天花不治而亡。盖均得之于俗传，而不尽遍于一说。然于人名、地名、年号等也有失实之载，此次出版，已一并纠正。

本次出版依据文海出版社《近代中国史料丛刊续编》（第八十三辑）之《十叶野闻》进行整理，加标题序码，其余体例一尊原作。

张继红

一　奉安故事

清初《东华录》所载，及《开国方略》等书，俱言以帝仪葬明思宗，一似恩礼前朝备至。不知此特定鼎后，从诸臣之请，下诏掩饰耳目，为收拾人心计耳。按：《圣安本纪》及《泣血录》等书，都言闯贼入宫后，得思宗及后尸，盛以柳板，暴置宫门外三日，始得小殓。其殓也，殆桐棺纸衾，下侪藁葬，彼等遗臣不忍涉笔矣。及满人入关，文字狱急，亦无敢彰满主之凉德者。及读乡先辈邵青门先生文，书赵一桂事，不禁恍然。比客京师，悟（晤）大学校生赵某者，纵谈明季事，自言一桂为其远祖，子孙藏有乃祖笔记，当日事纤悉靡遗，较青门文特详，今存祠中。因口述其大略，予纪而录焉：

> 一桂为辇下肆商，抱布贸丝，往来市廛间，朴愿无过人处。及京城陷，使眷属居远乡，独襆被策蹇驴，伪为军中运粮食者，逡巡入国门，凡为乱兵所困者十余次，几不得脱。奋勇前进，卒达禁中。先是，御史某者，直声震朝右，所居与一桂邻。闯兵且至，御史以殉国自誓。一桂匿其少子，慨然以婴、臼自任，且曰："公苟正命，仆必为公营殓，如谢皋羽之于文信国故事。"及事极，御史固在围城中。一桂知其必死，故弃家冒险入城以践约，虽死于锋刃不悔。

无何，御史尸不可得，而帝、后遗骸，方为伪闯臣顺天府某遣官薄葬。梓宫窄小，如平民礼，旧臣亦无一人哭临者。时伪臣某驱使明臣如犬羊，因令汉奸苛立仪制，轻辆素旐，飘摇出城北，厝置于十三陵之旁。非特不修园寝，且不起陵树碣，但以小石揭櫫曰“明某帝”而已。

一桂既不得御史，则奔走视思宗之葬礼，伤心已甚。旋赴昌平，至夜深，独恸哭陵下，襆被宿树阴，野草牵衣，萤飞鬼啸，不之顾也。顾不得思陵所在。有友人某，为昌平州吏目，延之食宿，如是者三日，奋然作曰：“吾力必改葬以天子礼，报大明二百年之深仁厚泽。且使腥膻之徒，知吾汉族尚有人也。”乃即作归计，欲变产集资为大举。顾自恨商侩不谙典礼，恐草草贻后世羞，意不如先觅一掌故儒生、黄门常侍，夙娴朝章国故者，以为筹商治事地，然仓猝终不可得。

最后乃得中涓人邢某，自言在宫中值差有年，社屋之日，曾目击帝、后陈尸惨状并葬所所在。又言田妃陵墓甚壮丽，苟帝、后合葬于此，尚不失体制。一桂乃与结盟为兄弟，出橐中金千余，更往明陵探察。果由中涓指得昭陵旁一小丘，宿草未青，土痕犹湿。不觉悲从中来，念二百年帝王末路，乃至于此。古人谓：“一盂麦饭，几树冬青。”今且并此而无之，能勿伤感。中涓邢乃言：“汉家故事：梓宫须取东山之本，轮囷合数人抱者，空其中，饰以丹漆垩灰。奢者则杂以金玉，外施金台银阁，以为之座。及葬，则隧道通宫，明器毕具，刻木为宫人、黄门状，甚则杀人以殉，鱼灯石马，罗列隧前，百官负土为坟，各种一树，以为纪念。今群臣皆谄事新朝，胜国典型，谁复记忆。纵有二三遗老凭吊夕阳，亦不过泪洒千行而已。”一桂闻言，欷歔不已，既而奋然曰：“小臣无状，宁毁家为此义举，愿黄门左右翼我，则感且不朽。”

遂先鸠工起土。出旧梓宫视之，则业已朽腐，木栉（栎）片片落。启棺视之，帝、后颜色俱如生，惟冠服微黯。盖当是草草成殓，不知何所拾得敝服，妄以施之圣体也。一桂悲悼者久之，中涓邢亦伏地恸哭。即挈金往市中与某商订购礼服仪品。某商者，旧为尚衣司供奉，稔知宫中仪伏及服制之等威者也。一桂往返与之密商，某亦义形于色，愿以半价成全一桂之大举，一桂感甚。先是，中涓侈陈葬礼服物，约需二三万金。一桂以为先帝俭德昭著天下，不宜过奢，以损盛德，乃参酌奢俭之中，某商亦深然之。

因起田妃墓土，凿山錾石，入羡道中。拾级由隧下若干方积，始发见甬道。纳陛而升，中为正殿，列俑成行，衣履执器如生人，幡绰帷帐之属悉具。前列祭品，簠簋完好，银缸膏火未灭也。朱漆梓宫居中，钟虡无恙，旁罗殉葬之玩好物甚具。一桂因与中涓商，将帝、后新作梓宫舁入，乃举田妃棺移于右，而以思宗梓宫居中，周后居左。布置略定，又因田妃有椁，帝、后俱无，爰议以田妃椁与周后，而为帝别作文本之椁，饰以钿漆。费用不足，则中涓复引义士孙繁祉、刘再昌等捐集数百金。椁成，始安设妥帖。增购牲醴楮帛、金银锞锭之属，奉奠策祝，继以哀哭。中涓、义士而外，劳役者数十人，莫不酸鼻流泪。附近居民争来致吊，轰动邻邑。

县官闻之，若有所感，乃使吏目某开具支费，将为之请于朝，发给库帑。一桂力辞不受，仍挈襆被，与中涓偕遁至远乡。吏目觅之，不得也。人问其故，曰："满清虎狼，吾何必以清白体供其鱼肉？且即不得祸，而假先帝遗骸以沽荣名，尤不忍为也。"

嗟乎！较之《冬青树》故事，其风义有过之。微青门一记，几使此举湮没无闻，虽有藏祠之笔记，谁睹之而谁传之，是可慨已。

二 九王轶事（十则）

（一） 多尔衮为皇父

清初宫庭瞀乱，贻讥千古，史臣因而深讳，不敢施一直笔者，惟睿亲王多尔衮尸其咎也。

多尔衮为清太宗母弟，行居九，世称九王，或曰，贵时人称九千岁是也。太宗既崩，福临尚幼，遗命以皇母弟摄政，仿周成负扆故事。然某君秘记，则言太宗深恶多尔衮，遗命并未及彼。且相传太宗暴毙，乃多尔衮贿内侍毒之。宫闱事秘，史无佐证，未敢断也。要之，多尔衮树党自固，宫阃亲近皆其心腹，故能传受遗诏，大权独揽，非其他伯叔兄弟所能及。

先是，中原甫定，南方诸遗臣辄兴兵倡义，宇内骚然不宁。福临幼弱，未亲政，多尔衮借军机重要为名，出入宫禁，如履帷闼。博尔济太后与多尔衮福晋本同姓姊妹，亲密如家人。太宗初崩，太后原有垂帘之意，因祖训所格，恐宗室中转有挟此名义别生枝节，以摇动福临之位置，于计殊不便。多尔衮夙见信于博尔太后，乃献计，用摄政制，而许以内权让后，一如太宗生时。且其利益有突过者，故博尔太后深喜之。又多尔衮貌英伟，长臂善射，仪表不凡，谄事博尔后无所不至。博尔后深信其可恃，故外内联络，情逾骨肉。

或传太宗未崩之先，多尔衮即通于后，特迹尚未著。至福临即位，始觍然不讳。顾遵汉制，内则父子，外则君臣，天无二日，民无二王，故虽摄政，仍援君臣之义，不废拜跪之礼。每入宫，或遇燕见，摄政王须北面而朝。博尔太后心恶之，下诏风诸臣议崇摄政王典礼，内三院首以皇叔九千岁之礼进。多尔衮冒昧不察，遽受其策。及行礼，诸臣一跪三叩首，而朝帝、后时，仍不免北面。

一日，太后与多尔衮同游海子，并辇而行，侍卫前奏事，俱先帝、后而后及摄政。多尔衮偶有奏对，鸿胪赞礼者犹三呼跪拜如常仪，多尔衮心大不怿。翌日，使人谓太后曰："予终不能与太后共享安乐，以予为职分所限，君臣安有敌体，方今心劳多病，请罢摄政职，出宫闭门思过，不复能望见太后颜色矣。"太后得奏，心大懊丧，乃立命内大臣某往摄政王府议下嫁事，且命内三院拟称尊皇父大典。时明臣陈之遴为大学士，咋舌曰："此礼亦可议乎？"满人摭其言入告，太后大怒，命即论死以示威。会有救之者，谓下嫁大嘉礼，不宜用刑，乃降谴戍编管三姓城，于是无敢持异者。时策书出内三院汉臣某手，或曰龚芝麓尚书。策引周旦姬文，浮华满纸。自是群臣朝贺，咸先皇父摄政王，而后及帝。凡章表一切，咸称皇父矣。

福临少长，心知其非，凡阅奏有皇父字，辄废阁不阅，或遣内侍送多尔衮处。顾福临性沈默，好佛典，有怒辄隐忍不发。旋以多尔衮征讨有大功，诸武臣咸听命。四方未靖，恐投鼠伤器，且不欲伤太后心，乃有醇酒妇人之意，如汉惠帝故事，厚宠董妃，辄不视朝。及九王败，始稍稍问政事。

（二） 清太宗与小玉妃暴毙秘闻

清太宗后博尔济氏有殊色，肌肤如玉，宫中私号之曰"玉妃"。初仅为才人，慧黠有智谋，言辄称太宗旨。世传以参汁进于洪承畴说降，遂尽得关外地，卒覆明社，其功不在开国元勋下也。玉妃既得参与帷幄机谋，权力日进，又以生皇子福临故，遂得正位为后。有妹嫁九王，即多尔衮福晋，貌亦殊丽，白皙光艳与姊等。人以别于后，故彼曰“大玉妃”，而此曰“小玉妃”。

两玉妃初极相得。洪承畴之降也，操此秘密胜算，折冲于帷薄内者，盖小玉妃亦为之疏附焉。太宗固知之，以故待九王亦特优异。既都沈阳，起居仪从渐仿汉制，宫禁稍稍森严，独九王以参与密谋故，恒出入自由。太宗频年用兵，东征西讨，几无一日安处。既服朝鲜，转师入山海关，围京师，辄经年不还宫。内政琐务，尽决于九王，而实奉大玉妃意旨，逢迎无所不至。

大玉妃往往留九王居宫中，经旬不归私室。小玉妃遣人探之，辄言军国要事，日不暇给，况外出则恐犯漏泄之嫌，不便。小玉妃初信之，既而人言藉藉，颇多秽声。小玉妃乃亲往宫中，以请安为名，侦察动静。大玉妃匿九王他所，不听小玉妃入，且不与之面，遣人传诏曰：“皇帝有旨：不奉令而擅入机密地者，杀无赦。幸福晋自爱。”小玉妃大羞愤，欲自裁于宫门，为左右所持，乃劝慰之使归。自是，玉妃姊妹花变为仇敌矣。

会闯兵破明都，吴三桂引满兵入关。未发，小玉妃贿某王进言于太宗，白大玉妃、九王丑状，纤悉靡遗。太宗震怒曰：“朕不处分此獠，何心取天下？”乃命返师沈阳，欲先正宫闱，而后出兵取明。还宫未逾一日，以暴崩闻，人皆疑为大玉妃及九王所弑。但其时九王党羽颇盛，莫敢撄其锋也。旋奉遗诏摄政，师入燕京，遂恒居宫中。政事机密，大玉妃一以委之，公然帝制自为矣。

小玉妃既抵燕京，恚不往朝太后。或劝以掩饰朝廷耳目，不得已乃一往。太后方与九王宴乐，乃命宫人引入他室，半未一面。小玉妃掷冠而起，大肆诟厉，宫人咸掩耳。或以报太后，太后欲使武士缚而辱之，总管某进曰："此所谓播恶于众也，且太后有杀妹之名，不可。不如使皇父裁之。"太后乃命多尔衮先归，使人传召。小玉妃不信，以为九王尚在宫中，特太后之党弄己，坚坐不返，必欲太后面见始退。久之，一侍婢持物入告，则九王之手环也。侍婢固小玉妃所亲信者，始怏怏出宫。是夜，小玉妃以暴疾卒，举朝无敢发其覆者。及睿王削号后，府中人始泄之。

（三）　多铎智除多尔衮

当顺治八、九年间，九王权力正盛，举朝翕然称皇父。宫中游宴，则与太后同辇并载，视福临幼主蔑如也。

一日，海子中方作竞渡之戏，江南总督献老舟工十余人，操桨驾舵，如履平地，太后与九王乐甚。又值浙中献女乐至，乃命开筵奏乐。豪竹哀丝，声振林木。九王大悦，请太后同登水心亭，凭阑展眺。忽一舟子驾舟如飞而至，矫捷如水鸥，其势直向九王。（九王）方嬉笑赏其健锐，舟抵亭堧，舟子跃而登，拔剑如虹，直刺九王。九王大惊，侧身闪避，剑锋击中侍卫，毙焉，去太后仅数尺。

亭外武士急起持之，舟子始就擒，乃罢乐撤戏。

自是九王始知有人图己，不敢复与太后同游，且太后亦不敢徜徉海子间矣。乃命严鞫舟子，则大言奉大将之命，为清朝除元恶。而大将所主使者，即今上是也。问官震骇，恐卒连成大狱，有伤主座，不敢以闻。仅言舟子素有疯疾，忽眼花，见龙袍舞爪形欲攫己，故出剑御之。贿舟子使改供，舟子誓死不从。九王令心腹探之，悉其状。遂鞭问官〈职〉（“职”字似为衍文——编者），而毙舟子于狱。

时豫亲王多铎在江南，兵权方盛，部下之在京畿者，其势亦不下九王，平时颇与九王不相能，故九王疑舟子必多铎所为。乃召之还朝，以觇其向背。或告变曰：“豫王欲借清君侧为名，奉幼主以行司马氏八王故事。谋既成矣，盍先图之？召而若来，可阅兵南苑，数而戮之；不来，则密旨使江南总督图之可也。”

及旨下，多铎即日还朝。九王不得已，乃借郊迎慰劳之名，大阅兵南苑。多铎既至，从容奏江南军务方棘，而忽命北来何故。九王若有惭色，良久曰：“吾兄弟凋零如此，瓜尔佳之系，惟吾、子二人在耳。无从相见，安得不一谋良觌。且王劳苦备至，归而稍事休养，亦谊所应尔。吾意固无他也。”多铎曰：“感王念手足之厚恩，死且不朽。昔太宗宴朝，尝指储子谓吾二人曰：‘他日夹辅新室，惟汝二人任之。同心协力，以为屏藩。’予在帝旁，式昭鉴之，愿二人毋忘斯言。今言犹在耳，而宇内残孽未平，非吾二人行乐之日也。京畿兵力饶足，训练严明，皇兄其善护幼主，以慰先帝之灵，以安皇太后之心。弟则并力南向，荡平遗顽。他日获竟全功，献馘奏凯，然后与兄驰驱广囿，歌舞太平，讵不美哉！”即日辞谢，九王以兵送之，至通州始返。

自是惮多铎之英明，稍稍敛迹。太后欲去多铎，九王曰：“彼有大功于国，不可动也。惟他日当择强镇以处置之，勿使居中以间宫府之事，则幸矣。”

福临常使人通旨于多铎，令防九王。九王侦知之，顾终以多铎持正，不敢行成祖之事。无何，多铎以江浙平入朝。会九王坠马卧疾，遂覆其权，数其罪，奉福临亲政。自以与九王同母弟，请罪。顺治帝特旨开脱，且旌其功焉。

（四）　太宗、九王敬奉喇嘛国师

满洲故俗向奉萨满教，其祭礼奇异，尚有太古蛮野之风，不可为讳，而宫中祭堂子尤为特别。其祭式乃树一木于广庭中，四周供牲醴，杂以粉团油饼之属。外则数喇嘛持铙击鼓，声震数里外，竟夕始罢。及入关后，上自宫禁，下至旗民世仆皆行之。惟宫中大祭用喇嘛至数百人，场广数百武，皇上步行旋绕其中，以为大典。九王既摄政，旋称皇父，乃公然与太后并祭堂子。

先是喇嘛某者，太宗朝老国师也。凡出师或摄兵大举，必祭堂子。每祭，必国师率诸喇嘛从事。太宗赐以尊号为“护法大照高明国师”，敬礼备至。国师亦自谓祭必受福，与他师敷衍仪式者不同。萨尔浒山之役，太宗慑于明师之众，且与朝鲜六路夹攻，恐兵力单弱不敌，意甚犹豫，虽命将出师，而此心耿耿，犹难释然也。及祭堂子，国师行礼讫，入奏太宗曰：“此行必获全胜，覆朱明之宗社，肇长白之宏基，即其滥觞也。”太宗问：“何以知之?”国师指木柱上纹谓之曰：“此纹全直，且作南向之势，故知破竹迎刃，所向无前。又其下有一纹，颠倒错乱，即敌人之象，故知明师当一败涂地也。”太宗信之，并力一向，果覆明师。自是，国师之声价益高，而堂子祭礼愈益隆重。

迨围京议和之役，国师奉表入贺，谓此行即当代明正位中原，天与人归，丁无疑义。既入关，攻燕京不下。太宗使人询之国师，且令更祭堂子，以卜休咎。国师覆奏，谓皇上于前祭时，适有他事，少绕三周，致尚须三年后始得正位。此行不如早班师，以俟机会，否则恐有意外之祸也。太宗遂解围东归。自念当时未及终祭，果因叶赫献女，亟欲往视，故致三周未毕，殆干神怒，受此顿挫。乃迁怒叶赫之女，拔剑杀之。

及闯兵破京师，太宗亦议以兵南向。堂子祭礼甫毕，国师忽卧病不起，亦不言休咎。太宗令人促问之，则含胡漫应之曰：“事必克，皇上勿疑也。”未几，吴三桂假师复仇，适太宗以疾薨。国师始白明京可取事。九王信之，果获济。问之，则前之卧疾，知太宗不及见成功，难于直言，引疾以避之耳，九王益敬服。

既摄政，凡出师致祭，国师施法如常。嗣称皇父，将行祭礼，国师不知所之。侦骑四出大索，终不得。诸大臣皆知九王之必败矣。九王因国师潜遁，以为不利于己，大恨。乃索其徒，将尽杀之。福临信佛甚，阴嘱内侍释其强半，放归蒙古或西藏。九王败，复召归。国师阴谓人曰："九王苟极诚奉事祭礼，实可继大宝。惜乎！其荒淫致败也。"

（五） 祭万历妈妈祖制

九王虽骄蹇自用，而颇尊视明代人物，且于宫禁中尤以遵奉明法为重要。即如祭万历妈妈神一事，亦九王所定之制，迄清季二百余年未革者也。

万历妈妈奈何？曰明万历间，清太祖攻抚宁，为明将所擒，囚于狱，将杀之，清廷乃行贿于某内监。内监请于太后，太后传命释之。清廷念太后特恩，命于宫中设祭，每日必先上食，而后清主始敢食，谓恐神诛殛也。其畏明之威力如此。

及入关，既据明宫，诸满臣议废祭礼。某贝子尤激烈，以为吾国既已代为之主，胜国之帝、后，皆吾臣属也，而犹祭其女后，毋乃亵尊？且致祭之由来，即随此纪念而传播，是不啻扬吾祖之耻辱，奈何不废之耶？九王独奋然曰："不可！此祭所以为祖报恩，不祭是忘祖也。且此纪念，足以彰吾祖之缔造艰难，与明廷之失政，何耻辱之有？决不可废。”遂定议。既而九王之所亲告人曰：“入宫之始，九王亦不以为然。其夜入宫，方与太后同梦，乃大呼见鬼。云明帝、后上坐，缚而挞责之。比醒，怖甚。嗣是明宫神庙，无一敢动者。况祖制之祭万历妈妈，名正言顺，彼安敢废耶！”人始知其抗议之故。自是，每日致祭以为常。

顾其祭礼亦甚奇特。每日子正三刻，东华门启扉，首先入门者，即此主祭之老巫妪也。布围骡车一乘，不然车灯，载活猪二口直入内东华门，循墙而行，抵紫禁城东北隅，有小屋三椽，中供万历太后神像，即满俗称为万历妈妈是也。杀猪致祭毕，天始黎明。乃以馂余之肉，分赐大清门侍卫。此肉为二百余年老汁白肉，满洲所甚珍者。侍卫食赐馂时，不设匕箸，各解手刀批之。又不准用盐酱之属，而味独完好，殆如古人所谓太牢、太羹者。

顾诸侍卫习汉俗久，淡食惜其无味，然格于礼制，不准用盐，谁敢破此例者。惟侍卫等在直庐，去便殿甚远，微特帝目所不及视，即王公大臣，亦罕过而问者。故诸侍卫恐用盐犯稽察，而别设简便以代之，则耳目不易周矣。法用厚高丽纸切成方块，以好酱油煮透晒干之，藏衣囊中。食时，乃取一片置碗中，舀白肉汁半盂浸之，顿成寻常所用之酱油，且味较优于市中所购者。乃以所批肉片蘸食之，佳美无伦，为外间所未有云。

顾侍卫值班者俱得食，而不许携归。欲如东方曼倩之廉，而归遗细君，却不可得。闻之友人，前清时为值班侍卫者，语时犹津津垂涎。不知今日老白汁尚存否，当一访之。

（六） 清世祖智探秘室

九王猿臂善射，力能搏虎，仪表伟岸，实亦人杰也。惜以谄事太后故，习于软媚欺诈，遂并其心术而丧之；复溺于酒色，尽以精力，疲于缠绵歌泣之间。故不四十而锐气顿减，衰弱如老人，卒以夭死。

相传大玉妃有蛊术，每夕能御十男。当九王未入宫之先，太宗频年用兵于外，大玉妃常以布围车载男子入宫，如晋贾后故事。及九王被宠，以一人独当其冲，尚觉余勇可贾，可谓奇禀矣。

有小臣邢某者，汉军也，夙居都下，杂猱屠沽饮博中，贱秽之事，靡不通晓，曾为勾栏中制造淫器，有专家能名。大玉妃不知于何处闻有此人，遂以重赏召之入宫，令九王尽考其术，媟戏无所不至。尝命巧工于三海深处筑一九曲亭，中为密室，四周曲廊洞房，几于天衣无缝，外入者未由得其途径，则终徬徨亭外而已，如迷楼，如八阵图，巧匠所不能猝解，云亦汉人某所为。

世祖少长，有黠者微泄其事，欲往觇之。既至，曲折盘旋，苦不得目的地。情急欲出，复迷误回转，良久无术。导者穷极智巧，仅得引出而已。世祖甚怒，欲杀导者，谓限三日，不得达目的地者必斩，泄此语者亦必斩。逾二日，导者绘一图，循之行，始得入亭心密室。其中陈设奇丽，太后与九王固未来也。人声阒然，且无守者。以外人从无阑入故也。其门用西洋玻璃为一角屏，四周有楹联图画之属，前有方案，微特不知者，误为嵌壁之镜。且骤入其境，镜光外射，仿佛镜中所收之园景，乃系亭之外厢。又类此镜者有四五，大小方圆，丝毫无二。即使知其机捩，而不记其第几之数，仍不得其奥窍也。镜内复有数重，始得达密室，其幽秘如此。

世祖既入玄中，遍睹奇物，目骇手颤，几于无一识其名者。恐为人所觉，仓皇走出。自此处心积虑，以芟除九王为己任矣。曾封密旨与豫王多铎、贝子博洛等，谓："朕终日芒刺在背，苟使获见天日，皆卿等之赐也。"又言："如虎入柙，积威使然。但荒淫无度，多行不义，必且自毙，此天道也。朕以国家多难，不欲轻于一掷，必计能发能收，始克济事。卿等其念之。"世祖之坚忍有谋如此，故卒能胜九王，萧梁明燕之事不复见也。

九王后知世祖窥其隐秘，严诘导者，不得主名，乃杂治内侍，诛戮多人，宫府无不侧目。大玉妃闻之，佯为不知，世祖亦不问也。

（七）　九王纵欲身亡

好色者必以瘵死，古人之言，良不诬也。九王既荒淫无度，竭其精力以媚大玉妃，而复私取宫妇渔猎，无所不至。及三十六七而后，力已不支，历求人参、鹿茸、腽肭脐之属以为补助，仍苦其效果未闳。或献策曰："喇嘛在西番，向以兴奋药神其术。今闻其囊中多奇药，而国师尤为领袖。皇父盍向索取，必有大验也。”九王果向喇嘛请求。喇嘛曰：“此必皇父祭之而后可得。”九王唯唯。

国师乃为之设坛于宫中，牲牢樽俎，金台银盏，备极丰腆。铙鼓声如怒潮，入夜则华灯百枝，繁星遍曜。喇嘛百八人旋绕诵经，梵吹音彻屋瓦。如是者三日，乃于坛中央置净瓶一，大如牛胆，以胶皮纸封固其口，纸上有符篆状。喇嘛又旋绕诵经良久，以拄锡略作手势，飕飕一声，封盖之纸已揭。喇嘛乃传命请九王登坛，植瓶下视，中空无物。方骇怪间，喇嘛忽于帽檐下探得小囊，才如扇坠。倾之，出二丸，大小仅于绿豆同，色正赤若丹砂，上作凹凸形。喇嘛指丸谓九王曰：“此西天子母丸也。昔达赖第一世祖坐床时，以此丸置金瓶中，传其呼毕尔罕（转生之义）之第二世祖，其后世世相承。此药能自生息，永久不灭，又名阿肌苏丸。凡有大功德佛缘者，或大宝法王护法，则可以牝牡二粒为胎基，虔设经坛，诵咒三日，乃以净瓶置丸其中。复虔祝七日，更移置净室中三七日，始启其封，则药必满中。取以治病，适如其分而止。此丸灵验异常，非人力所可配制。皇父幸勿轻视。”

九王唯唯，如其言，果获丸药满瓶，约数百粒，绝未见有人置入也。且封固时面请九王作识，净室中日夜遣人守之。喇嘛俱在室外，亦未尝阑入也。

九王初不敢服，大玉妃极信奉喇嘛，且言：“昔太宗曾以此药丸令服，故能精力过人。今见此丸，实与前状无异，必有奇验。”九王乃按法服之，不三日而神采焕发，精力大振。凡服半载，始毕一瓶。

毕后一月，忽大委顿，争欲使喇嘛复为之。喇嘛索牝牡二料为胎基，九王告以已尽无余。喇嘛骇曰：“此丸名子母，须有母而后可得子。今已无母，奈何！虽设坛作法亦无益矣。”九王曰：“尔所独不存母药乎？”喇嘛曰：“此丸俱存达赖法王库中，东来时仅仅得此。今以皇父命，固不难调取。但必西土一行，往返须周岁。皇父不及待，无万全策也。”九王曰：“与其无有，何如少待？”力促喇嘛行。喇嘛不敢违旨，束装作行色，而实逗遛都下。

未几，九王以疲弱坠马，遂不起。喇嘛告人曰：“吾见其精爽已离躯壳，求此丸必不及，故不烦多此一行。而又不欲违命，使之伤恼，故偶作狡狯也。”其后清帝有疾，喇嘛常以此丸疗之。

（八） 皮人奇案

大玉妃下嫁而后，九王晋称皇父，权势赫奕，贵胄中多侧目者。而世祖年长，渐觉其非。及南苑阅兵后，世祖知其有非常之谋，益愤不能平，往往见于词色。

九王侦知之，常自危。其党有玛哈者，狡黠多智谋，因献计曰：“福临正位已及十稔，功臣宿将咸以拥戴幼主为忠，设有变易，渠等未必肯帖服。而南疆多汉孽，方欲观衅而动。此祸一发，恐不能收。不如用阴谋奇术以倾之，外间绝无动静，而大宝唾手可得。此上策也，皇父盍留意?”九王曰：“阴谋奇术奈何?”玛哈曰：“喇嘛大弟子某，善摄魂术，能使人神智颠倒，失其常度。苟施此法，令彼幼主易性，则宣太后旨，谓其忽得狂疾，不可以为宗庙主，则中外无词，皇父自应正位矣。”九王大喜，乃宣召大弟子入宫，密谋所以处置幼主者。大弟子曰：“法当先取关外鹿皮，鞣而缝之，俾成人形，手足耳目曲折无不具，乃以醍醐灌其顶，菩提实其腹。设坛致祭，虔祝至四十九日，皮人乃能行动，宛如生人。然后施以符箓，遗以咒语，使之摄生人魂，无不验矣。皇父苟欲为此，此非旦夕间事，宜秘密筹备，不令三人以上知觉，方能收完善结果。否则，虽有皮人，亦不验也。”

九王信之，扬言欲制皮衣数百事，以赐八旗军士。遣使四出，往三姓、内蒙等地广征鹿皮。皮至，以示喇嘛，辄言不佳，则斥而售之。内监因缘为奸，所获不赀。最后得摩天岭千岁鹿，其皮柔如人肤，入火不燃。使巧工拈人发缝之，敷以鱼脂，几与生人无异。九王又命名手绘世祖像，肖其面目制之。既成，喇嘛设坛诵经，施以符箓。中夜，使人请九王视之，仿佛见皮人能行动，用作攫拿状，大悦。会世祖有疾，心神不宁，则以为皮人之验也。

是时，九王亦以怯疾委顿，中心怔忡，日觉烦躁，因猎于南苑。侍者不称旨鞭挞诛戮者，日必数起，人人自危。乃有小竖衔恨，往告世祖以皮人状。世祖遣心腹觇之，尽得其状，且穷其皮人置他所。或云喇嘛受贿，故世祖得取之。旋有人往报九王。九王方驰逐，闻报大惊，怯疾顿作，因失足坠马，股几折，舆辇而归。太后使御医治之，曰："督脉已绝，不可救。"未及三日而卒。世祖始将其皮人宣示君臣。

太后闻之，大恚。托言进香五台山，一去不返。后世祖出家，相传犹及见太后也。皮人尚存其一，在今南池子玛噶拉庙中。

（九）　洪承畴密献九约

世传洪承畴之降也，有九约，即男从女不从，生从死不从，阳从阴不从，官从吏不从等云云是也。据娴于清初掌故者言，此非太宗朝之事，实清师入关后，九王摄政时代与承畴双方面订者。

先是，江南未平，明遗臣屡起义兵，警报迭来，宫廷震骇。太后与九王商收拾人心之妙计，九王曰："今有洪承畴在，彼乃深知明人之性质。苟得彼悉心擘画，天下不难定也。"太后若有所悟曰："吾几忘之。承畴真名将，昔日英伟之貌，今犹如在目前。明臣有此，实可不亡，惜其君不能用耳。"乃使九王宣召入宫，令宫人施地衣，设棉蕞，赐之侍坐。是承畴疾甫愈，咳咯咯有声。太后与九王慰问体恤备至，并赐参汁珍品，令内监为之按摩。良久，始从容问安天下大计。承畴奏曰："臣筹之熟矣。人心思旧，乃系天然之性，非必朱明恩泽深入人心，有过于大清之政绩也。皇父、太后过虑，乃使老臣与闻大计，老臣敢不竭犬马之忠，为涓涘之报。臣愚以为，人心宜缓不宜急，宜静不宜动，宜小不宜大，宜轻不宜重，宜于不要紧处着意，更宜于不着意处下手。但使大纲要典不致妨碍，其余网宽一面，悉听彼所为。则良懦者有以安其心，狡黠者无所施其技。人心既静，不可复动，则天下太平矣。”

九王深服其高论，乃进询方法。承畴袖出一折敬呈，曰：“臣独居深念，已妄筹九约，未识圣鉴可许施行否？”九王视之，有不明处，历使承畴详为解释。太后闻之，亦称善者再。九王曰：“是皆可行。且于我朝廷之大经大法绝无抵触，而大有利益者也。”遂发内阁，令拟旨，即日颁布。且著为功令，永久不废。江南人士闻之，多偃旗息鼓而归者。

总督郎廷佐奏洪承畴有大功，宜配享太庙，九王许之。后九王败，满臣多以为言，世祖乃撤其从祀，盖因其建议于摄政时代故也；若在太宗朝，则无反汗之祸矣。

（一〇）　九王事败，太后出家

九王以皇父之尊，太后之宠，而身死无几，即治其僭逆之罪，夺号仆碑，不留余地。且禁锢子若孙，以其赐邸为喇嘛庙。固由平日骄奢淫佚，有逾常轨所致。然亦多铎、杰书等争权相忌，而世祖积不能平，乃激之，使不得不然也。

九王虽谄事太后，觍然称尊，为历史未有之奇丑，然在满俗习惯，亦未为大恶。且其初拥护世祖，不无微劳，晚年乃有皮人等奇案，顾尚在莫须有之间，殊鲜实迹。惟其秉权自卫，不肯早退，世祖既长，犹居摄政，且与太后宣淫各节，不可为讳，有以激成世祖老羞变怒之心。

而多铎以求为江南王，如平西王位。九王恪守祖制，不肯假借。其实开国时，功令未定，亲王封藩，绝非若后世之严禁。而九王恐其尾大不掉，加意防范，且与兵与饷，均不能满多铎之意。多铎疑皆九王为之梗，积怨益深。又多铎时在江南，习于清流之讽议，常以太后下嫁事为满人之污点，心甚不平。谓九王卖国败名，设人心藉以鼓煽，摇动国本，则其肉实不足食。慕（幕）中人多有为九王所黜者，又从而点缀之，于是传入禁中，九王益疑愤，乃有南苑阅兵之举。卒以人心颇助多铎，九王无如何，未敢轻试，然世祖则决引多铎以排九王矣。

及怯病既成，措置又复乖舛，即不坠马，彼世祖之密谋使者，络绎于道，非朝召外兵，即夕清君侧矣。故当九王出猎坠马之先，世祖已密遣人召多铎于江南，召杰书于关中，不日将起大狱。然天竟助清，九王自毙。否则操戈同室，喋血宫庭，以京师为孤注，苟明臣乘之割据江南，北方势难兼顾，天下安危未可知也。

闻世祖有谋臣曰尼哈，实鳌拜之先辈，初为世祖画策，欲即召多铎入为内大臣，免他日召外兵，致起大争。世祖摄于九王之势，不敢发命。后九王势盛不可复制，始毅然与多铎密谋去之。尼哈曰："此危道也。即使九王可去，而奸人乘间起事，窃恐非数十年之力，不能弭此巨祸矣。”世祖曰：“朕不复能忍。苟舍此，卿尚有万全之策否？”尼哈曰：“臣昨见九王，堂其刘爽已失，块然躯壳，瘵疾已成，必不能久。盍少待之？苟其自毙，不劳手足之烈，而大憝可除，此天幸也。设不然，疾果渐剧，亦可风使引退，而召多铎来京。先散其党羽，傫然一病夫，无能为力矣。”世祖然之。

不三日而九王坠马死，世祖即日与尼哈等欲议其罪，太后不许，仍以礼葬之。及多铎入，与尼哈等讽太后幸五台。太后自知无状，且郁郁寡欢，遂往五台。途中闻朝臣多论九王罪，夺其位号，且仆所立之碑，愧恚交并，语从者曰：“吾居宫中无俚，且吾富贵亦极矣。不如出家清修，以了世缘。今以吾衣饰为纪念物，付皇上字之，他日可相见也。”遂不复归。世祖常陈太后之衣，涕泣不可仰。盖虽恨九王之不德，而念太后之恩不能终养。且以九王故，致伤其心，引为终天之恨也。其后卒以董妃之死，解脱尘鞅，飘然出世，传者咸谓实往访母云。

三　下嫁拾遗

太后下嫁，千古奇闻，自不待言。殊不知在满洲旧俗，固无足异，特举汉家历史相较，始觉自惭形秽，而后讥为奇耻耳。

在当时都中，除一二清流外，方且播为佳话，同瞻盛事。相传颁一诏书，亦汉人手笔，略谓“朕虽以天下养，而太后春秋鼎盛，孑焉无偶，春花秋月，悄然不怡，表以皇叔摄政王，周室懿亲，元勋贵胄，克配徽音，永承休美”云云。

相传当时婚礼之盛，为从来大婚所未有。盖开国太后，特行婚嫁之礼，理固宜然，其无足怪。所难堪者，惟幼主耳。其时金帛赏赐，动逾千万。辇下有巧工擅织技者，能以金银丝织成帷幔茵褥之属，精妙绝伦，明季宫中曾征为供奉。太后闻之，遣人访问。巧工不肯来，许以重金，亦不受，将执而戮之。有内监知其状，献计曰：“彼性孤僻，徒杀之而织工不成，求无益于太后。且太后嘉礼而行刑，以起谤讟，非计也。小臣有术，可使彼就范，惟不敢直陈耳。”太后问若何。曰：“巧工有妾常为大妇所厄，不得逞。苟使人许以织成后，由太后旨，许其妾同居。且先取其妾来，俟其织成后赐还，一若出于太后之特赏者，则彼必不抗拒。”太后许之，巧工果来，凡历月余而成全具，名其殿曰“莺梭殿”。

上自帘幕承尘，下至地衣，无不用金银五彩丝组织，绚烂霞绮，眩人目精。盖一殿之所费，数逾巨亿。太后顾之，犹以为未足，更命巧工南往苏、杭间，采取绣丝冰茧，镂金刻玉，以为墙壁敷坐之饰。又得西洋大玻璃屏，曲折钩斗，成三十六角度，满室照耀，如行冰雪中，见者色然，骇己身之化千万亿也。巧工又善绘，能以摄光镜映出山水、人物等现象于纸上，复以五色笔依影描之，栩栩欲活，曲尽妙肖。

太后令摹《全宫妃女捧金莲送局图》。图广五尺余，长一丈有奇，中凡人物千数百人。自摄政王、太后为新夫妇外，男女摈（傧）相及执烛拥毡，奉盘匜、壶餐、薰炉、掌扇之属，莫不须眉毕现，姿态动人。近而逼视，不见笔墨痕迹；远而察之，前后高下层折清瞭，浅深浓淡，一览可分。自有绘法以来，未尝有此神妙，盖即西洋摄影法之滥觞也。

后乾隆时有郎世宁者善此术，或云即巧工之再传弟子。其图以关于下嫁事实，康熙初，欲削之以掩家丑，乃并图毁之，惜哉！巧工后以窃宫女潜遁事发，戮于禁中。

四　董妃秘史

自近世名人笔记，俱以世祖因董妃逝世，悲愤出家，且证董妃实即冒辟疆妾董小宛；而辨之者则历引明季清初诸家说乘，坐实其非，谓妃系董鄂氏。董鄂乃长白旧部，世为清室臣仆，绝非汉人董姓。

此考据非不博洽，然窃以为文人好事，装点附会，在所不免。若秉笔署史，去取不容不严；而说部摭拾，亦未足深责。某君语予曰："世所称董妃，未必即系董小宛，而其人婉媚明丽，足使世祖伤念不忘。且敝屣万乘之尊荣，以徇儿女之情爱，非等闲所可论也。"故董妃实为清初一代之尤物，而其道德品格，又在左嫔、阴后之间。

相传有御制诔词，文词俊伟笃挚，有足观者。其词云：

顺治十有七年八月壬寅，孝献庄和至德宣仁温惠端敬皇后崩。呜呼！内治虚贤，赞襄失助，永了淑德，摧痛无穷。惟后制行纯备，足垂范后世；顾壶仪邃密，非朕为表著，曷由知之。是用汇其生平懿行，次之为状。

后董氏，满洲人也。父内大臣鄂硕，以积勋封至伯，没赠侯爵，谥刚毅。后幼颖慧过人。及长，娴女工，修谨自饬，进止有序，有母仪之度，姻党称之。年十八，以德选入掖庭。婉静循礼，声誉日闻，为皇太后所嘉与。于顺治十三年八月，朕恭承懿命，立为贤妃；九月，复进秩册为皇贵妃。

后性孝敬，知大体，其于上下，能谦抑惠爱，不以贵自衿。事皇太后奉养甚至，伺颜色如子女，左右趋走，无异女侍。皇太后良安之，自非后在侧不乐也。朕时因事幸南苑，及适他所，皇太后或少违豫。以后在，定省承欢若朕躬。朕用少释虑，治外务。即皇太后亦曰："后事我讵异帝耶。"故凡出入必偕。朕前奉皇太后幸汤泉，后以疾弗从。皇太后则曰："若独勿能强起一往，以慰我心乎？"因再四勉之，盖日不忍去后如此。

其事朕如父，事今后亦如母。晨夕候兴居，视饮食服御，曲体罔不悉。即朕返跸宴，后必迎问寒暑，或意少乱，则曰：“陛下归且晚，体得毋倦邪？”趣令具餐，躬进之。居恒设食，未尝不敬奉，勉食至饫乃已。或命之共餐，则又曰：“陛下厚念，妾幸甚。然孰若与诸大臣，使得常奉色笑，以沾宠惠乎？”朕故频与诸大臣共食。朕值爱典举数觞，后必频教诫侍者：“若善侍上寝室。无过燠。”已复中夜，慽慽起曰：“渠宁足恃耶？”更趋朕寝所伺候，心始安，然后退。

朕每省封事，抵夜分，妃未尝不侍侧。诸曹章有但循例待报者，朕寓目已置之，妃辄曰：“此讵非几务，陛下遂置之耶？”朕曰：“无庸，故事耳。”后复谏曰：“此虽奉行成法，顾安知无时变，需更张；或且有他故宜洞瞩者，陛下奈何忽之？祖宗遗业良重，即身虽劳，恐未可已也。”及朕令妃同阅，即复起谢曰：“妾闻妇无外事，岂敢以女子干国政？惟陛下裁察。”固辞不可。

一日，朕览廷谳疏，至应决者，握笔犹豫，未忍下。后起问曰：“是疏安所云，致轸陛下心乃尔？”朕谕之曰：“此秋决疏中十余人，俟朕报可即置法矣。”后闻之泣下曰：“诸辟皆愚无知，且非陛下一一亲谳者。妾度陛下心，即亲谳，犹以不得情是惧。矧但两司审虑，岂尽无冤耶？陛下宜敬慎，求可衿宥者令活之，以称好生之仁耳。”自是，于刑曹爰书，朕一经详览竟，妃必勉朕再阅曰：“民命至重，死不可复生。陛下幸留意参稽之，不然彼将奚赖耶？”且每曰：“与其失入，毋宁失出。”以宽大谏朕，如朕心。故重辟获全，大狱未减者甚众，或有更令复谳者，亦多出后规劝之力。嗟夫！朕日御万几（机），藉妃内助，故得安意综理，今复何恃耶！宁有协朕意如妃者耶？

诸大臣有偶干罪戾者，朕或不乐。妃询其故，谏曰：“斯事良非妾所干预，然以妾愚，谓诸大臣即有过，皆为国事，非为身谋。陛下曷霁威详察，以服其心？否则，诸大臣弗服，即何以服天下之心乎？”呜呼！乃心在邦国、系臣民如妃，岂可多得哉？

妃尝因朕免朝请。请曰：“妾未谙朝仪。”朕谕以只南面受群臣拜舞耳，非听政也。后进曰：“陛下以非听政故罢视朝，然群臣舍是日，容获觐天颜耶。愿陛下毋以倦勤罢。”于是因妃语频视朝。妃每当朕日讲后，必询所讲，且曰：“幸为妾言。”朕与言章句大义，妃辄喜。间有遗忘，不能尽悉，后辄谏曰：“妾闻圣贤之道，备于载籍。陛下服膺默识之，始有裨政治，否则讲习奚益焉？”朕有时搜狩亲骑射，后必谏曰：“陛下藉祖宗鸿业，讲武事，安不忘战，甚善。然马足安足恃？一万邦仰庇之身，轻于驰骋，妾深为陛下危之。”盖后之深识远虑，所关者切，故值朕骑或偶蹶，辄忪然于色也。

妃自入宫掖数年，行己谦和，不惟能敬承皇太后，即至朕保姆往来，晋接以礼，亦无敢慢。其遇诸嫔嫱，宽仁下逮，曾乏织介嫉忌意，善则奏称之；有过则隐之，不以闻。于朕所悦，妃亦抚恤如子。虽饮食之微，有甘毳者，必使均尝之，意乃适。宫闱眷属，小大无畏，长者媪呼之，少者姊视之，不以非礼加人，亦无少有谇诟。故凡见者蔑不欢悦，蔼然相亲。值朕或谴责女侍、宫监之获罪者，必为拜请曰："此曹蠢愚，安知上意？陛下幸毋怒。是琐琐者亦有微长，昔不于某事曾效力乎？且冥行干戾，臧获之常也。"更委曲引喻，俟朕意解乃止。

后天性慈惠，凡朕所赐赉，必推施群下无所惜。封皇贵妃有年，乃绝无储蓄。崩逝后诸含殓具，皆皇太后所预治者。视他宫侍亦无所差别，均被赐予，故今宫中人哀痛甚笃，至欲身殉者数人。

初，后父病故，闻讣哀怛。朕慰之，抆泪对曰："妾岂敢过悲，廑陛下忧，所以痛者，悼答鞠育恩耳。今既亡，妾衷愈安。何者？妾父惟性夙愚，不达大道，有女获侍至尊，荣宠已极，恐自谓复何惧，所行或不韪，每用忧念。今幸以时终，荷陛下恩，恤礼至备，妾复何恸哉？"因复辍哀。后复有兄之丧，时后属疾，未便闻。后谓朕曰："妾兄其死矣，曩月必再遣妾嫂来问。今久不至，可知也。"朕以后疾，故仍不语以实，安慰之。后曰："妾兄心衿（矜）傲，在外所行多不以理。恃妾母家，恣要胁容有之。审尔讵止辱妾名，恐举国谓陛下以一微贱女致不肖者肆行罔忌。故夙夜忧惧，寝食未敢宁。今幸无他故没足矣，妾安用悲为?”

先是，后于丁酉冬，荣亲王生，未几王薨。朕虑妃怆悼，妃绝无戚容，恬然对曰：“妾产是子时，遂惧不育，致夭折以忧陛下。今幸陛下自重，弗过哀，妾敢为此一块肉劳陛下念耶?”因更慰勉朕，不复悼惜。当生王时，免身甚艰。朕因念夫妇之谊，即同老友，何必接夕乃称好合。且朕夙耽清静，每喜独处小室。自兹遂异床席，即后意岂必己生者为天子，始慊心乎？是以亦绝不萦念。噫！后可谓明大义不顾私戚，以礼自持，能深体朕心者矣。

初，后于偶有未称旨者，朕或加谯让，始犹申己意以明无过。及读史至周姜后脱簪待罪事，翻然悔曰：“古贤后身本无愆，尚待罪若彼。我往曾申辨，殊违恪顺之道。”嗣即有宜辨者，但引咎自责而已，后之恭谨迁善如此。

后性至节俭，衣饰绝去华采，即簪珥之属，不用金玉，惟以骨角者充饰。所诵“四书”及《易》已卒业。习书未久，天资敏慧，遂精书法。

后素不信佛，朕时以内典禅宗谕之，且为解《心经》奥义，由是崇敬三宝，栖心禅学，参“一口气不来，向何处安身立命”语。即见朕即举之，朕笑而不答。后以久抱疾，参究未能纯一，后已举前语，朕一语答之，遂有省。自婴疾后，但凭倚榻，曾未偃卧。及疾渐危，犹究前说，不废提持。故崩时言动不乱，端坐呼佛号，嘘气而化，颜貌安整，俨如平时。呜呼！足见后信佛法、究心禅教之诚也。

先是，后初病时，恒曰："皇太后眷吾极笃，脱不幸病终不瘳，皇太后必深哀戚，吾何以当之？"故遇皇太后使来问安否，后必对曰："今日少安。"一日，朕偶值之，问曰："若今疾已笃，何以安也？"后曰："恶可以妾病遗皇太后忧？我死乃可闻之耳。"洎疾甚弥留，朕及今皇后、妃嫔、眷属环视之。后曰："吾体殊委顿，殆将不起。顾此中澄定，亦无所苦。独念以卑微之身，荷皇太后暨陛下高厚恩，不及酬万一。妾没后，陛下圣明，必爱念祖宗大业。且皇太后在上，或不至过恸，然亦宜节哀。惟皇太后慈衷肫切，必深伤悼，奈何？思及此，妾即死，心亦弗安耳。"既复谓朕曰："妾亡，意诸王等必且皆致赙。意一身所用几何。陛下诚念妾，与其虚縻无用，孰若施诸贫乏为善也。"复嘱左右曰："束体者甚无以华美。皇上崇俭约，如用诸珍丽物，违上意，亦非我素也。曷若以我所遗者，为奉佛诵经需，殊有利益耳。"故今殓具，朕重逆后意，概以俭素，更以赙二万余金，施诸贫乏，此从后意也。

凡人之美多初终易辙。后病阅三载，虽容瘁身瘵，仍时勉谓无伤，诸事尤备，礼无少懈，后先一也。事今后克尽谦敬，以母称之，今后亦视后如娣。十四年冬于南苑，皇太后圣体违和，后朝夕奉侍，废饮食。朕为皇太后祷于上帝坛，旋宫者再。今后曾无一语奉询，亦未曾遣使问候。是以朕以今后有违孝道，谕令群臣议之，然未令后知也。后后闻之，长跪顿首固请曰："陛下之责皇后是也。然妾度皇太后斯何时，有不憔悴忧念者耶？特以一时末（未）及思，故先询问耳。陛下若遽废皇后，妾必不敢生。陛下幸垂察皇后心，俾妾仍视息世间，即万无废皇后也。"前岁，今后寝病濒危，后躬为扶持供养。今后宫中侍御尚得乘间少休。后则昼夜目不交睫，且时为诵书史，或常谭以解之。及离侧出寝门，即悲泣曰："上委我候视，倘疾终不痊，奈何？"凡后事，咸躬为葳治，略无倦容。今年春，永寿宫始有疾，朕亦躬视扶持三昼夜，忘寝兴，其所以殷勤慰解悲忧，预为治备，皆如待今后者。

后所制衣物今犹在也。悼妃薨时，后哭之曰："韶年入宫，胡不于上久效力，遂遽夭丧邪！"悲哀甚切，逾于伦等。其爱念他妃嫔举此类也。故今后及诸妃嫔，皆哀痛曰："与存无用之躯，孰若存此贤淑，克承上意者耶。吾辈曷不先后逝耶，今虽存，于上奚益耶？"追思夙好，感怀旧泽，皆绝荤诵经，以为非此不足为报云。

后尝育承泽王女二人、安王女一人于宫中，朝夕鞠抚，慈爱不啻所生。兹三公主擘踊哀毁，人不忍闻见。宫中庶务，曩皆后经纪，尽心检核，罔不当。虽未晋后名，实后职也。第以今后在故，不及正位耳。自后崩后，内政丛集，待命于朕。用是愈念后，悲感不能自止。因叹朕伉俪之缘，殊为不偶。

前废后容止，足称佳丽，亦极巧慧。乃处心弗端，且嫉甚。见貌少妍者，即憎恶欲置之死；虽朕举动，靡不猜朕。靡故别居，不与接见。且朕素慕简朴，废后则僻嗜奢侈，侈诸服御，莫不以珠玉绮绣缀饰，无益暴殄，少不知惜。尝膳时，有一器非金者，辄怫然不悦。废后之行若是，朕含忍久之，郁慊成疾。皇太后见朕容渐瘁，良悉所由，谕朕裁酌，故朕承慈命废之。及废，宫中无一念之者。则废后所行，久不称众意可知矣。

今后秉心浮朴，顾又乏长才，洎得后才德兼备，足毗内政，谐朕志，且奉事皇太后恪恭妇道。皇太后爱其贤，若获瑰宝。朕怀亦得舒，夙疾良已。故后崩，皇太后哀痛曰："吾子之嘉耦，即吾女也。吾冀以若两人永偕娱我老。兹后长往矣，孰能如后事我耶？孰有能顺吾意者耶？即有语，孰语耶，孰与筹邪？"欲慰勉朕，即又曰："吾哀已释矣。帝其毋过伤。"然至今泪实未尝少止也。见今后及诸妃嫔哭后之痛，谕曰："若辈勿深哀，曷少自慰。"乃一时未有应者，皇太后泫然泪下。朕曰："若皆无心者乎？

胡竟无一语耶？”盖追惜后之淑德，为诸人所难及，故每曰：“诸妃嫔可勿来重伤我心。”于此益见念后之至也。

抑朕反复思后所关之重，更有不忍言而又不能自止者。皇太后雅性修洁，虽寻常起居细节，亦必肃然不肯苟且。如朕为皇太后亲子，凡孝养之事，于理更有何忌。但以朕乃男子，故常有引嫌不能亲及者，故惟恃后敬奉，能体皇太后。皇太后千秋万岁后，诸大事俱后经治是赖。今一朝崩逝，后脱遇此，朕可一一预及之乎？将必付之不堪委托之人。念至于斯，五中摧裂。益不能不伤痛无已矣。

后持躬谨恪，翼赞内治，殚竭心力，无微不饬，于诸务孜孜焉，罔勿周详。且虑父兄之有不卒，故忧劳成疾。上则皇太后慈怀轸恻，今后悲悼异常；下则六宫号慕，天下臣民莫不感痛。惟朕一人，抚今追昔，虽不言哀，哀自至矣。呜呼，是皆后实行，一辞无所增饰，非以后崩逝故，过于轸惜为虚语。后□素著，笔不胜书。朕于伤悼中，不能尽忆，特录其大略状之，俾懿德昭垂，朕哀亦用少展云尔。

五 顾命异闻（三则）

（一） 顺治出家

世祖逊位出世，与晏驾情事当然不同。故其托孤寄命，从容布置，意想中极为周到，亦自有理。顾按之事实，容有未尽然者。彼既感触世缘，言下顿悟，勘破一切尊荣富贵，则蝉蜕浊秽，自有不可一刻留者。故康熙帝年方童稚，而竟不及待，毅然决绝舍去，谓非绝无系恋，视子孙传世事如空花幻影也乎？故官书所载世祖顾命大臣至八大员之多。其后互争权利，几危社稷。设非康熙帝英明，不且事几不可收拾，欲安利之，适以危害之欤。

间尝疑顾命事未可信，后与掌故家某公谈及。某公乃鼓掌曰："信然。设非子言，吾几忘之。"盖康熙帝诛鳌拜诏，亦有"妄称顾命大臣窃弄威权"等语。后得宗室某之饫闻天家事者，谓鳌拜等五人实皆乘机攫取权利，并未恭承顾命异数。惟玛尼哈特平日系左右近臣，确有世祖手诏，勉其忠辅幼主之语。然亦非正式拜受顾命，如周公、毕公然者。

先是，顺治帝以董妃既亡，抑郁不自得。一日独坐便殿，偶睹梧桐落叶，瞿然若有所念。顾左右曰："人生不过数十寒暑，逐逐名利，何时可已？朕贵为天子，开国承家业已十有八年，长此营营，何时方得满意？朕觉世事有如浮云过眼，事后追维，味同嚼蜡，不如真修悟道，实为无上上乘，况朕幼日即有此志。迩来饱经世患，勘破情网。若不于此时解脱，更待何时。”语讫，立命召御前会议大臣玛尼哈特等入，即勉以忠辅幼主等语，语至简单。大臣俱攀驾乞留。世祖复答数语，意甚决绝，大臣等跽不肯起。顷之，世祖已命小黄门出箧中黄袈裟一，喇嘛帽一，从容易服，飘飘步行出东华门。玛尼等俱长跪牵裾，不听帝行，帝亦不怒。顾辞旨坚决，不可挽回，大臣乃请指派侍卫护送。世祖固言无须，以诸臣请不已，遂许侍卫四人随行。后未至五台界，即遣还，卒未获知帝所卓锡之地也。

既行，玛哈尼特等方议禅立幼主事。鳌拜始列席定策，俨然自称顾命大臣，诸受顾命者俱侧目。圣祖既幼，亦不知顾命之真相，果谁是谁非也。且世祖濒行，仅与诸臣参寥数语。幼主绝未谋面，故圣祖迄不知鳌拜未预顾命，乃系事后自称以炫其能耳。

（二）　鳌拜专权罔上被诛

鳌拜既擅权自恣，初止鱼肉同侪，出言多不逊；嗣见幼主长厚，心地仁慈，遂逐渐进步，竟至气凌主坐。

圣祖幼即喜读儒书，鳌拜方奏事，见圣祖诵读不辙(彻)，意甚不悦，乃面谩曰：“吾盛清自有制度，皇上宜读喇嘛经，不宜读儒生说。先帝不以臣为不肖，故使臣训诲皇上。臣愚以为宜体先帝圣意，屏儒进释，庶几勿坠先绪。”圣祖笑曰：“彼一时，此一时。正位中原而云不读孔子书，无是理也。朕思三教平流，可不分轩轾。卿奈何所见之不广也？”鳌拜怫然曰：“皇上初政，即拒微臣之忠谏，殊不敢复问国事矣。”即拂袖欲退，圣祖止之曰：“卿傅勿尔。朕非拒谏之主，读儒书亦非坏乱之事，卿傅其平心察之。”鳌拜闻言，面有惭色。顾其刚愎自用之恶性，勃不可遏，复顾而言曰：“皇上请以臣言付诸臣会议。设臣言贻误者，臣愿伏斧锧以谢皇上。”圣祖知其骄蹇，遂一笑而罢，鳌犹悻悻未已也。

一日，鳌拜复请策封其族祖某，曾从太宗征朝鲜有功者，侈陈事迹，立请优奖。圣祖曰：“其功非不甚伟，然祖宗朝酬庸之典，亦至优渥矣。彼以将军例赐恤，亦已甚矣。今尚欲何所请耶？朕不敢有加于祖宗朝之成例。卿其自爱。”鳌不奉诏，大肆申辨，谓：“臣受顾命之重寄，而远祖不获荣一阶，大非人子显扬之道。今日苟不获温诏，臣将痛哭于文皇帝之陵，不复能忝职左右。”圣祖心恶其要挟跋扈，而不肯取消其顾命重寄，乃从容曰：“朕别有旨，卿傅何事过劳？”鳌即谢恩，以为荣封已得，皇上所面命也。其专擅僭越类如此。

或谮于圣祖曰：“鳌拜实未受先帝之顾命。当先帝大去时，立命玛尼哈特等入，未尝及鳌拜也。乃其后玛尼等奉命定策，翌戴圣主，事已大定矣。鳌忽一跃而起，争取一席地据之，自称顾命大臣，觍然不以为耻。皇上优容，不究其贪冒之罪耳。否则矫诬上命，妄借名器。其自堕品格者犹小，而敢于欺罔先帝者实大。且彼玛尼而死之，罪尤不可胜诛。皇上如欲证明事实，但取玛尼哈特所藏之先帝手诏，今在其子所，则真伪是非，不难大白矣。”圣祖复曰：“玛尼哈特既有先帝手诏，曷不进呈，而擅自藏之于家乎？”对曰：“臣曾见之，诏中盖指明呈阅时期，不至期不与呈。”圣祖曰：“今是否已至期？”对曰：“第问玛大臣之子可。”圣祖果召玛尼子等。问手诏语未毕，玛子等大惊失色，因跪奏：“先帝手付先臣，谕令秘密，候某年月日嗣君已长，可付与之，汝等斯尽职矣。今既承天威下问，敢不先献，以舒宸廑？”

圣祖捧手诏读之，泪随声堕，谓：“此真先帝御笔也。”命藏大内，而召鳌拜入，示之，令自答复。鳌拜惧甚，不敢出一语，但叩首求恩而已。未几，御史等奏劾鳌二十大罪，卒遇刑。

（三） 鳌拜害玛尼哈特

初，鳌拜忌玛尼哈特之以长厚受帝眷，且持有先帝手诏，誓欲倾之以为快。时圣祖虽厌鳌拜，而闻玛尼等好货，暮夜苞苴，渐至显卜其昼，贿赂公行，腥闻于上。其党亦多不法，玛尼不能制。圣祖令心腹侦之信，乃亦不满于玛尼哈特矣。无何，鳌拜嗾其党在台谏者，弹劾玛十余款，语皆罗织而成。

圣祖令玛尼自复，鳌乃遣其党伪为亲玛者，劝其逐条申辨，几无一语成为事实。奏上，圣祖怒曰：“子乃以辨为能，果一无所短乎？”于是遣内大臣按问，抄没其产，积资颇多，且其间有御用物，非臣下所宜蓄者。圣祖怒甚，令玛尼哈特入对，历数申辨之非，欺君罔上，乃收宗人府狱。然犹无意死者，第饬上疏据实自首，当从末减，治其党羽而已。

鳌拜复使人就狱中说玛尼勿自承，坐取族灭。玛尼不知中其计，乃哓哓置辨。世祖泣曰："昔先帝以手诏付伊，朕之敬礼亦至矣。伊不自爱，乃至簠簋不饬。证据凿凿，不可为讳，一至于此，然朕以彼为顾命旧臣，辄就刑戮，非国家之福，故令其伏罪以谢天下，则臣之宽典，亦有辞以对大众。而乃执迷不悟，始终文过，天下安有如是庸愚昏愦之人乎？国法所在，朕亦安能以私废公？即使先帝处此，亦难为之保全。朕实不得已而用刑。其布告天下，咸使闻知。"又曰："议亲议贵之典，自古慎重，渺渺朕躬，何敢妄行大事？但国法所在，与其枉法以徇私，无宁执法以安众。万不得已，施于一身，以正其罪，宥厥子孙，以用朕情，情与法交尽。彼既无怨，而国体不伤。诸大臣谅亦以为然也。"乃赐玛尼哈特自裁，而宥其子孙，居宗人府如故。

鳌拜扬扬自得曰："此老崛强，乃入吾彀中，今而后，莫予毒。所惜者，斩草除根之计未施。彼庶孽耽耽虎视，尚恐死灰复燃耳。"不一年，圣祖稔鳌拜之恶，且知其倾陷玛尼哈特状，历数其罪，置之法，子孙俱从戮，祸酷于玛尼哈特矣。

六　拾明珠相国秘事（二则）

（一）　与儒士相交而得宠

康熙帝性英明而兼果断，故能以冲年亲政，不动声色，诛巨奸鳌拜。于是三十年中，文治武功，经营不遗余力，四方底定，大勋告集，实清代之大有为者。迨春秋既高，尊荣太甚，精爽渐丧，百弊萌生。于是内而庶孽争权，宫廷树敌。外而奸谀弄柄，佥王纷来，夐非初日清明气象矣。

其时招权纳贿，与青宫相倚庇者，实为大学士明珠。明珠本皇室懿亲，狡黠善伺帝意，由部曹末秩，不十年而晋位宰辅，可谓幸矣。顾以圣祖英明，未烛其奸，其奢侈骄横，即在满臣中亦不多见。而圣祖方以俭德为天下先，独优容不之问，抑何其术之工也。

相传康熙帝喜读儒书及古今秘籍，又好天文算术。满臣中莫有与之赓同调者，惟明珠能深窥其蕴。于是因逢迎之智，开汲引之门，广延海内文艺博洽之士，奇异罕见之书，特设一储材馆于私邸。馆中复置藏书楼，不惜重金，搜致秘笈。东南藏书之家，贫不能自存，则奔走门下，如愿以偿。文人少有才艺称誉，百计奉为上客，所欲无不力致。故昆山徐氏等皆阴获其援引。其援弹铗之客，不可胜计。每中秘有所考问，一旨甫下，幕客争相条对，纸笔纷纷如雪花四舞，以故奏对无不称旨。其子纳兰容若等，常得与文人学士游宴，上下其议论，文采斐然，为曼珠世家所绝鲜。圣祖之宠幸，盖有由来也。

康熙朝文臣之受优礼者，莫如张英、魏裔介等，明珠皆倾心与之结纳。其时方奉敕编撰《字典》及《子史精华》《佩文韵府》。明珠每入修书馆，必使人辇金巨万，遇文字之佳妙，誊写之工秀者，皆分赐之，多寡无所吝。以是寒畯争感纫。其姿性本颖慧，初不识汉字，后与文人往还，居然能作书札，且吟哦成句矣。

一日，圣祖问："尔好钻研风雅，亦知庄子《逍遥游》是何命意？何谓《南华》《秋水》？"明珠不能对，乃奏："臣近日驰思案牍，昏冒不学已久。容臣取书读之，明日恭对。"圣祖笑而颔之。明日袖呈条对，文词斐亹，节奏详明，居然文学大家矣。圣祖问何人所拟，明珠不敢隐，举其人以对，则徐健庵也。圣祖笑曰："尔纨绔，敢与状元公交好乎？尔试为朕面解其义，毋为人笑没字碑也。"明珠历陈意义，颇觉未误。圣祖曰："此亦可谓难得矣。"遂将御制诗文赐之曰："尔及身虽不复能博通，然以此昭示子孙，毋使再受金玉败絮之诮也。"明珠退，遂增聪老儒数人，专教其子揣摩御制笔法，其后容若等俱以诗文鸣禁中。

（二）　秘购秀女之祸

初，明珠为固宠持禄计，闻圣祖宫中欲选良家闺秀为女官，以充典签校书等职。而限于满、汉之界，满人女子多不娴文学，无可当选者。乃异想天开，密遣使往苏、杭间购小家碧玉未成年者至邸中，先教以言语，次授之各种学艺，以备进献。其女皆美丽而天足，并欲使冒为满旗贵族也。其事绝秘，虽家人不与知，所知者惟一二心腹而已。其夫人早卒，以妾代之，悍妒有力，明珠颇畏焉。或告之曰："相国谋署外室，城西别墅中粉黛殆以百数，三十六宫都是春也。"夫人觇之信，怒甚，曰："予必尽杀之，固不使相国知。"

先是别墅所购待年之姬，分科习文艺，宛若学校者然。如书史、诗词、歌曲、音乐、弈棋、绘画、雕刻、女红、游戏等，各占门类，习一艺成，以次递习。有老儒杭人，博通书史，兼擅诗词歌曲，相国聘之以教诸姬。老儒仅知为相国之待年宠也，所教为及笄女子三，曰新梅，曰娇杏，曰蒨桃，若姊妹花然。蒨桃尤聪慧，年仅织素耳。老儒怜之，独教之古列女节孝贞烈事，蒨桃慨然欲自振拔，顾念身世，辄为之泪下。然技艺之精进，突过侪辈。偶见即能仿效，诗词出语有天然韵致，非人力所能为也。老儒誉不置，而娇杏颇妒之。

院制：每女子三，必有一老妇管理其起居饮食，凡师教外督责之事皆属焉。娇杏嫉蒨桃之能，辄短之于老姆。蒨桃承若儒教，慷慨尚气节，不肯谄事老姆。且以己所处地位，无异娼妓永无拨云见天之日。故觉生趣顿减，而怨愤之词或见于词色。于是老姆亦厌恶之矣。

一日，会时节，闻夫人来园中游遨，诸老妇大惊，知必有祸，乃匿其驯扰心爱之姬，而班崛强者出迎，意谓夫人若加凌辱，此辈固无足惜耳。无何，夫人至，颇和蔼无怒容。既遍阅诸姬，乃命膳夫设宴，以享群花，且命醉饱勿惧。既而命诸老妇善事诸姬，率婢媪登车去。

蒨桃既入课斋，老儒见其双颊微酡，问所以饮食者。蒨校具以告，且曰：“夫人固有礼，但未知肯释放吾辈否？儿已微露求请意矣。”老儒色然曰：“危哉，此岂尔求请时耶？”蒨桃曰：“何谓？”老儒曰：“夫人之有礼，于理为常，未可深信。恐其城府甚深，蕴毒亦愈厚耳。且虽不愿尔辈在此，亦岂愿尔辈安然他适，享太平之幸福？而尔骤露求请之意，彼知尔之不易驯服，必设计更速。惜哉，尔不习世故也。”蒨桃闻言，自悔性躁，伏案痛哭。老儒慰解之。新梅最长厚，争来解劝，娇杏则不知所之矣。未几，蒨桃腹痛，自归寝室。

比晚，新梅走告老儒曰：“蒨妹死矣。凡侍夫人饮者十六人，中有六人得赐酒，赐酒者皆毙。”噫！殆酒中有毒耶？老儒叹曰：“吾知头角峥嵘之为害速也，但尔辈亦不能免。娇杏何如？”新梅曰：“娇妹方鼓掌称乐。”老儒曰：“妇人之妒，一至此耶。虽然舐糠及米，彼自不知死期之将至。何乐之有？”新梅惧甚，齿为之战，跽地求老儒援救。老儒曰：“吾姑试之，未知有效否。”新梅称谢去。

老儒乃函致其徒为显宦者，言于相国求去。相国知有异，遣人引老儒至密室，询所以求去之故。老儒以前事告，相国惊曰：“吾固不知。此禁脔也，奈何夫人贻误若是？”老儒从容曰：“与其死之，不若生之。”相国颇首肯，乃命人稽园中人数。将下赦令，夫人已知之，争先驰往，命缚色美者别置一室，而驱其中姿以下者。新梅朴讷无华，竟得漏网。因感老儒惠，辗转访得其寓所，愿作奴婢以报。老儒乃纳为子妇焉，而相国献姬之事亦遂寝。

七　夺嫡妖乱志（七则）

（一）　诸宫蓄势

康熙帝既立胤礽为太子，以为天下无事，娱情内典，藉自颐养，不日且内禅。而诸子众多，俱以胤礽长厚，无奇才异能，坐跻大宝，心不甘服，咸思帝制自为。其间权力最盛、党羽广布者，则推胤禛、胤禩、胤䄉、胤禟。胤禛即世宗，有异禀，膂力过人，能驱使番僧及海内奇侠之士为己用。胤禩等与之抗，各树一帜。惟胤禔等常自附于胤禛以张旗鼓，故胤禛与之感情颇洽，而视胤禛（原作“禛”，此处似应为“禩”——编者）四人，则仇敌也。

先是，满洲家法不主立长，盖尚袭蒙古、辽、金旧俗。既入关，诸臣文饰汉义，请立储贰。康熙帝亦醉心汉家文化，恐不立储为天下后世笑。贸然许之，而大错铸成矣。

胤礽性厚重，短于智略，然苟使多读书史，洞明大义，实足为一令辟。惜满廷不事此，亦无出阁就学之典礼，但使喇嘛教之番经，世仆数员，督以清书骑射而已。圣祖因好儒书，独不使储贰懋学，为绝可怪之事，然实满廷之劫运也。胤礽不知德足胜妖之事，习闻喇嘛之言，下至佥人群小，争相构煽，遂与诸子征逐，务为相胜，而事乃败矣。

当储贰之初建，圣祖命与诸弟习射于便殿，弯弓无一中者，其他技击亦均不娴，而诸子多勇武命中，胤礽引为大耻。师傅某公，满人中昏庸之杰出者也，乃进言说太子，谓诸子获胜，皆出崇奉喇嘛及养士之力。太子瞿然问计，师傅乃为画计，争致喇嘛及击剑敢死之士，务胜诸子，敌势自却矣。太子固不更事，深信不疑，乃与诸喇嘛约曰："苟有能以咒语秘术制人死命，使彼不敢抗衡者尊为国师，受上赏。"又阴使人语各省大吏曰："能求得奇侠之士，武勇技击足以胜人者，封大官，举主同受上赏。"于是喇嘛争以魔术自效，而江湖术士、山谷伏莽咸趋阙下，以求效用，京师纷扰，宫闱若市井。奇服异言之人往来阙廷，司寇不敢诘。有识者皆知宫中多故，祸不旋踵矣。是时康熙帝方深宫颐养，潜心内典，外间事绝不闻知，左右亦必不使之闻知也。

（二）　胤禛蓄志雪耻

胤礽之养士拜僧，实求自卫，误中某傅之离间，初无意于树敌也。一日，偶出猎南苑，见车骑自南来，从者至数百人，武仗甚整，且有喇嘛执器前导，状至威猛，以为帝驾来也。将避之，左右进曰："此非车驾，实四皇子之卤簿耳。"太子惊曰："彼一皇子，乃呵护之盛若此；我储贰也，自顾不如，保不为人所笑乎？且其势凌人，后此将为所制，大不可。”心怏怏然。既归，商于某傅。某傅曰：“果尔，是不可不请于上，以正国体。”乃入奏四皇子卤簿僭越状。圣祖果谕令胤禛不宜违制，速减车骑，散党附，免蹈刑法。

胤禛闻太子所请，深衔之。自是一变前日所为，斥去车骑，而与喇嘛、力士等步行走京外，游历名山大川，不复有威仪，而党羽实益众。胤礽以为畏己，肆然不复置虑，不知胤禛固卧薪尝胆，以报此辱也。

（三） 胤禛学艺少林

胤禛既养死士，恐为太子所厄，常只身走江湖，以为阅历磨练之地，且自谓多知民间疾苦，则他日可有为。实则阴探舆论，笼络在野之不轨者，以备推倒储宫而已。

尝漫游至嵩山，遇少林僧，技击过人，乃膜拜求为弟子，僧直受不辞。其徒凡数十人，以胤禛食量过大，辄非笑之。又使炊煮以供众食，胤禛乐于奔走，绝口不道宫禁事，人莫知为皇子也。

半载而技成，诸僧又嬲之角力，胤禛避不应。众笑其怯，几无所不押（狎）侮。胤禛怒，奋起与斗，卒胜所嬲之僧。师曰：“子技进矣。”遂赠一铁杖，留为他日纪念，且言除一女子外，可持此横行海内矣。胤禛既行，方下山，而宫监卫士麕集，盖如约而至，众始知其为皇子也。

（四） 胤禛谋废太子

胤禛微行自晋中归，遇太子宾客于途，方殴击人。倚势凌辱，人不敢与争，踉跄呼哭，莫之过问。胤禛独走问所苦。旁有恶少年大言曰：“尔为谁，敢来问讯，宁有三头六臂乎？”胤禛熟视其面，出铁杖猛击，碎其脑髭，从容返邸，而太子党人已探知矣。夜遣剑客入邸，将刺胤禛。

一喇嘛方侍胤禛诵经，见窗外有白光如匹练，上下无定。胤禛怪之，令喇嘛就视。喇嘛曰：“否！否！吾已遣某力士办之矣。”比晓，院中树枝皆如削，所蓄之猎犬尽失其首，如骈戮者然，而数十武外小园中，有武士横尸焉。喇嘛曰：“此即剑客也。技穷力竭，乃为力士所诛。今晚必且报复，行当备之。”

是夕，大风自西来，屋宇震摇，金铁鸣动，空中战斗声甚厉。居民咸闻之，莫知其所由来也。破晓，太子宫中皇皇若有大事然者，出购棺木，其数甚夥，特不知死者为谁。雍邸中亦然，人咸疑之。

又明日，雍邸中遍招都下喇嘛入诵经，云作道场七日。诸庙恐人数不敷，至延乞丐以充额。顷之，太子宫亦传命索喇嘛，然已为雍邸所要去，势不能应命矣。太子怒甚，欲捕大喇嘛诛之。大喇嘛惧，请命于国师，国师衔旨乞命，乃已。太子知雍邸所为也，积不能平，遍召门下客，谓之曰：“今夕不杀胤禛，与诸君不复相见。”门下客忧惧，计无所出。有与胤禛之客善者，以告。胤禛闻之曰："此势不两立之秋也。皇父春秋高，一旦祸成，恐伤其心。不如吾姑避之，以待其隙。苟吾有天命，何患不取而代也！"

束装将行，会有奇士自蜀中来，愿见雍邸。胤禛速（命）之入，则前游所遇之友也。留与饮食，谈技击诸术，风起泉涌，顾终不及心事。奇士作色曰："皇子有急难，奈何不告我？"胤禛问："何以知之？"奇士曰："闻青宫新自海外得一术人，能以铁冠取人首于百里外，今晚殆以决议施之皇子矣。如能不为所杀，且夺其冠，则他日可取以治贪官污吏，人皆不敢犯法矣。天不绝殿下，使吾闻之，方得有此预备也。"胤禛问："奈何？"奇士曰："彼以喇嘛咒语为护符施此魔术。今吾侪都以贝叶蒙首，则铁冠必来而复去。吾先于庭外张一架（袈）裟，如张网状。铁冠必跌落其中。吾党可收之，以为后日之用也。"

胤禛从其言，果得铁冠。既而谓奇士曰："寇深矣，不用斩截手段，此祸防不胜防。吾终不愿郁郁居此土也。"奇士曰："盍请大喇嘛来，当与之为最后谈判。"胤禛允之。大喇嘛至，奇士曰："降龙伏虎，当用其势，过此以往，恐不能制，奈何？"大喇嘛曰："谨闻命。特缓乎急乎？生乎死乎？惟殿下所择。"胤禛思之良久，乃曰："吾为皇父计，不得不缓；吾为皇兄计，又不得不生。"大喇嘛曰："诺。"

时太子以铁冠术不效，闻胤禛仍无恙，恚恨成疾。大喇嘛入请曰："吾能以阿肌酥丸治殿下疾。"太子曰："子非助胤禛者乎？吾安敢服子药？"大喇嘛曰："否！否！胤禛暴虐，众叛之久矣。今彼遨游四方，未敢返都下，邸中固阒其无人也。殿下不信，可询之某喇嘛。"某喇嘛者，太子之亲信人也，而实大喇嘛之徒党。太子见术不效，郁恨伤肝，性烈如火，挞辱诛灭颇夥。群下人人自危，至喇嘛亦不免诟辱。以故喇嘛有贰心，亦愿助胤禛为虐矣。

太子不知其计，以问喇嘛。喇嘛曰："此西天活佛之师，其丸实能治百病，服之当必有效。若胤禛则畏殿下之威，当不敢复来辇下也。"太子信之，乃令大喇嘛出丸进服。胤禛遍贿青宫上下，无一人与大喇嘛为敌者。于是太子以孤掌之难鸣，受易性之狂药，虽有知者，莫为之白矣。

阿肌酥丸者本媚药，或兴奋剂，而兹则羼入猛烈之品，能使脑力失其效用，神经中枢为过度之激刺，亦不能制其百体，其形态遂类癫狂。斯时，太子因疾居外邸，不近妇女，故宫中妃嫔咸未知悉。延三日，太子益狂，便溺不自知，且毁坏器物无算，并御赐佛像等，亦投毁无余。

事既张，太子妃趋视，大骇，无术为之收拾，乃奏闻。圣祖遣人视之，则已不复能成礼，且已失一切知觉，动则骚攘如犷兽，静则昏昏如负重疾。圣祖不得已，乃下诏废其储位，诏中多愤懑语。然责备太子无状，卒不知为胤禛所嗾使，喇嘛所播弄也。太子妃惶恐，奔坤宁宫求救于皇后。皇后遣国师及御医往视。

是夜，国师方衔命出宫，憩某庙以待旦。大喇嘛膝行入，告以由来，历数太子之虐及某喇嘛因忤太子意惨死状。国师凄然曰："然则吾不能为救治矣。以此主天下，吾辈尚有噍类乎?"及旦，草草入视太子，谓系不信神佛，心入邪魔所致。非别闭静室中，灌以醍醐，咒以功德水，不能复其原性。宜速治之，迟且不救。御医入，亦言心疾不可治。盖清初喇嘛之势力甚盛，御医仅充数。喇嘛言如何，彼亦不敢与之争辨也。

旋皇后召太子入宫中，令择静室居之。日以功德水进饮，神思渐清，癫狂亦稍杀，乃令妃嫔入侍，益知敛抑，饮食亦增进。妃嫔私问前此病状，亦自知否? 太子乃言服某喇嘛丸，遂失知觉，以后即昏昏如在醉梦间也。妃嫔以告皇后，乃闻于圣祖。遣人穷治其事，将捕某大喇嘛鞫之，则已随胤禵不知所往矣。以诘国师，国师曰："吾徒皆忠于太子，且雍邸与太子亦绝无仇怨。此必奸人播弄，欲离间兄弟耳。苟有隐匿，吾设坛作法，使彼二人各至坛前，自相质问，则佛祖韦陀必不谁恕也。"圣祖可其请。皇后问曰："胤禵不至，奈何?"曰："吾能致之，且能缚大嘛嘛来。"

是夕，国师使人谓喇嘛与胤禵曰："第来，必无恙。"及夜中，胤禵果至，以皮冠蒙首，状极委惫，见后伏地不起。圣祖略有所诘，奏对极凄惋。太子入，见胤禵，色赪暴怒，诟厉不止。旋坛上有振锡声，如使之跪。太子忽颠蹶，乃惘然自述欲杀胤禛状，且历举所杀侍卫及喇嘛徒众，状至可怖。是时阴风猝起，燎烛皆作惨绿色，宫中皆闻鬼声。圣祖以倦怠悚惕而退，皇后等皆废然返宫。妃嫔奉太子下，则又昏然不省人事矣。

自是昏瞀哗噪，一如前时，不复有一隙之清朗矣。胤禛与大喇嘛从容退。未几，圣祖再废太子之诏下。盖前此皇后召太子入宫，欲白其冤，固已下诏复位。至是知不可救，故复废之也。

圣祖欲立胤禛，皇后终以为疑，谓不如胤禔。然奔竞运动者多，圣祖颇有所闻，烦厌不能专决，尝愤愤曰："朕万年后听尔等自择之可耳。此皆不肖，谁复可以膺付托者？苟天位不可终虚，自有当璧者食其禄，若朕生前，则不提议此事可也。"盖圣祖虽不能抉雍邸之奸，而知其争权倾轧，决非无因。太子复不克为人，则惟有以不了了之而已。

（五）　胤禵传奇

胤禔最长厚，且颇有文才，圣祖、皇后俱属意焉。然恐非诸子敌，故隐秘不宣，计不如待万年后颁遗诏始立之，则诸子仓猝不及破坏也。然胤禔始终与胤禛善，不敢撄其锋。皇后怜其无能，遂亦听胤禛所为，而不复固执矣。

惟胤禵豪爽有大志，不受羁勒，颇挥霍，喜结交健儿，然不屑为秘密倾陷之行为。以故与胤禛忤，常愤太子等结党为仇，非国家之福。因辄出京旅行，饰为商贾或术士，所至必主民家。世俗相传以为世祖者，实则胤禩也。

某年，粤东有某卖买行，因生理不佳，相对愁叹。时且岁暮矣，静夜无聊，小伙有悬红灯为戏者，挂于竿首以照江中，俗亦谓之“照财神”。行之后屋，固滨江，往来船艘颇多。顷之，一巨舰来。众方注视，忽抵行门下维，一纪纲仆贸然登岸，问行主在否。众告之，仆言：“主人贩北货茶果甚多，满船重载。将俱寄于贵行中，幸行主出视之，可与主人接谈也。”行主知为巨客，乃登舟相见。则仪表甚伟，行李亦华焕。酬酢既毕，其人因述来意，且言货价不下数十万金。行主瑟缩曰：“小肆资本甚微，恐不能担此重任。请仅受其十之三可乎？”客曰：“无须。吾有要事他往，但求将货速卸，轻装而归，尔行可不必付款，待来岁今日，复悬红灯，则吾自能复来。届时，当收尔货金也。”行主大喜，乃命人悉迁其货于岸上。屋宇不能容，寄存他家，匝日始毕。同业闻其有豪客来也，争相趋附。即日售其货数万金。行主以奉客，客曰：“现吾匆需此多金，仅取十之四足矣。余存尔行中，待来岁结束并取可也。”行主又欲以盛馔饷客，客摇首止之曰：“但取好酒数斤来，并此间海味数事足矣，不多费也。”行主奉命惟谨。

逾日，客匆匆去。行主徐售其货，数月而毕，赢利十余万金，连资本计，殆百万也，顿觉巨富。惟候明岁今夕之约，与客瓜分余利耳。及届期，如约悬红灯。客果至，则巨艘三五，较前次之货又倍蓰焉。主人先奉旧帐，子母俱陈，请指麾分派。客麾之曰："否！否！吾不需此多金。尔等第为我存之，欲用时通告提取可也。请速迁此次各货登岸，勿稽我行期。"行主以客之惠甚厚，前此未多款待，方抱不安，此次必请多事盘桓以尽地主之谊。客曰："吾事大忙，不能领主人厚谊。请勿过留，但使一游花艇，略开眼界足矣。"行主果导之游紫洞艇中，遍征群花以娱之。客殊无所恋，但饮啖甚豪，略听歌曲而已，夜仍返宿舟中。次晨，告别欲去。行主苦留之，乃偕游观音山等名胜处，夜复饮于花艇中。行主使娼家以计羁縻之，拂袖竟归。是时，舟中货已毕登，次晨不别行矣，并一金未携取也。行主甚怪之，顾业既受其货，且致富绝无后患，则亦自幸天助而已。或疑为大盗，顾无案追者。且其态度华贵闲雅，殊不类下流人物。

又明年，复按期至，惟货已较少，然尚值十余万金。前后并计之，盖二百五十六十万金矣。主人又陈子母如故，客蹙然曰："吾本欲与主人为终身交，念主人长者，甚可恃，故愿存金不取。今吾将有大变故，恐不复能来，姑受百万金去。明岁届期悬红灯而不来，则吾事已败，终身不复相见。此百五六十万金，自取之可耳。"言罢呜咽，色颜惨沮。主人慰劝之，且欲导之冶游，以祛其哀思。客却之曰："吾且去，此非行乐之时也。苟明岁复来，必与君痛饮于紫洞艇中耳。"

及明年，果不复至。主人与所善者谈及客之踪迹，皆疑为皇子飘流在外者，盖康熙帝适于是岁驾崩也。后遇京中人，详诘其貌，知客确为胤禵。又同时汉口又有人睹其踪迹者，并言其刻苦诚恳，绝类有道德之商人云云。

（六） 胤䄉善奇术

胤䄉为少林僧入室弟子，善技击，常窘辱胤禛。一日，角技于南苑，呼胤禛而眩之曰："尔敢与我角否？"胤禛自知技出彼下，乃笑不应。胤䄉突起，仆胤禛于地。众小奄俱不平，而胤䄉鼓掌去矣。胤禛衔之，欲使喇嘛以术杀之，既而喇嘛语胤禛曰："彼身常佩达赖第一世所发之金符，不易近也。"胤禛曰："可夺取之乎？"喇嘛曰："不能。惟诱之御女，则可篡取之耳。"胤禛乃使小奄狡黠者，导之微行，为狡邪游。胤䄉故好色，果沈迷粉黛中。

胤禛遣人取其符，将杀之。忽其口中吐出多量之金蛇，盘旋飞舞，令人目眩，刀剑尽为所却，卒不能伤。胤禛大骇，以问喇嘛，曰："此婆罗门灵蛇阵也。彼为国师所教，业已入室，不可与争。然习此者，必先设誓，类多不能大贵，况至尊乎？殿下但姑让之，他日大位必不彼属，复何患？"自是胤禛听其所为，遇辄避之。及即位，胤䄉复不逊，乃执而囚之，赐名曰"阿其那"，译言狗也。寻即遣力士杀之。胤䄉犹能奋斗至三日，始为毒剑所毙云。

（七） 胤禟善以小计伤人

胤禟力不如胤䄉，而智谋特胜，恒以小计窘迫太子及胤禛。方太子未发狂疾之先，每日朝两宫后，即往西山驰猎。胤禟伪为恭顺者，请为青宫前驱。太子喜，许并驰骤。乃阴令其党用喇嘛术，以白铁为限马槛。诵咒设之，则人目不能见，惟与知其隐者则能见之。及驰，胤禟先越而过，绝无障碍。及太子跃马过，马蹶，太子坠马，伤股甚剧，病月余几殆。然止自怨控纵无状，绝不知胤禟之计也。又尝献鹿脯于太子，阴以色作为识别。太子召与同餐，胤禟自认所识者食之，无害。太子食之，腹顿大痛，泄泻几濒于死，医治数月始复。固疑鹿脯之有毒，然胤禟固伴食，居然无恙，不能以是诘责也。惟胤禛探其狡谲，深忌之。

胤禟知胤禛恶己，心常耿耿，欲有以报。会圣祖以岁初召喇嘛诵经，诸皇子皆宜会食。胤禟之位，适与胤禛相近。圣祖从上来，与胤禛仅隔一箭地，而胤禟适在其间。忽有一小轮从旁飞出，直掷圣祖之面。法轮者，喇嘛所用之纪念物，以精铜为之者也。喇嘛以是为可杀魔鬼，恒诵咒语飞出焉。今直击圣祖之面，大不敬。圣祖方惊视，胤禟忽大哭呼痛，跪圣祖前，奏胤禛以法轮击己。圣祖视之，则面纹已碎矣。圣祖思顷间法轮掷朕面而过者，必由彼而波及也。遂命力士持胤禛欲挞之。胤禛泣辨其诬，且证实为胤禟所自掷。圣祖怒曰："尔尚强辨。彼既自掷，岂致面有伤痕？尔为此大不敬之举动，而不知受过，转欲嫁祸于人，其心术可见矣。”乃命内监执胤禛付师傅，鞭挞以百数，复拘禁至半月以上始释云。

世宗即位，深恶胤禟，令与胤禩同缚禁宗人府狱，称之曰“塞思黑”，译言猪也。寻使人拉杀支解之。

八　九汉外史（五则）

（一）　少林僧

雍邸以夺嫡最剧烈之故，厚养死士，结交海内奇才异能，一时蒸为风尚。除剑侠、番僧等外，有大力士著称，凡以次行辈，得九人。第此等大力士，出没江湖，侪伍亡命，恒不肯以真姓名告人。且其人品亦畸零古怪，不可方物，故各家纪载不同。

合而观之，大约名列第一者为一少林僧，失其名。其初，一伙居士也，食量兼人，常恐给食之不足果腹，乃窃余粮藏之。寺后有古钟，大如囷仓，重四五百斤。僧以一手掀之，覆食于下，若行所无事也。同伙以食物短少，常受主僧诘责。窃窃议及僧，而不得其所藏处。

一日，见僧携物走寺后，疑其私匿他家，因尾之行。僧徐抵钟所，一手托其纽，推而起之，如掇木桶。置物其下，仍如原位放妥。顾而见同伙，若有所惊，既而笑曰：“幸遇尔，当勿令主僧知也。”同伙唯唯，盖心忌其能，不欲扬之令主僧知。僧固如见其肺肝也，然自是同伙益畏惧而嫉害焉。

未几，主僧恶其无他能，逐之，转入上寺。寺踞山颠，境地益苦，而峰峦陡峻，奔驰尤劳瘁。汲水担薪，一日间之胼胝，已为人所不堪。独僧若甚甘之，且余勇可贾，工作常倍于人。晚则倚树而歌，绝无疲乏意。寺门有巨石如伏狮，上可坐百人，盖由峰巅坠下者，然亘古莫能移动。僧睨之，曰："此石踞门前，殊不便，使人绕行。不如移置门左大树下，既不碍路，且可坐以乘凉。"众笑其妄语，僧亦不辨。相度良久，忽出两指推石角，石兀兀动；复以掌推之，石忽倒转。众方舌挢不能下，僧更推之，则旋转如球，至门左平面而止。视其下，皆粗沙碎砾，盖坠下之迹犹存也。众大惊，知僧为非常人，咸白于主座。僧大笑，跳而踞石上，呼之不下。蹬足者再，视之，石已入地数尺矣。主座乃自出，合掌迎之曰："此必韦陀化身也。能以绝技传衣钵乎？"僧乃自陈曰："吾虽以力胜人，而未得节制之术。闻峨眉有某师者，以技击百八式教人。顾非有名山古刹主僧之介绍，彼必麾之门外。今吾此来，为求介绍也。"主座者乃为之牒以畀之，且约学成不忘故刹。僧负担去。后十年，主座者已圆寂矣，僧始归来，以其术授徒众，徒众奉为主座者。于是少林技击之名闻天下。

雍邸过而慕之，从僧学，一年始去。顾学成，雍邸有所请，密谈三日夜，僧遂循例送之出。雍邸憾之，令剑侠与斗，卒不胜而罢。盖雍邸欲僧从己入都，僧始终未允故也。

习少林拳术者，例有迎送礼。迎时以一石钟置阶前，须提钟而过，然后登殿拜师，盖试其膂力何如。送时则历门三重，每门皆置守僧。一以梃击，须能避过，不能则自门槛下蛇行而出；二以刀棒，其阻拦亦如之；三则徒手相搏，其技术乃至高者，尤为难胜。相传雍邸竟不能过第三关。因其皇子，礼不可辱以蛇行，始由主座僧特令开门恭送焉，顾雍邸常引为大愧恨也。

（二） 侠娘 鱼娘

少林僧外，则有两女子。一为侠娘，相传系吕晚村之孙女；一为鱼娘，鱼壳大盗之女也。顾此两女子，皆与雍邸为敌，且与满人不共戴天，如俄之有虚无党者然。

初，晚村既以文字狱族灭，其孙女乃为一门人所匿，年未及龀也。门人故明功臣裔，乔木之悲，无时或已，虽种瓜青门，大有今昔之慨。而旧部之奇人杰士，恒私相往来，来取幽僻地为高会。拔剑斫地，击筑悲歌，大有幽并健儿气象。官吏或侦知之，则另易他处，几濒于危者屡矣。

中有虬髯某者，豪客也。善技击，知剑术，尝为友报仇，取人首如探囊。久客门人家，门人置酒与语曰："子老矣，天下方多故，绝人之技，义不可无传徒。今门下士正多，盍择一能者而授之耶？"虬髯公请视其相而后许。及吕女，乃大惊曰："此异人也，吾术殆不传男子矣。"

遂悉心教之，始而技击，继以剑术。吕女颖悟绝伦，且有神力，造诣精进，夐不犹人，虬髯公益信眼力之非虚。三年学成，虬髯顾而语之曰：“少林派而外，子殆第一人矣。吾年已耄，力不能逮，且精巧亦逊于尔，尔其勉之。”因赠以名曰“侠娘”。

时侠娘年已逾笄，矢志不嫁，盖志在复仇，不愿旁分也。虬髯公旋亦归山左，侠娘遂漫游海内，欲得奇人之助，与之切磋技能，以达所抱之目的。尝至少林，见主僧，角艺数日，几无胜负，惟技击之力稍有弱点耳。少林僧首肯曰：“以子技可横行天下。复仇区区事，何难如志？但彼仇者，方有天命，复恃番僧魔力，一时不易推倒。然徐图之，终必败于子手也，行矣勉之。倘遇年少书生，幸勿托心膂，恐功亏一篑也。”侠娘受教，北行至晋，鬻技于市场。众健儿以为一孤女，或藉此择婿，于是趋之若鹜。又欺其荏弱，辄来尝试。女皆败之，取其金，盖女意在得资入都耳。最后有僧挟重金来，相约曰：“胜则赠金，败则当娶为妇。”侠娘羞晕，且恶其无礼，乃出少林法击之。僧忽呼曰：“吾师妹也，吾知罪矣。”遂赠以金，伏礼而去。于是晋中无与为敌者。

是时，雍邸已得党羽报告，知女之异能，后必为患。乃商诸喇嘛，欲以血滴子法诛之。喇嘛曰：“否！否！是女有剑术，不可制也。宜用他术笼络之。”雍邸悟，乃私嘱张廷玉等：“有文士能娶奇女子者，朕必位以高秩。”廷玉等不悟其旨，归以语幕僚。某甲忽自陈曰：“吾故知之，且吾亦曾相识。彼固重视文人者，惜吾畏祸，不敢与近耳。今上有旨，吾当竭吾忠以成之。”时侠娘方在景、沧间卖技，士人趋就之。盖士人固亦晚村门人之同族，而与侠娘曾同笔砚者也。侠娘本不愿嫁人，故虽属意士人，而决然舍去。今旣毵都门，人皆因一孤女属耳目，拟借士人为假夫妇以自掩饰，则目的易达，奸人或不易窥破也。

士人既抵沧景，即往谒女。女果以礼晋接之，且偕之访虬髯公。公见女之偕男子来也，大骇曰：“侠娘亦有夫乎？”女亟止之曰：“此所谓空花耳，师奈何小我？”虬髯曰：“吾固知之，聊相戏耳。虽然，吾今更得一女弟子，与尔不相上下也。天然公例，物必有偶。谅哉！”遂呼其徒出，则亦及笄小女子也。虽妩媚动人，而饶有英气。髯曰：“此名鱼娘，非常女子也。”遂与女相见毕，密如故旧。既而谓侠娘曰：“以子卓卓，而受困于竖子，宁不可羞？设彼不悟者，吾必为姊手刃之。”侠娘悟，欲辞之。而士人已觉，星夜遁入京。未几，而搜捕之令下矣。鱼娘曰：“不入虎穴，焉得虎子。与其逗遛于此，为贪官污吏所捕，曷若径居都下，以伺机会乎？”

遂偕入都，复遇士人于逆旅，伪为落拓无聊者。侠娘哀之，士人更历述别后蹭蹬状。侠娘使为己书记，往来函札，一出其手。外虽为夫妇，实则凛乎不敢犯也。无何，侠娘偕鱼娘往探宫中情景，辄若有备。鱼娘疑之曰：“是直有侦探在吾侪肘腋间也。”

一日，士人作一秘函待发，有友邀往宴饮，遂置案头而去，鱼娘取而挑视之，尽知其内容。盖以两人事报告于某大员，转行进呈也。鱼娘急告侠娘曰："我言如何？此所谓养虎自贻患也。"侠娘曰："然则今晚殆可入宫矣。子待伧父于此，吾一身先往探之。"鱼娘曰："可！"

是夜，士人大醉归。见鱼娘独坐，而侠娘不在侧，以为有隙可乘。盖士人初畏侠娘，而不知鱼娘亦系女杰也。士人乘醉无赖，径调鱼娘。鱼娘初犹动色相戒，意将待侠娘归而处置之。士人竟尔相逼，不容须臾缓。鱼娘怒甚，遂拉杀之。乃逾墙出，疾趋至宫廷，则宫中方大索人。闻传旨召大学士入受顾命，知大事已了，大喜，飞跃而出。守卫士或有窥其影者，鸣枪击之，幸未中。鱼娘不敢复返逆旅，盖恐馆中事发，逻者已在门也。第不知侠娘生死何如，急趋虬髯家。则虬髯新死，殓未数日也，恸哭成礼而去。

鱼娘家本在微山湖中渔舟队里。既归，思侠娘不置。忽忽十年，因事游泰山，登绝顶观日出。忽对面石上立一高髻女子，神采欲飞，有凌云气。谛视之，侠娘也。把臂道故，喜极而悲。旋相约西游峨眉，将逾苗岭，入藏卫，礼真如，不知何日始返云。

（三）　甘凤池不事胤禛

金陵有甘凤池者，以练气运力，人莫能敌。闻且长于行路，日能达三百里，绝无疲乏态。尝主某绅家，一夕窗外月明如昼，主人之兴未阑。凤池曰："盍玩月乎？"主人呼仆启窗，凤池曰：“无须。”乃敛吸气入鼻，复张口呼之，飕飕如秋风，晶窗八叶，一时并开矣。主人骇叹不置。又尝置全席器皿菜肴于桌上，凤池以两指按桌边而提之起，离地三尺许，高可逾肩。旋置原位，汤不外溢，杯箸无一移动者。又尝力拔牛角，牛负痛而斗。凤池拳毙之，连毙二牛。

雍邸时漫游江南，闻之，愿与结交。凤池有特性，不喜见贵客，凡贵客来，必绝之；即非贵客，生客无相知之友绍介者，亦必避之。顾家贫，别无他屋，则炼气入壁，以衣椟自蔽，莫有能觅其所在者。雍邸突入其室，知其在家也。乃家人忽拒之，云已他往。雍邸不信，遍视室中，见衣椟可疑。乃命从者移之，则宛然一人形贴壁上，但不言不动。雍邸招之出，不允。闭目加尸，乃以手击之，砼砼然墙壁也。雍邸怒，用喇嘛咒促之，亦不动。乃取枪击之，“砰訇”一声而墙倒矣。人影俱灭，凤池亦卒不见出，且不知安往。家人以为必且葬于火，哭声大作，雍邸始怅然出。凤池大笑曰：“累吾又走一家矣。”盖已走入邻家壁中也。人问何以不见雍邸，曰：“吾固知其皇子，不欲自投罗网也。”后诸力士之从龙者，皆以得罪死。人始服甘凤池之先见云。

（四） 甘凤池奇遇曲背翁

甘凤池自言尝遇一劲敌，殆九汉中之先辈也。途过江西某所，设广场眩其术，方藐视一切，以为无足当我一击者。诸健儿亦色然惊，五体投地。正自鸣得意时，忽一曲背之老者，笑于人丛中曰："花拳绣腰，乃欲在此广场中耀武，不畏人齿冷耶？"语罢，且咳且笑。凤池顾之，见其龙钟，以为妄语挑衅，无足与较，但睨之曰："老不畏死耶？"老者复笑曰："恐汝将求死不得也。"凤池怒，持老者欲辱之。将提其肩置场中，忽不可动，虽竭力，如蚍蜉撼大树也。愈怒，提拳猛击之。老者鼓腹以当，吃吃笑曰："较之吾孙，尚须让一步也。"凤池觉拳着处，如中绵蕞，大骇。老者还问曰："尔为我敬一拳，何如？"凤池亦鼓腹受之，老者曰："不可！仅承以股，当可无性命忧。"凤池不信，老者遂捻其股，凤池颠矣。

舁归，病数日始愈。乃访老者，则其子若孙皆技击家也。欲拜为师，老者不可，仅语以后走江湖，当避三种人而已。凤池问何谓，老者曰："和尚、女子及老翁三者是也。除三者外，子可无敌矣。"故甘凤池不敢与少林僧、吕侠娘等争名，顾终不知老者姓名。

（五） 白泰官义擒恶僧

白泰官为吾乡人，其琐事颇夥。少年时好色，恒逾墙入一贵家，奸其姑嫂，且能挟二女出，归私室中淫乐，迨天明，仍送还其家。后为夫族所悉，延一力士御之，泰官不知也。

是夕，月明可鉴毛发，泰官复自庭中下，将入二女房。忽有人自后猛击其脑仆，虽跃起欲遁，则两足已为所缚矣。少选，堂中明灯璀灿，主人南向座。问若何处置，主人曰："若送官，则扬家丑，不如毙之，以其肉饲犬也。"泰官大戚，思转瞬身将齑粉，不如竭生平之力争之，苟得脱，命也；不脱，亦命也。遂运全身之力，使体旋转，其疾如风。时手足被缚，其状宛如俗所称之元宝。乘势满地旋滚，其力锐不可当。一霎时，及主人之坐处，则已桌倾椅倒，器皿悉翻覆，灯烛亦尽灭矣。争久之，缚之绳始断，两手可开。乃力士已至，奋力与斗。且斗且走，未几门破，而身已出矣。力士为槛所绊，仆不得出。泰官始尽力狂奔，得脱于难。

自是折节改行为善，遇强凌弱，众暴寡，或乡里一切不平之事，辄拔刀相助，故晚年多称颂者。偶至乡僻观农收，宿佃户家，夜闻邻妇哭声甚惨。问居停主人："伊何为若此？"主人言："此事以不问为佳。吾侪各人自扫门前雪，犹恐有祸，尚敢多管闲事耶？"泰官曰："子勿畏。事大如天，吾能了之。第言何害？"主人终不肯言，泰官欲自往问之。主人子年方少，心不能平，曰："客知此间有一怪僧乎？"泰官曰："不知。"主人怒少年以目，少年不为动，曰："杀我可耳，终不能关吾口。天下有如是之欺人孤儿寡妇者耶？"泰官知话益有因，跃起曰："吾必能除此害，请详语我。"少年曰："月前来一西番僧，云自北京至此。或张大其词，代皇子出家。顾淫恶甚，饮酒食肉而外，兼渔猎人家妇女，受其荼毒者屡矣。且更有恶性，好食人胎。凡妇女有孕者，彼必堕其胎，而供饔飧。

此岂非天外恶魔耶？吾意天家当以公正为心，必不致养此害人之恶秃。不知何处野驴，冒名吓人耳。”语未已，哭声益厉。主人摇手曰：“勿语！勿语！恐彼已入室。设闻之，池鱼之殃，其何能免？”

时泰官足已及门，仅言“吾去也”，人已不见。盖逾垣而过，小屋中灯火微明，一妇人裸置床上，仿佛有人力摩其腹，势甚猛烈。视之，僧也。妇人痛极狂呼，惨不忍听。泰官心急火起，飞足踢扉，扉破。僧见来势颇汹汹，遂舍妇人而觅其军械。未及取，泰官突以手提其腿，仆。更起欲遁，泰官已瞥眼睹其械，则铁杖也，乘势拾而猛击之。僧负痛狂奔，出户，为碌碡所踬，又仆于地，泰官捷起擒之。僧力其勇，以两手扼泰官之肾，痛极释手，僧得脱。泰官又追及，举铁杖猛击其首，遂就擒焉。

是时，村人鸣钲四集。僧大言曰：“吾雍皇子殿下之师也。苟得罪，一村将无噍类，尔鼠子敢妄逞血气耶？”村人积怒已久，见泰官得胜，群起缚之曰：“吾侪宁受官刑，不能忍此秃驴之恶虐也。”乡老或请鸣官，泰官曰：“不可。彼既恃官势，彼媚上者，难保不为所震慑。不如吾辈自了之。”村人乃共举耕犁柴斧之类，各斫一下，旋成醢焉。人皆快之，返视彼妇，则奄奄若死，泰官令佃户为之延医诊治。一村诵德，为置长生禄位云。

九　鱼壳别传

《随园笔记》及某野史载鱼壳事，咸谓江南大盗，为于清端所擒戮而已。实则鱼壳与雍邸有特别之关系，而于所戮者，非真鱼壳也。

初，康熙南巡，得奇士，力敌万人，常以自卫，不肯道真姓名，但曰："求皇上赐一名可耳。"圣祖以其来时所服鱼皮衣，状甚怪伟，因曰："名汝鱼壳何如？"曰："甚善！名我固当。"于是鱼壳之名，震于朝右。旋以太子有怯疾，圣祖特命鱼壳保护之。鱼壳遂为青宫党魁，诸喇嘛皆侧目。盖太子喜近汉人，读儒书，颇不以喇嘛为然。故喇嘛皆携贰，倾向雍邸。鱼壳因益见亲信。顾鱼壳性戆直，不信诡术，常以力折服喇嘛。诸喇嘛衔恨，则以术构陷之。鱼壳恃有勇力，不之惧，然卒以此致败。

盖雍邸初闻鱼壳之能，欲罗致之，因使人诱之出。知鱼壳嗜饮，乃为设醇醪精馔，令数雅量伴饮，而自出拜。与之语，大悦。鱼壳亦以雍邸沈毅，才过于胤礽远也。往来既稔，雍邸终未肯遽宣本意，因使人讽示之。鱼壳殊不谓然，且曰："今上开国主，凡有举动，当为天下后世法，岂可妄议，摇动根本？太子，国之储贰，宗社之根本也。设有变更，根本即受摇动，在今日似非所当议。鄙意吾侪当竭股肱之力，辅雍邸成贤王，仍可为国家建立伟绩，奈何必以同室操戈，宫廷喋血为幸事耶？必如是者，窃不敢与闻。"

使者具以告，雍邸大戚，恐其泄语，则为祸且烈，于是欲杀之念起矣。因使人诱之来，曰："雍邸敬谢无状，此皆细人所谭，不足以辱高听，幸勿介介。今雍邸甚愿勇士往见，藉聆正论，以赎前愆。"鱼壳见其择词甚恭，遂毅然往。至则诸喇嘛方诵经咒，谓外人禁不得入。鱼壳夙恶喇嘛，至是为所梗阻，益肆诟厉。诸喇嘛群起与之为难，鱼壳怒，拔剑击诸喇嘛，伤者数人，拂袖而归。

诸喇嘛诉诸雍邸，加以谗构，谓鱼壳大呼："篡逆皆喇嘛所助，今非尽杀之，不足以快吾意。"且曰："直杀胤禛，即可了事。"盖以激雍邸之怒也。雍邸佯怒与绝，犹恐诸喇嘛忌嫉，仍使之劝驾，更求相见。鱼壳绝之曰："尔纵喇嘛以慢客，吾不能复见尔矣。"雍邸始切齿曰："是人殆不可不除也。"夜乃遣力士刺之。鱼壳自卫甚严，不得间；又使喇嘛以术图之，亦无效。闻鱼壳将侍太子猎西山，伪使人求观猎，而欲于途中图鱼壳。鱼壳已知之，乃称疾不从，而自饰为仆役，从间道行。雍邸果遣人伺于道，不知其为鱼壳也。

过之，归而语太子曰："四阿哥异志成矣。倘能敝屣尊荣者，则可自请于皇上而去之，如汉东海王故事。否则亦当力图自卫之计，勿树敌以自戕。吾观雍邸，忍人也。殿下不忍于彼，而彼将忍于殿下。其奈之何？"太子曰："力图自卫若何？"曰："自处于正以观其隙，自藏其锋以俟其动。勿以柄授人，勿以权误己，则必胜之算。自操于无形之中，若以力争，犹水济水也。且智能驭力，殿下之智能自用，则吾侪小人皆殿下之囊中物耳。”太子首肯者再，深为感动，因叹曰：“鱼壳诚异人也，不惟大勇，而且大智，殆吾之子房欤?”自此遂欲延揽贤士，注意人才，且设礼贤馆总其事，作为颇特异。

鱼壳复进曰：“此所谓虚有其表也。殿下宜存此心，实事求是，慎勿张皇，为人属耳目。且储宫嫌疑之地，设有人构之于上，保毋越位之嫌乎？鄙意不如敛抑以蓄其怒，慎密以保其身。游刃于虚，无迹可寻。则上不见疑，下不见忌矣。”太子虽纳其言，而好名过甚，似不愿敛抑。鱼壳曰：“然则殆矣。”遂欲求去。太子曰：“子毋躁，吾能渐改。”

顷之，诸喇嘛之被摈者，群往助雍邸以构太子，危疑日甚一日。太子师傅某者，昏诞人也，劝太子用喇嘛以敌雍邸。太子初不信，忽宫中日夜大扰，云：“刺客时时来寻衅，人情汹惧，几于夜不安枕。”师傅进曰：“不用吾言，祸犹未艾。”太子急召鱼壳与计事，鱼壳曰：“德足胜妖，殿下但修德以镇之。见怪不怪，其怪自败。若果害殿下者，吾自能御之。如其未也，少安毋躁。”

太子之师傅某，以鱼壳言为迂缓，乃使喇嘛等入宫侦察，且设坛禳之。鱼壳视之曰：“噫！吾可去矣。苟迟之，行将供人鱼肉。”乃弃装乘夜出都门，仅留一柬以别太子。胤禛闻之，使力士追之，欲毙之于道。鱼壳过郯，为小贩杂乞儿中，歌“莲花落”，卒脱去。太子见留柬，犹掉首曰：“吾以鱼壳为英雄，今视其言，直皆老生常谈耳。向吾悔信其说，致误事机，否则何至坐使敌大哉！绵绵不绝，将寻斧柯。今日除此滋蔓良不易，皆鱼壳养痈之过也。”师傅曰：“鱼壳本大盗耳，其言安足信？本朝自有家法，奈何为盗所劫持哉？太子仁慈，听彼自去。然使彼得于京外播宫庭之恶，非计也。法当诛之以灭谤。”太子乃入奏，请地方官吏捕鱼壳。圣祖亦怒鱼壳之逃也，徇太子请，召鱼壳使来，而鱼壳终不至。

初，犹时见其踪迹于光黄、武汉间，寻入皖之巢湖，淮北之微山湖。胤禛乃使人求之，愿释前嫌以竟其用。鱼壳谓使者曰：“归语尔主，吾非干禄者流，可以利动也。尔主虽克成事，然不义而篡夺天位，非我思存。若贪天之功，为尔主效鹰犬，则此时早奔走辇下，奚为来此荒山穷谷中耶？已矣，吾行游矣，毋更辱驾。鱼壳非能为人用者。”使者欲捕之，为鱼壳所击退。明日视之，不知所之矣。

使者归，雍邸叹息无策，丧气而已。既即位，乃使于清端访之，以清端有治盗名也。时往来江湖者，恒多冒鱼壳名以吓人，清端遂命役捕之。其人亦颇桀骜，劫案累累。闻清端得之，人皆称快，亦不暇致详云。然自是亦遂无鱼壳复出也。

一〇　和珅轶事（四则）

（一）　招权纳贿

乾隆盛时，以和相之招权纳贿，致人民感生计艰难之苦痛，而教匪以起，清运遂衰，人咸知之。其贿额至以亿兆计，可谓极矣。顾其贪婪之性，不独施之于下，抑且敢试之于上，高宗竟不之问，养成此贪饕之性，良有由也。当其恃宠而骄，视宫禁之物，如取家珍，见所爱者，即携之而去。高宗即知之，亦不根究。然诸臣咸知之，且嘉王衔之甚。及诛，谕旨中特提谓其私取大内宝物，盖指实事也。

初，孙文靖士毅者，自征越南还京，入宫朝觐，方待漏禁门下。适和珅亦至，文靖方手持一物把玩。珅前问曰："公辛苦远来，必有奇珍，足广眼界。今手中所持者果何物耶？"文靖曰："鼻烟壶耳。"索视之，则明珠一颗，巨如雀卵，雕刻而成，不假他饰者也。珅且说且赞，不绝于口。文靖将取还，珅率然曰："以此相惠可乎？"文靖大窘曰："昨已奏闻矣，少选即当呈进。公虽欲之，势难两全，奈何？"珅微哂曰："相戏耳，何见小如是？"文靖谢之，亦无他言。

又数日，复相遇于直庐。和欣欣有喜色，视文靖而笑。文靖以为和挟前嫌，笑不可测也。方竭意周旋，和乃低语曰："昨亦得珠一颗，今以示公，末（未）知视公所进御者如何？"语次，出珠壶示文靖。文靖谛审之，与所进者色泽、花纹无毫发异点，其为即前日物毋疑。文靖以为必上所赐，敬以奉还，不敢问也。后于左右近臣中询之，绝无赏赉之事。某监乃言彼和相者，出入禁庭，遇所喜之物，则径携之以出，不复关白上，上亦不过问也。

盖是时天下安富，贡献繁多，上不能一一视及，是以不复记忆，故往往数月后，则并此物之名而忘之矣。况和珅所为，辄不详究，似较此区区，转为见吝也者，故和得肆其盗窃也。

又宫中列殿陈设，中有碧玉盘径尺许，上所最爱。一日为七阿哥失手碎之，大惧，无可为计。其弟成亲王曰："盍谋诸和相？必有所以策之。"于是同诣珅述其事，珅故为难色曰："此物岂人间所有？吾其奈之何？"七阿哥益惧，哭失声。成邸知珅意所在，因招珅至僻处，耳语良久，珅乃许之，谓七阿哥曰："姑归而谋之，成否未可必。明日当于某处相见也。"及期往，珅已先在，出一盘相示，色泽佳润，尚在所碎者上，而径乃至尺五寸许。成邸兄弟咸谢珅不置。乃知四方进御之物，上者悉入珅第，次者乃入宫也。彼恐漏泄秘密，故难七阿哥之请，而成亲王耳语中，有与彼特别交换条件，始获慷慨解囊。珅处处弄权可见。

（二） 老儒义女

珅晚年好色，讽其党广征苏、杭间色伎或小家碧玉，以充下陈，其尤嬖者则富贵其亲戚故旧，亦所不吝也。

杭有老儒，设馆于乡僻。每出游或返家，必过一酒肆，辄入沽饮。一日又过之，则肆门半掩，内有哭声。入觇之，则当垆女号咷不已，其傍则赫然老父之尸。盖肆主死矣，家贫几无以为殓，故女哭之哀。老儒心恻然，出谓众邻曰："此亦长者，奈何坐视其丧而不助？今吾愿捐馆谷金之半，以尽故人之谊，众邻其亦量力出资可乎？"于是，众见老儒好义，亦为之感动，不崇朝而殓资、葬费均足，且留有余为女养瞻（赡）之资，更嘱乡之长者，为女择配以嫁之。盖肆主鳏独，仅此曙后星孤耳。既葬，老儒亦归。明年，就馆他邑，遂不复过其处，亦不复忆前事矣。

又数年，偶失馆家居。岁暮侘傺无聊，室人交谪，至愤懑不克容身，因避居友人家。忽家中遣急足至，云："有贵官相召，国家大事不容缓，请主公速去。"老儒不得已，随之归，则邑宰及一显者俱在堂上，且执礼恭甚。老儒大骇曰："诸大人得毋误耶？仆向无出乡之誉，且亲友中亦鲜厚禄者，安得劳二公枉驾？"邑宰曰："非也。大使衔和相国命，特致敬尽礼，迎老先生往京师。此必中堂特达之知也。卑职敬效鞭弭之劳，敢不拜于堂下？"老儒谦不敢当，乃辞曰："仆与和中堂素昧生平，岂敢谬膺上荐？"邑宰曰："中堂自有特识，愿老先生束装就道，幸勿固辞。今特致中堂厚意，敬献聘金千，赡家费五百，程仪三百。车马已具，请老先生即日行。"老儒曰："吾闻京师甚远，去当以何日到？"邑宰曰："杭至北京约三千余里。此间已派员伴送，又兵役若干，保护至为周密。一切琐事，先生可不劳过问也。”老儒曰：“容吾缓一日行，商定即复何如？”邑宰不得已，乃叮咛相约而去。老儒以问妻，妻曰：“正患无以为生，老运至矣，奈何不往？”老儒乃北行入都。

至则入相府，势焰赫奕，往来鲜衣俊仆如织，导者引坐厅事中，陈设雅丽，目所未经。闻仆者相传语，皆言：“某夫人即出见，而不及相公。”老儒益疑骇：“彼相公礼贤，岂妇人为政耶？”

有顷，仆入言某夫人至矣。果闻环佩声自远而近，香风拂处，一丽人招展入室，侍儿三五，挟红氍毹敷地，倒身四拜，口称义父。老儒瞠目不能语。丽人知其骇异，因婉语曰：“义父不忆某村酒家女耶？捐金葬父，感同刺骨。儿所以得有今日者，皆义父之赐也。特屈义父来此，稍酬旧日之恩。此间虽不能如义父意，尚可略尽心力。愿义父勿弃。”老儒曰：“姑姑长成如此，老夫亦甚慰。当日葬若父，不过略尽绵力，亦复何恩？且老夫晚年颇好淡泊，厌弃纷华。姑姑意良厚，其如老夫福薄何？亦既来此，小住数日，即当返里。”丽人殷勤挽驾曰：“必相处数年，以尽报施之谊，幸勿固执。”老儒仍逊让未允，丽人曰：“义父倦矣，姑尝酒食，然后安眠，何如？”旋出酒馔极丰腆，丽人亲执壶劝醽。酒罢，命侍儿二敷寝具。老儒麾却之，改命童仆。

及明旦，仆传命相公请燕见。老儒入，和相方倚绣囊坐，离席款接，礼数颇殷，老儒长揖而已。和相笑谈甚洽，称老儒为丈，问讯南中风俗，语多滑稽，老儒偃蹇，不甚致答。旋和命幕僚伴谈宴，自起去。于是流连约旬余，每朝及午，丽人必来问安否；及晚，则和相邀入清谈。老儒戒丽人冰山不可恃，宜自为计。丽人拜受之，且言已有所蓄数千金，托老儒于南中购地筑室，为菟裘计。老儒初不允，丽人泣曰："义父忍令儿供人鱼肉耶?"老儒乃勉受。丽人更于所托外厚赠之，和相别有所赐极丰，先后计三万金。老儒欲辞谢，丽人曰："否！否！彼等视如土芥耳，不受则亦为仆役所干没。且义父取以施与贫穷者，受惠殊多，胡介介不为耶?"老儒乃归。

抵杭，伪言和相以重金托彼创慈善事业。乃集乡之仁厚长者，规画进行，为设养老院、育婴堂，复置义庄，老儒竟不私一钱也。其妻亦仅知为公家钱，不敢攫取，惟怨老儒之胡不中饱而已。无何，和相败，老儒以无名挂党籍，且受赐事无佐证，乡里感其厚恩无攻讦者，卒免于祸。

未几，有妓来西子湖边，云访亲。或劝之嫁，不允。问所访者，即老儒姓名也，辗转得之。老儒喜甚，乃为之画育婴堂后院居之。布置一切及料量婢媪，颇极完备，以其享用豪奢成习惯也。女尽却之曰："吾将长斋绣佛以终，何用此纷纷为?"遂布衣蔬食，一媪伴朝夕而已。出囊中金，犹千余，悉以捐助两院。且访父母之墓道，为之封树，并立后以奉宗祀。或劝之嫁，掉首曰："吾本无为和相守节意，但人生如朝露，吾视世上荣枯，伤心已极，业已勘破，何必复入魔障中耶？”卒不嫁。老儒没后，助之丧葬。事毕，亦感疾坐化。所立嗣子葬之孤山之麓，名人颇题咏焉。死时年未三十也。

（三） 王亶望赃案

珅贪婪索贿，不可纪极。凡外省疆吏，苟无苞苴供奉者，罕能久于其位。

王亶望者，卒以赃败得重罪者也。盖珅之欺弄高宗，实有操纵盈朒之术。大抵择贿赂之最重者，骤与高位，高宗固知之。及其入金既夥，贪声亦日著，则施以迅雷不及掩耳之手段，查抄逮治，法令森严，高宗已默许之。而其他之贪官墨吏，期限未至者，听其狼藉，未至，不过问也。综而计之，每逾三岁，必有一次雷厉风行之大赃案出现。此虽高宗之作用，实和珅之揣摩工巧，适合上意也。

王亶望抚浙时，以和相第一宠人著称，其势炙手可热，而每岁之炭敬、冰敬，以及一切孝敬等陋规，总数约在三十万金以上。而此外之珍奇玩好，暗幕中馈遗之物不与焉。

尝有一家人某者，衔和相命，至杭购衣饰脂粉之属，为群姬助妆。王闻之，出郊迎迓，设馆于湖堧，穷极华美，虽星使贲临，无其张皇也。家人闻苏、杭多佳丽，讽王抚欲一扩眼界。王乃命人遍召五百里内之乐籍中人，萃为群花大会。即西湖上设宴，丝竹嗷嘈，灯光彻夜，并延缙绅人士，为之助兴。清流自好者，掉首而唾，相戒不出清波门。比其去，众清流约禊除雅集，作诗文为湖雪耻者三日。顾当时声势，倾动闾里，王抚实恬不知羞也。家人濒去，乃取所最爱之一妓，及王抚借某绅家所用之陈设，席卷而行。王抚无如何，为之赏银万余，先后所费几五万金矣。

未几，赃狱起，查封其产，殆百万金。或曰："王本富有，其中非尽贪囊也。"然因媚如故，并丧其固有之资。亦可谓随珠弹雀，得不偿失矣。

（四） 李国泰购官取祸

又有李国泰者，亦和党，事略与王同，而赃额益可惊，盖在千万以上焉。

先是，国泰本一巨腹（富）贾子，生长金银气中，几于一物不知。偶过维扬，跌宕于花酒丛中，挥金如土。忽有一客与之投契，朝夕过从。会漕督过扬，车骑甚盛。两人纵观之，国泰啧啧称道，艳羡不已。客曰："此何足异？十万金即可购得耳。"国泰惊曰："大官可购得乎？"客曰："可！且区区能为君营干。"国泰曰："信乎？"客曰："奈何不信？子第偕我往京师见一贵人，不出三月，位至道宪矣。"国泰鼓掌曰："此亦大便宜事。愿君勿相戏。"客誓以天日。

国泰遂至家，取三十万金辇而北，与客偕行。抵京，果相将入府第，拜谒相公。盖客即和家人之弟，实私受委托，在外招徕者，而所见者确为和珅也。国泰犹恐受欺，客乃约置金某店中，得官后始约取，国泰唯唯。

未几，果以道宪发江南。国泰不谙官场仪注，几至决裂。旋以和相私人，乃勉与以督粮遗缺。未几，复以罣误挂弹章，卒藉孔方之力和事，得以免议处分。和相知江南事繁，恐不相宜，乃调往山左。山左事简，国泰亦渐娴吏事，遂由粮道三载即至巡抚。是时，和相府中，内外俱受国泰赂遗，作宦三年，百万之产垂垂尽矣。乃思大行敲剥，以赔偿此损失。因是贪声狼藉，和颇有所闻。

御史摭拾入参章，语侵及和相。高宗使和自检举，和乃遣使觇国泰。且言能以百万金入京，遍赂朝右者，得免职无罪，再图后效。盖试其家业之有无也。无何，国泰家内已告破产，而宦囊所获，仅二十余万金。亲友告贷及一切搜括，止得百万之半。使者复命，和知其已不济，乃请旨查办。于是国泰遂以查抄押比入狱矣。自知不免，乃仰药于狱中。

一一 香厂惊艳

香厂在前清时为贵游消遣之地。每遇时节，百货骈罗，车马杂沓，不啻今日之中央公园等处也。相传拳乱以前，此区尤擅名胜，贵胄眷属辄徜徉流连其间；游人平视，亦所不禁。

嘉、道时，龚定庵与太清西林春之艳事，即发生于是处者。都门故老尚能言之凿凿。先是，定庵以奇才名噪辇下，所至争为倒屣，而满旗豪族稍知风雅者，无不钦慕延致。贝勒弈绘，号大素，宗室荣恪郡王之子。好文学，延宾客，有八旗才子之目。少年豪贵，风致翩翩，曾管御书处及武英殿修书处事，以故目录之学亦颇博洽。闻定庵名，延之上座。而贝勒有侧福晋，才色双绝。本汉人，顾姓，原籍吴门，以故婉妙清丽，在贵族中实罕俦者，贝勒嬖之甚。福晋死，遂不复立福晋，顾氏宠专房，名之曰"太清西林春"，常与贝勒并辔出游，见者啧啧惊为神仙，定庵亦闻之熟矣。方贝勒之招致定庵也，正管理宗人府，乃立授以宗人府主事。定庵以位卑颇怏怏，且憾不得见西林春，恒独游香厂，冀有所遇。

一日，贝勒与西林春并游香厂。定庵适先在，因起迎之，贝勒以定庵名士，待之不拘礼数，乃为绍介见西林春，并指定庵谓之曰："此东南名士也。"西林春亦以礼答之，遂相与纵谈，论诗词，上下古今，清言娓娓，久之乃散。自是贝勒益亲定庵，待以入幕之宾，每出入邸第，如家人礼。恒与西林春相见，通款曲，诗词相倡和，推敲激赏，几忘形迹，至于耳鬓厮磨，所不暇顾，即贝勒见之，亦不以忤也。西林春好着白衣，丰致韵绝，如罗浮仙子。定庵偶得佳句，必往质贝勒；或有他事，西林春辄出迎迓，纵谈或至移晷。定庵《杂诗》有"一骑传笺朱邸晚，临行递与缟衣人"之句，盖纪实也。

后贝勒与西林春游西山，雪中并辔。定庵先于某所待之，见西林春作内家妆，披红斗篷，于马上拨琵琶，手白如玉，不觉狂喜曰："此王嫱重生也。"跃起几坠马，从者为之失色。贝勒闻之，殊不生怒，且笑曰："狂生故态，亦可怜矣。"

后有忌定庵者，造作蜚语，渐播秽声，言官欲列以上闻。贝勒惧，乃始令西林春检束，遂疏定庵，定庵益侘傺。旋归至扬州，悦妓灵箫，欲娶之。灵箫故有眷者，力不如定庵，恐为所夺，乃给灵箫以恫喝语，令绝定庵。灵箫实狡恶女子，定庵不知也，时往申夙约。灵箫厌之，竟饮以酖，一夕物化。灵箫与所欢遁去。后贝勒知之，嘱大吏穷治其事，灵箫卒置法。

贝勒有《明善堂主人集》，西林春有《天游阁集》。又贝勒所作词名《西山樵唱》，太清词名《东海渔歌》，亦一代文苑佳话也。

一二　礼部堂议和

英法联军攻入白河，焚烧圆明园，咸丰帝出狩热河。斯时，清之宗社，盖岌岌矣。

当时不识外情者咸谓即不如辽、金之割据燕云，亦必如宋、明之割地输币。斯时，恭亲王为京都留守，召六部九卿大会议。惟某侍御稍知外情，抗言："夷多以权利之得失为胜负。战而胜，则负者、弱者倍偿其军费，即可议和，占领之土地，不妨让还。盖其权利既获，即战事终结，不必割据其土地，臣妾其人民也。今与议和，但注意金额而已，其他可毋惧也。”

大僚中或有以城下之盟为大辱，鼓吹国君死社稷，大夫死众之义，必欲与洋人背城借一，虽亡国犹荣者。侍御面斥之，谓为：“彼一时，此一时，书生误国，乃欲以君父为孤注耶！且京都破即国亡，此非大一统之义。今英、法夷远涉重洋，其势必不能守，其不觊觎我国土也甚明。今东南多故，国力疲敝，万不可再构衅端，兵连祸结。宜速以赔偿军费归束，然后徐图自强之策。凡鼓吹复战，执己见而不惜以国命为孤注者，可斩也。”

时恭亲王为军机领袖，兼和议大臣，乃独主侍御议，飞报热河行在，得旨以便宜行事，于是和约始开谈判。先拟在先农坛，嗣某大臣以为夷人无信，当示之以礼，遂在礼部堂。

是日，英人颇肯就绪，而巴夏礼崛强不逊，两造几致决裂。王大臣等欲退，巴夏礼等复侮辱之。乃从某侍郎言，命卫兵突袭击巴夏礼，执而缚之，送刑部狱。于是英、法军大哗，复肆纵掠，要求释巴。会津沽有法艇入口，守者开炮攻击，又复恶战，我兵大败，英、法兵继至。恭亲王无奈，乃奏请释巴夏礼，许之。巴既出，仍倔强不受命。

某侍郎大言曰：“是可斩也。设夷人诘责，臣请以十万横磨，与之搏死战，必可得志。”群臣稍明时事者，多心知其非，或一笑置之。

一三　林夫人书

沈文肃公葆桢之夫人林氏，为文忠公则徐之女，英明有才干，当世咸称之。

当文肃守广信时，贼围广信急。文肃往河口筹饷，夫人困守危城，乃作书乞援于饶廷选。此书传诵一时，兹录其全稿云：

将军漳江战绩，啧啧人口，里曲妇孺，莫不知有饶公矣，此将军以援师得名于天下者也。

此间太守闻吉安失守之信，预备城守，偕廉侍郎往河口筹饷招募。恐（一作“但”——编者）为时已迫，招募无及；纵仓卒得募，恐反驱市人而使战，尤所难也。顷来探报，知贵溪又于昨日不守，人心皇皇，吏民商贾迁徙一空，署中童仆纷纷告去。死守之义，不足以责此辈，只得听之。氏则倚剑与井为命而已。太守明早归郡，夫妇二人荷国厚恩，不得藉手以报，徒死负咎。将军闻之，能无心恻乎？

将军以浙军驻玉山，固浙防也。广信为玉山屏障，贼得广信，乘胜以抵玉山，孙吴不能为谋，贲育不能为守。衢严一带，恐不可问。全广信即以保玉山，不待智者而后辨之，浙大吏不能以越境咎将军也。

先宫保文忠公奉诏出师，中道赍志，至今以为深痛。今得死此，为厉杀贼，在天之灵，实式凭之。乡间士民不喻其心，以舆来迎，赴封禁山避贼，指剑与井示之，皆泣而去。明晨，太守得饷归后，当再专牍奉迓。

得拔队确音，当执爨以犒前部。敢对使百拜，为七邑生灵请命。昔睢阳婴城，许远亦以不朽。太守忠肝铁石，与将军不吝与同传者也。否则，贺兰之师，千秋同恨。惟将军择利而行之。

刺血陈书，愿闻明命。

一四　圆明园修复议（三则）

（一）　文宗以园居为逸乐

圆时园自雍正以讫于咸丰十年英法联军一炬之前，皆为每岁春秋驻跸之所。盖园中颐养适宜，且礼节稍疏阔，故历叶帝王以为便也。惟承宣内阁诸臣奔走较劳。

在专制时代，奉一姓之尊，分所宜尔，不敢言其不便；若为国事言，则劳精疲神于趋媚之地，其妨害孰有过于此者。园去城远在四十里外，阁员奉事者夜半即起，乘骑达园，鸡犹未鸣耳。阁臣省其事具奏，奉谕毕，阁员驰回城，日尚未午。每日如是，亦可谓不惮烦矣。

而在天子则以园居为逸乐，较宫中夐异，至咸丰朝而尤甚。盖文宗声色之好，本突过前朝，感宫中不便，乃益园居。故事：恒至三、四月始莅园，八月往木兰秋狩，即行回宫。文宗则甫过新年即诏园居，秋狩后尚须返园，至十月始还宫，或竟不往秋狩，其好园居若此。后乃知其用意，固别有在也。

初，文宗厌宫禁之严守祖制，不得纵情声色，乃托言因疾颐养，多延园居时日，遍征秀女之能汉语及知汉人俗尚床饰者。得那拉后于桐阴深处，盖后固能唱吴歈及习俗吴下衣饰者也。后父曾官广东，又居芜湖，以故知南中习尚。文宗宠之，旋生皇子。既而文宗意后终系满人，不称其意。某大臣阴察之，乃以重金购苏浙妙丽女子数十人来京，欲致诸宫禁，大违祖制（清入关之初，顺治之母因世祖春秋未壮，恐他日惑于女色，因于宫门外竖一铁牌，文曰："敢以小脚女子入此门者斩。"）。

时文宗适园居，大臣乃密奏其谋，托言天下多事，圆明园地在郊外，禁御间瀓夜宜加严密，内侍既不敷用，且亲近左右恐不能周至。今雇民间妇女入内以备打更，巡逻寝室四周，更番为役。文宗旨允之，此数十女子始得入内。每夕以三人论（轮）直寝宫外，人执梆铃一，入夜则于宫侧击之。文宗因召入，随意幸焉。其后选尤佳丽称旨者，加以位号，即世所称四春者是也。

四春既专宠，那拉后方居一家春，妒恨无所不至。顾卒以文宗不喜后，且无权，不能有所作为。但日夜伺上间隙，欲借以倾四春而已。文宗春秋方富，遽遘疾不起，良有由也。

（二） 那拉氏之狡恶

那拉后久居园中，且无宠，因日习书画以自娱。故后能草书，又能画兰竹，皆此失宠时之成绩也。后所居有绿天深处，景最幽秀，后甚爱之，常言他日吾必久居于此，以娱暮年。左右侍众莫不知后之意也。顾切齿于四春，因帝宠无如何，乃取其失宠者鱼肉之以泄愤。

有吴中女子不得幸，退居某内侍房。那拉后游园偶见之，斥为内侍匿小脚妇女，立命缚之，且命与内侍对缚。二人俱极口呼冤，言此皇上之命所许入者，今因退值，暂憩此房。二人并无感情，且不知女子姓名也。那拉后不允，强指为外间妇女阑入，有违禁令。时左右俱那拉后心腹，更无人传达于帝处。那拉乃使其党裸女子而挞之，丑辱万状，女子求死不得。既乃缚之于柱，以示大众，复恐文宗驾至究问，旋命饮以冷水，遂绝，私掩埋之以灭迹焉。或有言于四春者，急使人救之，已无及矣。

四春憾后甚，常短于文宗。文宗旋亦闻挞毙吴女事，因绝不过那拉处，以其有皇子故，未废黜也。然常思为防范，以限制其权力。

仓卒有英法之变，蒙尘北去。时方与四春行乐，骤闻变，体已羸惫不能兴。某大臣强扶之入舆，一切未及筹备。那拉后知上幸热河，追踪而往。四春为其党所扼，不及行也。文宗精神恍惚，加以惊恐，竟不能相顾，四春遂为乱兵所蹂躏矣。既至热河，文宗已疾甚。那拉氏继至，仍主内政，孝贞后但忧伤愁叹而已。外则端华、肃顺等相谋，无一大臣能持正者。

文宗时省人事，则问四春。左右以在道对，微颔之。既而与肃顺言："西宫狡恶，实不可恃。子当力辅东宫，勉襄嗣皇帝，庶几危可复安也。"左右或有窃闻者，以告那拉后。后得预为之备。及上大渐，手书密诏付孝贞后曰："西宫援母以子贵之义，不得不并尊为后。然其人绝非可倚信者，即有大事，汝当专决。彼果安分无过，自当始终曲全恩礼；若其失行彰著，汝即可召集廷臣，将朕此旨宣示，立即赐死，以杜后患。"孝贞泣受之，然为人巽懦，实不能践行也。

而那拉后已微闻之。故当文宗大行时，事事不肯稍让。且穆宗甫即位，即怂恿孝贞后垂帘听政。一日，召见廷臣，微示以意。诸大臣相顾膀眙，不敢发一言。惟军机大臣、侍郎杜翰侃侃正色，历引祖制母后不得干预政事以折之。那拉氏语塞，姑令退朝。

肃顺出，竖拇指语同列曰："杜老三真是好汉，不愧文正之子。"盖肃顺意受之文宗，极不以垂帘为然也。于时廷论亦未尝以垂帘为是，惜肃顺辈不学无术，器小易盈，宫中方侧目而视。而彼曹益骄蹇纵恣，遂益授反对者以口实。实则肃顺辈谋国极忠，且杜绝苞苴，门无私函，汉员之获重用，曾、胡诸人之得握兵柄，皆肃顺主之。肃死而曾、胡等忧惧异常，金陵平复后，亟谢兵柄，终身以谦退模棱为事，若真有忧谗畏讥之作用者，实因肃顺之奥援已去，而那拉后不慊于汉人，其端早见也。

方肃顺柄政，京朝官皆以宫镫呼之，盖以其名之象形为戏云。

（三） 那拉后决意修园

那拉后既以圆明园得幸致贵显，且爱园景甚至，及垂帘后往视焦土，感伤无限，因即有修复之意。顾以洪杨之乱未平，有所顾忌，又惧为孝贞所诘责，隐忍未发。后历捻兵之扰，河淮间骚然不宁，未敢语及行乐。

及张洛行、赖汶光先后授命，天下复颂承平。那拉后因苦于宫禁束缚，日为行乐地计划，惟不如恢复圆明园为便。燕闲之际，必从容风穆宗。穆宗亦不愿居宫中，时出微行，苟得园居，自较散适。因借孝养之名，以便耽乐之私。于是圆明园修复之议大起矣。

然是时交涉日棘，外患纷来，国库无储，其情势实不可掩饰。恭亲王方当国，毅然欲力争之。一日，叩宫门请见，穆宗知为园事也。问曰："若来，亦为劝阻园事乎？朕志久决，何必拂太后意？且朕居彼，与尔等讨论国是亦甚善。宫禁拘束，殊闷煞人也。"恭王叩首言曰："当今内患虽平，外难日亟，库藏无存蓄。圆明园纯、宪两庙所修，当时财力远过今日。且纯庙谕旨：后世子孙勿得踵事华饰。今建园简陋，无以备翠华之临幸；若复旧规，则国库不足。以某之愚，不若稍缓。"穆宗默然良久，卧榻上，王更言祖制不可失，历数所以训俭者。时穆宗好着黑衣，谓曰："尔熟谂祖训，于朕事尚有说乎？"王曰："帝此衣即非祖制也。"因诫穆宗勿微行，引白龙、余（豫）且事释之。穆宗曰："朕此衣与载澂同色，尔乃不诫澂而谏朕，何也？尔姑退，朕有后命。"旋召大学士文祥入，且坐正殿曰："朕有旨勿展视，下与军机公阅，速行之。"文祥知其怒，拆视，则杀王诏也。文祥碰头者再三，请收回成命，穆宗终不怿。文祥退，乃叩太后宫，泣诉之，太后曰："尔勿言，将诏与予。"杀王之事乃寝，而圆明园修复议，亦因之暂搁。

时穆宗好冶游，耽嬉戏，与成人异趣。凡蹴踘、蹶张诸戏，无不习之。清制：宫中内监有职业服役外，如弄舟、演剧、舁舆等，悉内监为之。穆宗喜舞剧，尤喜掼交。掼交须身体灵活，年稍长辄不能，载淳亲教小内监为之。初习时用板凳，小内监横卧其上。上以手按其腹，俾圆转如连环，体若稍僵，则用手强按之，死者比比。其精者，则掼交能至数十度，铮然有声而弗息。一时风尚，自梨园供奉，讫各行省，无不喜演剧、掼交，实自穆宗宫中始也。与贝勒载澂（即恭亲王子）尤善，二人皆好着黑衣。倡寮酒馆，暨摊肆之有女子者，遍游之。后忽病发，实染梅毒，故死时头发尽落也。

甲戌十二月初五夜，穆宗崩，召恭邸入内，时外间尚无知者。王入，侍卫及内监随掩关，越十数重。更入，则见陈尸寝宫，那拉后手秉烛谓恭邸曰："大事至此，奈何？"旋与恭邸议定，下手诏迎载湉入宫，载湉尚幼，在舆中犹酣睡也。翌晨，始告帝崩。

相传穆宗小殓时，侍者检其怀纸中，尚有余银盈握，盖微行时所零用未尽者。那拉后以穆宗疾事，遂久不注意圆明园事矣。

及载湉立，复风内大臣议其费，群臣率以国库空虚为谏。那拉后愤然曰："吾独不能积资自为之欤？民家老寡妇犹能攒积遗产，修复旧业，独我为国母，而不能使祖宗行乐地留贻子孙耶？"自是遂蓄意积镪，而贿赂之门大启矣。二十年间，计其总数约得二百兆两。然皆囤积不事外放，盖将储以修圆明园也。

及海军议起，筹款得千万。那拉后心动，计海军何必如许巨款，今日移作修园之用，而吾之藏镪，仍可不用，宁不两得？因万寿讽群臣，为颐养计，修园之意已决。某内臣献计曰："圆明园地广费重，且偏东南，不如辟西山之麓，环昆明湖作园，引玉泉之水，枕万寿之山，以此颐养，当得延年。"那拉后大喜，因拨海军费三百万，又诸疆臣祝寿金若干作修园费。闳丽精巧，突过旧园。盖名为不修复圆明园，实则较修复之费更巨矣。

而太后仍聚敛不已。后托滇中妇人缪素筠为左右手，发放各票庄银行生息。缪素筠者，供奉如意馆中，垂三十年，工绘事，常与太后谈画理，极宠幸亲信者也。后复有邮部尚书盛氏为之鹰犬，存入外国银行，闻亦不下百兆两。及庚子之变，乃为洋行倒胀（账），止追得十成之三四云。又庚子之变，日本军拔帜先登，首据颐和园，以保护为名，盖踵庚申英法联军故事。入据圆明园，园中宝藏悉为两国所获，约分三等：高等归献国主，次则各军官军士分得，最次乃左近无赖贫民劫得之。

庚子之颐和园亦然。当日本之撤回也，除宝藏勿计外，实装马蹄银三轮船有半。各邦责难，仅斥一小军官，而银遂尽入东京之库藏矣。又闻当时宫中金库在戊子岁已有八巨柜，后三十年，不知又当何若，此在国库以外者也。

然他人入室，摮之而去，为谁辛苦？地下之那拉后亦应自怜自笑矣。

一五　豹房故智（五则）

（一）　咸丰外幸姐妹花

乾隆帝游冶娼寮，而有三姑娘之事脍炙人口。至文宗朝则渔色尤甚，故老恒能道其轶事。圆明园四春之部署，固不与焉。相传园之西隅有某僧寮者，乃实秘密欢喜地之所在也。

文宗厌满妇之无姿态，辄与某内监耳语，絮絮问都门妇女情状，且尤注意于流寓之苏、杭间人。内监因导之微行，自称为江西木客，或言四川陈贡生。好出宣武门，窥人家眷属，以东南寓公大都在彼一带也。

有浙人张某，宦京数世，蹭蹬不甚得志。生女公子数人，类殊丽。盖妻本勾栏中人也，骀宕风流，习为遗传性，故群雏俱有母风。每夕阳将下，游骑自南入城，必道经其门。坠鞭公子睹此瑶光夺婿情景，无不目挑心招，而游蜂浪蝶或穿插其间，以故艳名噪闾巷。长曰荷，次曰兰，三曰桂，四曰蓉。兰尤妖冶，纤趺笋削，妄男子争涎之。

文宗固好鞋杯者，偶与心腹内监崔某私语。崔某昵之曰："上不闻有宣南小脚兰乎？又不闻观音四面乎？"文宗讶然曰："朕苦不自由，不克与走马章台者逐鹿，命也。虽然，朕必破此藩篱，一尝个中风味。尔盍先为我道其详？"崔曰："张家次女曰兰，不独饶于色，且擅潘妃之步，实尤物也。而姐妹花凡四，苟罗而致之，大足为风流天子之温柔乡矣。"上挈崔行曰："去！去！尔为向导可也。"崔曰："当谋之。彼非卖淫家，幸勿造次。"

于是，崔乃挽某金店先通殷勤，托言某阿哥之意。张母闻之，知为贵族，极愿攀附。时张下世未逾年，有子仅十龄，正藉此暗藏春色，以勾引青蚨。第自顾宦裔，不愿揭假面具，高张帜艳而已。

某夕，崔以布围车载上出后门，竟趋城南。盖青鸟使业已传书，不患天台无路。既至，堂上燃红烛如臂，氍毹贴地，好花在瓶，陈设之雅丽整洁，较宫中别有风致，皆崔监所教也。金店本常与宫中广储司通往来，崔藉上旨，计备此一夕之费，约二万金，张氏所获者四分之一耳。

文宗气体兀傲，顾盼非凡。张氏虽不知其为帝王，而已料其必非等闲流辈。于是四女出而捧茶，环肥燕瘦，各臻其妙。上不觉目眩神迷，欢笑时作，渐失其珍重之度矣。已而琼筵坐花，玉檀奏肉（乐），天上人间，罕有此乐。

是夕，上遂不复回宫，剧饮酩酊，玉山顿颓。四女扶之缓衣，忽露肘后玺印。众咸骇异，初犹不辨为何物。崔闻之，亟驰入夺之。四女始大疑，必欲研讯其故。崔不肯言，女母嬲之，谓苟不言，吾家实不敢留此客。因东南军兴，京师禁令森严，不知来历之客，往往贻祸故也。崔始泄其隐，叮咛秘勿宣。母不觉吐舌，愿守崔戒。旋语四女，四女亦惊喜各半，媚狎备至。

上三日不返，缇骑侦知之，环墙外击柝以护驾，诸近臣有驰至欲进谏者。崔乃力劝上归，且曰："上第返圆明园，奴婢于三日内必移植此姐妹花于园中。久留此恐有变，则事反难成矣。"上颔之，欲行，既而顾谓崔曰："慎勿置园中，西宫妒甚，前日已有好人为所毙矣。"崔曰："无害。奴才自有安插处，不劳圣上过虑也。"

逾数日，上方玩四春既倦，独宿绿天深处。崔忽掩入，小语曰："姐妹花已移植禁近矣。"上狂喜，易衣出园之左角门。门者睹之，咸吐舌相觑不敢语。无何，崔导上过某僧寮，上不耐曰："奈何至此？此非某王舍宅建刹之地耶！"崔曰："然。正以古刹，故无人注意，且西后亦万不能侦及也。"上亦以为然。

曲折由禅房入，豁然开朗，有雕梁画栋，曲廊洞房，如宫禁状。上曰："此间固有妙境耶，朕胡不知?"崔曰："此本某王行乐地也，以无子而舍宅，陛下已知之，其内容则非陛下之所知也。"正语间，忽鹦鹉呼曰："贵客来矣！贵客来矣!"珠帘微动，衣香细传，袅娜而出者，则姐妹花四枝也。徐娘前导，尚有余态，骈跽白玉阶前，轻呼万岁。上一一挽之起曰："母子过劳，朕所不忍。幸此后永傍红墙，天河不隔。朕之艳福，当亦尔母子之所愿也。"母及姐妹花皆顿首谢，旋相携入室。上见中有宝座，雕镂绝工，顾问崔所自来。则曰："此热河行宫中物。奴才遣使往运，三日即至。上不忆前年与某郎同卧起事耶?即此宝榻上艳史也。"上大笑曰："尔可谓小犬记十年事矣城。"

上以微行，多习井市语，往往脱口而出，与人平易无城府，对妇女尤简率放诞，从无疾声厉色。今于四姐妹花，常得君王带笑看，更可为尔日咏矣。自是，杯倾蚁绿，烛翦蜡红，子夜歌残，家山曲破，此乐何极，不醉无归。盖一月得四十五日，人间天上，光景不同。近侍直庐，迄不知五云深处，别参欢喜禅也。

无何，军事倥偬，邸报山积，皆待万机理判，苦不得翠华所在。或以语西后，西后恚曰："吾乃获此恶名，人必谓君王固好乐无荒也。"疾命驾往搜四春宫，则相率拒以不知。后不信，令人遍索之，果不获，大受四春揶揄。益恚，乃广召内监之有力者来前，猝然问曰："谁导皇上微行者?"众者不敢应。后曰："不言而待察，苟发觉，枭首不足以蔽辜也。若早自首，当从末减。”于是崔与其徒党进曰：“奴才曾奉使一次，今既无此行为矣。”斥曰：“尔长厚者，亦复为之耶?”盖崔固太后宫中给事，于后有旧恩者，故不敢责数，第冷语嘲之而已。

后乃谓崔曰：“尔既曾导帝微行，今必悉其踪迹。苟不速迎以来，后将惟尔是问。”崔曰：“容奴才求之。但此次失踪，确非奴才所敢知也。”语未罢，帝已宣召崔往，且并召后。既至，则曰：“朕出猎耳，后又皇皇奚为者。”崔使人语姊妹花曰：“不去，祸且及。束装缓缓归，一生吸着不尽矣。”女母报崔以玉如意，曰：“愿崔公一生如意。”后姊妹花俱嫁贵人为妾，犹能道上轶事。

（二）　“盖南城”不事皇上

又中都竞传盖南城事。盖南城者，一有夫之妇，夫故蜡屐，俗称皮匠是也。夫妇共设肆，室湫隘，居阓市中，日勤操作，而肤色皙腻，冬寒手不皴瘃，类江南闺人，过者莫不顾盼惊叹也。性贞介，购物者或挑与语，于答价外不赞一词；更进则色愈冰，懔然如甲胄在身矣。以故容虽冶，无敢犯者。因慕客如附膻，谓宣南罕见此尤物，号之曰“盖南城”；又以其不可亲也，则曰“冰花”。

时咸丰帝好微行，宫监之黠者，知帝意有在，辄导为渔色，或靳之曰：“冰花皑皑，帝力于我何有哉?”帝微闻其事，以问从者。从者历数其无瑕可疵状，且言苟犯彼，徒遭戮辱，更粉饰其词以激帝。帝作色曰：“彼美如西施、王嫱乎？抑徒负其名耶？”遂易服使从者前行，达其所。则阶除秽陋，不可厕足。所谓冰花者，乃拈针线坐肆隅，目不旁瞬。谛视之，曲眉雪色，果非凡品。虽布裳蓬葆，不能掩其嫮也。帝木立神痴，目注视不转瞬。

时其夫不在室，有邻友某者，年已苍艾，夙戆直。见帝状，以为轻薄少年，妄肆色胆也。意大不平，厉声呵之曰：“谁家恶奴敢作此态？老夫眼底不能容也。”侍者见其无状，亦以恶声相向。老者不服，几至用武。侍者大言，非捕解五城御史勘治不可。老者益哗辨，惊动邻右，闻声麕集。帝颇有力，拾屐投人，中者披靡。侍者恐肇祸，适巡城官策马而过，侍者呼而告之故。巡官震慑，跪道左。众讶觉其异，始鸟兽散，侍者拥帝出险。

妇夫于于归，侍者遂命巡官捕执之。妇夫呼无罪，巡官语之曰：“否！否！此行有好消息，非难为汝也。”无何，有肩舆悬彩至，谓将迎妇往。时妇方以闻夫得祸，痛不欲生，斥迎者无状。迎者笑慰之曰：“尔夫已由某官署荐升总管矣。总管者，差役之领袖也。”妇尚不信，抵死不肯登舆。会邻妪出入府第者，见迎者系某邸亲随，大惊曰：“爷辈奈何至此？”迎者附耳语之，且似恳求老妪作调人。老妪乃谓妇曰：“此辈天上人，必能为姑姑造福，往将享用不尽，幸勿执拗自误也。”妇素婉顺，且以已无尊长，常呼媪以姆。今妪语若此，势不可违，乃掩袖小语曰：“儿未尝轻出，此去吉凶未卜。幸姆为我视家具，儿归必不逾时也。”妪曰：“好为之，勿过执。苟富贵，毋相忘也。”妇不喻其言中有物，惟诺而已。

既登舆，曲折行十余街始至。出舆觇之，沤钉兽环，闳壮逾神庙。妇生长蓬门，目所未睹，骇绝不敢进门。仆憧憧，睅目皤腹，益令人惶恐。忽锦衣人二含笑视妇，且语迎者曰：“来乎？可导入待选室少憩，会即有旨传宣。且可嘱某媪伴之，幸勿奚落，致扫兴也。”迎者及他仆俱唯唯。此时妇茫，不解果为何地，迎已何为，急欲询己夫所在，导者终微笑不语。妇稍稍疑虑，举头见男子垂手侍立，羞晕于颊。顷之，二媪入室，款已就坐，室中陈设绝丽，檀几锦屏，珠帘绣柱，辄不能呼其名。踌躇忖度，无以自解，又不敢动问，悄然枯坐。二媪絮絮道短长，百无一答也。旋进果饵，二媪劝食至殷勤，妇不肯食。

无何，内有呼声甚厉，二妪噭然应，即半跪前请曰：“至尊召见，贵人可登辇矣。”妇不解所谓，且生平未受此殊礼，瞠目踧踖，盘辟移时。侍者促登辇，不得已从之。辇舁以四人，上无帷盖，妇觉滉漾如登云雾。且左右多属目，闻啧啧称羡声，更羞不敢仰。

迤逦历院数重，只觉如琳宫梵宇，金碧迷离，花木间之，参以亭榭，宛然仙境。再进则覆庙重檐，帘幕深邃，侍者鹓鹭成行，状至严肃。妇既下舆，逡巡不敢进。二妪促之，始低首含颦，称促而行。甫入阈，遥见中设宝榻，榻上坐一王者，状至倨贵。方欲瞻瞩，侍者忽呼跪拜。妇至此猛省：己故有夫，无端逼予来此，必非佳话。挺然不肯屈膝，朗朗言曰：“妾自有夫，无故至此何为？幸赐明白，否则宁死不敢从命也。”上坐者笑曰：“小妮子倔强至是，可暂引入藏春坞中，朕自有处置。”侍者及二妪遂引之下，妇犹哓哓不已。二妪笑曰：“贵人胡不解事乃尔？顷实当今佛爷也，奈何抵抗无状？”妇始知为帝，即顷来肆中者，故其貌似曾相识。因思：己夙以贞洁自守，今为帝王之威所劫，遂失其操行邪，抑别有术自全耶？既乃奋然曰：“吾必尽力抵御，勿遗夫愧汗矣。”

既入藏春坞中，帷帐几案，雅丽绝伦。妇方兀傲自喜，置不复顾。比晚，妇号泣欲归，二妪夹持之，不能自由。妇知不免，行且觅死，众皆慰劝良久。一伟丈夫岸然入，即榻上人也。乃谓妇曰：“朕无他意，爱卿皓质，欲常常展视秀色，庶几忘餐耳。”妇见帝意温蔼，不遽见逼，心志稍定，乃泫然答曰：“儿实罗敷，奈何无端见召？分判尊卑，礼分内外，万不敢妄希荣宠。”帝噱然曰：“尔夫已得官，别置室矣，卿可安心居此。苟不见信，明日当召尔夫至，一证之。”妇终不怿。

帝命酒共饮，妇不举杯。帝笑曰：“是真强项令矣。”是夕，帝竟他幸，以妇属二妪。又数日，召妇夫入见，盖已供銮仪卫某职。妇相与欷歔，遂不复归。及庚申之变，妇杂佣媪中遁出，竟辗转觅得其夫，卒置产偕老焉。

（三） 凌波女吸荷露毙命

文宗眷汉女，其目的所在，则裙下双钩是也。窅娘新月，潘妃莲步，古今风流天子，如一辙哉。

初，帝闻宇内缠足之俗，以扬州为最上选。乃私遣奄竖心腹来邗上，物色佳丽，因得最著艳名之小家碧玉，曰“凌波”，相传即四春之一也。凌波之纤趺如削笋，至需人扶掖以行；腰支嫋袅，本可作掌上舞，益以莲钩，每小步花间，偶一摇曳，辄如乘风飞去。帝绝宠之，西后妒之甚。

凌波有洁癖，衣服器具，偶着尘垢污染，即便弃去；或玷及其体，则懊恨如中恶疾，至废寝食，帝知其癖，而爱其娇媚，辄优容之。西后侦知其可制，乃令人于所游经过处，布秽物虱其足，凌波瞿然如中蛇蝎，每遇一次，必数日病，或因遘秽震颤，骤致倾仆，则怅恨欲觅死。西后闻之，乃大快。

帝廉得其情，必盛怒，至戮内侍数人以谢凌波。然凌波益惧，泣求帝赦宥。后帝处分内监，不复令凌波知也。

凌波有绝艺，能不操琵琶、胡琴之属，以口代之。丝竹与肉并为一谈，其音清脆可辨，不爽累黍，隔幕听之，绝不敢断其为手不操缦也。每当花间奏乐，帝辄呼赞不已，饮无算爵，沈醉始兴。于是宠爱独擅，有如专房。西后益大戚，念己虽习吴歈，以较凌波，犹小巫见大巫也，愈思有以中伤之。

凌波于夏暑时好晨起，散发棹小舟入池中，取荷盘上珠露吸饮之，以为清绝，可沁心脾，洗俗肠，进求仙人长生术，亦易〈易〉耳。诸内监俱知其有是癖，以诉于西后。西后夷然曰：“是可图也。”乃密令人置毒荷盘上。

凌波饮之，毒发立毙。帝悲悼不止，穷究置毒者，杀内监数十人。然皆冤死，主凶卒逍遥事外，以得西后之袒庇，莫敢奈何也。

（四） 某孝廉所闻异事

有老孝廉某者，春明报罢，侘傺无聊，方居逆旅中纳闷。忽一人衣黄衫，策怒马，率奴仆数人入门势汹汹问馆主有无某先生其人。某先生者，孝廉姓也。馆主款接以礼，报于孝廉。孝廉询其状，恐官事逮捕，疑骇不敢出。馆主往返数四，始悉黄衫客慕名而来，绝无恶意，孝廉乃敢出。

黄衫客致主人意，自言为门客，主人有女公子，欲延师教授文书，束脩当不菲，幸先生毋辞。孝廉诘主人何官，府第安在，黄衫客掉首曰：“先生去当自知，毋烦多述也。”因出金十笏，并聘书一纸。孝廉展视其书，则主人署名，仅作“养心斋”，绝无爵里姓氏，不觉疑骇。欲问，黄衫客若已知之，即曰：“请先生勿疑。第往，保无他虞。”孝廉尚欲犹豫，馆主知其穷窘，乃于旁怂恿之。孝廉遂匆遽从黄衫客出门，则黑卫帷车已在门矣。

既登，掩帷不可外视，历途曲折，炊许始达，绝不辨所经何地也。下车视之，四围殊荒僻，园门洞启，花树中隐现金碧楼台，知为贵家，亦遂不疑。顾黄衫客，已不见，而阍者若预知孝廉之往，绝不问姓名，但导之使入。

历院数重，一男子似执事者，迎问曰：“某先生乎？”

孝廉漫应之。男子即指一精舍相告曰："主人事忙，不克躬迓，已为先生置下榻所矣。"孝廉心恶其嫚，而亦既来此，且获瞰饭地，乃作苟安之计。须臾就食，饮馔颇丰。惟止此男子奔走应命，绝无来款洽者。孝廉念主人必倨贵，乃简傲宾师至此，因絮絮询男子以状。男子支吾应之，云："主人现出巡某省，府中止女流，故不能出款客。明日女公子行释菜礼，幸先生善教之。"孝廉以与仆辈通殷勤，心殊怏怏。

无何，至明日，女公子出拜，则二八丽姝也。操语乃吴音，孝廉益大疑。惟女绝慧，过目成诵，且颖悟解人意，孝廉亦乐之。

顾时欲出游及候友人，男子辄言："此间去城市远，轻易不辨途径，不如不出。倘有所需，但下命，靡不立办也。"孝廉故好静，初不为意。久之，偶思访友，惘惘出门，则皆荒塍芜径，迷不获通，兴尽而归。男子候于门，谓之曰："主人有命：先生苟欲出，非送以骡车不可。此间多盗贼不测，幸勿孟浪微行也。"孝廉唯唯。

一日，女适出应课，颜际酡然。孝廉询何事，女惭不答。支吾间忽呼腹痛，色顿变，始言："主母赐酒，不知何故，觉中烧也。"顷之，痛益烈，男子大惊，旋呼一妪入视。妪貌狰狞，视状，作骇绝态，摇手咋舌，嘱众勿声，姑令舁女置他所。孝廉计女当系中毒，顾家庭骨肉何以有是？辗转推度，如堕五里雾中。无何，报女惨毙矣。

孝廉大骇，黄衫客仓皇入曰："此间事大变，先生不宜久留，盍速行。”孝廉知有异，趋出门，则前之黑卫帷车，已候于途。黄衫客仍策蹇送之，抵逆旅，则已历三月余矣。

客赍二百金置孝廉橐中，曰：“主人致谢先生，虽不幸，不敢忘先生德也。”孝廉因问女公子致死之由，客附耳曰：“实告君：主人即今上，女乃苏抚某所进者。本拟延先生教之成才，不幸为西后所闻，遂罹此祸。可怜哉，小妮子也。然先生幸毋泄。”孝廉颔之，黄衫客从容去。

后数年，孝廉始为人谈其秘，语及女之婉媚明慧，犹不禁为之汍澜也。

（五） 咸丰帝以姬命为戏

友人语余，前岁某华胄示予（友自谓）一画册，中绘仙山楼阁，壮丽工巧，仕女衣褶生动。一男子类王者，宫扇云移，须眉半露。谛审之，盖秘戏图也。华胄附耳谓之曰：“此实《文宗行乐图》，其地即某邸园亭，藏娇之所，有如豹房。”又言其先人尚能历历指游辇所至，若者憩坐，若者宴息，若者游散，若者寝幸，并能一一举其名额。中有广场，乃上蹴踘之所也。曾有一趣史，足供谈助者。

文宗性与人殊，时而卞急，时而平缓，侍姬莫能测其底蕴。一日，小恙午卧，方鼾入黑甜，侍人皆伏榻之左右，为之裸逐之戏。上忽由睡梦中跃起，举肘连挟四姬，出门下阶，直趋广场中，置姬于场角，命毋动，自援弹弓，欲射之。四姬觳觫哀求，状至可悯。旁一姬屈足跪请曰："陛下亦欲取乐耳，曷若令妾代射，观彼辈能避丸与否，以为笑乎？"

上喜其善解人意，果以弓授之。姬乃从容去弹，易以花瓣，拨弦一声，纷如红雨。诸姬犹詈此姬之残忍，乃自戕同类也。上命诸姬设锦茵于广场，同谢此姬救命之恩。乃自与之嬉戏，尽欢始止。因封此姬为散花妃子，位在诸姬上，宠冠曹偶。

无何，忽忤上意，竟诱使置秋千架上，骤令脱手，抛掷百步外，骨折肤损，不三日毙矣。自是诸姬胆裂，多有贿内监潜逃者。上已忘之，即亦不问。

一六　孝贞后（五则）

（一）　下谕禁内府太监演戏

文宗正后钮祜禄氏，即世所称东太后是也。性贤淑长厚，工文翰，娴礼法，容色冠后宫。先为贵妃，穆扬阿之女早丧，后遂正位。

顾文宗好声色，后宫多以献媚进，又嗜汉女，至私媾四春置圆明园中。西后那拉氏不谓然，时诉于后，欲激其怒，令助己。后独从容闲雅，劝那拉氏勿悻悻。那拉氏内愧，而意甚恨之。孝贞以为那拉氏亦感化，不忍逆意之也，遇事仍与商榷。旋见文宗荒嬉废政，婉谏之不听，自知达心而懦，多言恐致祸，遂隐忍不言。

及热河之变，那拉氏以子贵，竟出其非常手笔，诛肃顺、端华，排异己党，而成垂帘之局，皆那拉氏为主谋，孝贞实无意于此。故穆宗御世，东后并尊，位虽在上，而无实权，几如画诺太守。

孝贞时称慈安太后，那拉氏称慈禧太后。慈安事事退让，慈禧因渐纵恣。慈安服御简朴，一若寒素；而慈禧则奢靡成性，且喜服戏装，嗜听戏成癖。因而太监安得（德，以下径改）海等乘机攫财，恣为奸利，遂怂恿慈禧建造戏园，土木雕绘，穷极工巧。又广征南北诸名伶，排日演试。近今生荣死哀之大名谭叫天，即诞生于是时者也。安既以奢侈中慈禧意，权力渐次增长，顾尚碍于慈安之守正，不敢公然纵欲，言官亦弹劾屡起。慈禧虽恶之，而为名誉计，不得不敷衍嘉纳，以掩饰慈安耳目。

慈安所信任者，为恭亲王弈（奕，以下径改）訢。一日，恭王闻安德海等有滥窃贡物，为慈禧裁量戏服之举动，以为大背祖法，密奏于慈安，为先发制人之计。乃下谕曰：

据御史贾铎奏“风闻内务府有太监演戏，将库存进贡缎匹裁作戏衣。每演一日，赏费几至千金。请饬速行禁止，用以杜渐防微”等语。上年七月，因皇帝将次释服，文宗显皇帝梓宫尚未永远奉安，曾特降谕旨，将一切应行庆典，酌议停止，所有升平署岁时照例供奉，俟山陵奉安后，候旨遵行，并将咸丰十年所传之民籍人等，永远裁革。原以皇帝冲龄践阼，必宜绝戏渝之渐，戒奢侈之萌。乃本日据贾铎奏称“风闻太监演戏，费至千金，并有用库存缎匹裁作戏衣之事”。览奏实堪骇异。方今各省军务未平，百姓疮痍满目，库帑支绌，国用不充，先帝山陵未安，梓宫在殡，兴言及此，隐痛实殷，又何至有该御史折内所称情事？况库存银缎，有数可稽，非奏准不能擅动。兹事可断其必无，惟深宫耳目，恐难周知；外间传闻，必非无自，难保无不肖太监人等，假名在外招摇，亦不可不防其渐。着总管内务府大臣等严密稽察，如果实有其事，即着从严究办，毋得稍有瞻徇，致干咎戾。皇帝典学之余，务当亲近正人，讲求治道。倘或左右近习，恣为娱耳悦目之事，冒贡非几，所系实非浅鲜。并着该大臣等随时查察，责成总管太监认真严禁所属。嗣后各处太监，如有似此肆意妄行，在外倚势招摇等事，并着步军统领衙门一体拿办。总管太监不能举发，定将该总管太监革退，从重治罪。若总管内务府大臣不加查察，别经发觉，必将该大臣等严加惩处。其各懔遵毋忽。此旨并着敬事房、内务府各录一通。敬谨存记。

慈安之下此谕颇有回护慈禧之处，一则体面攸关，一则权势旁落。既存顾忌之意，便不得不吞吐其词也，而不知慈禧之衔慈安于此益甚。

（二） 惩治慈禧而结怨

宫中相传慈禧之怨慈安，实不始于垂帘时代。当文宗初幸慈禧之日，颇有惑溺之象。《长恨歌》中所谓“春宵苦短日高起，从此君王不早朝”者，仿佛似之。清宫故事，凡皇上宿某处，御某妃嫔，备有册籍报知皇后。皇后有权稽考，其不合格者，予以杖斥。而内监之承伺某处者，亦有权届时于寝门外诵祖训，皇帝必披衣起，跪而听受，至命驾出朝乃止。

一日，文宗正宿慈禧所，数日不坐朝。慈安稔其状，乃顶祖训至宫门正跪，命内监请帝起，敬听祖训。文宗惊跣而出，亟止之曰：“勿复尔尔，予即视朝。”辇既驾，匆遽间不及顾慈禧处分矣。及登殿，忽忆后有权杖斥事，乃顿足曰：“苟如是，兰儿危矣。”兰儿者，慈禧小名也。草草见诸臣已，即命驾还宫，亟问皇后所在。或对以坤宁宫，知事且变。盖坤宁宫者，皇后行大赏罚之所也。文宗疾驰往，则慈安方正中坐，慈禧长跽于下。慈安正历数其过，命杖将笞辱之。文宗大呼曰：“请皇后免责，兰儿已有娠矣。”后闻之，瞿然下坐曰：“帝胡不早言？吾之杖伊，遵祖制也；受杖堕娠，失祖训矣。皇上春秋虽盛，储宫未备，吾安可守一训而失列祖列宗万世之遗意哉？”因涕泣久之，遂勿杖。自是慈禧严惮慈安，不复敢导上以纵欲，然衔恨实自此始。

（三） 谕丁宝桢杀安德海

同治八年，又有慈安与恭王协议惩办安德海一事。

初，安德海倚其势焰，凌轹王公大臣，无所不至。朝臣皆侧目，而恭王尤甚。会恭王请见慈禧，慈禧方与安德海谈话，辞不见。恭王怒，退语所亲，非杀安不足以对祖宗、振朝纲也。

未几，慈禧竟私命安往山东，将下江南，织办龙衣锦段（缎），沿途骚扰逼勒，有司不能禁。时山东巡抚丁宝桢颇骨鲠，以安冒太后名，侵官扰民，发愤欲诛之。知恭王与慈安能持正，乃密报恭王请训。方丁折文到京时，慈禧正观剧取乐。恭王乃立请见慈安，拟定谕旨，慈安画诺已，驰谕下山东，许丁宝桢速即就地正法，不必解京审讯。临发时，慈安私语恭王曰："此举必得罪西太后，将来或甘心谋我，亦未可知。虽然，为国事计，不得不尔。"语次颇露懊丧之色，知平日之无可奈何于慈禧已久也。

谕往，丁文诚即杀安。谕略谓：

据丁宝桢奏太监在外招摇煽惑一折，德州知州赵新禀称"七月间有安姓太监，乘坐太平船二只，声势炫赫，自称奉旨差遣，织办龙衣。船上有日形三足乌旗一面，船旁有龙凤旗帜，带有男女多人，并有女乐，品竹调丝，两岸观者如堵。又称本月二十一日系该太监生辰，中设龙衣，男女罗拜。该州正在访拿间，船已扬帆南下。该抚已饬东昌、济宁各府州饬属跟踪追捕”等语。览奏深堪骇异，该太监擅自远出，并有各种不法情事者，不从严惩办，何以肃宫禁而儆效尤？着马新贻、张之万、丁昌日、丁宝桢迅速遴派干员，于所属地方，将六品蓝翎安姓太监严密查拿。令随从人等指证确实，毋庸审讯，即行就地正法，不准任其狡饰。如该太监闻风折回直境，即着曾国藩一体严拿正法。倘有疏纵，惟该督抚是问。其随从人等，有迹近匪类者，并着严拿，分别惩办，毋庸再行请旨。将此由六百里各密谕知之。

此谕既出，慈禧方酣嬉于戏剧，未之知也。故丁文诚得行其志，慈禧不及援阻。安诛后十日，慈安复命恭王拟第二谕曰：

三月初三日，丁宝桢奏：据德州知州赵新禀称，有安姓太监乘坐大船，捏称钦差，织办龙衣，船旁插有龙凤旗帜，携带男女多人，沿途招摇煽惑，居民惊骇等情。当经谕令直隶、山东、江苏各督抚派员查拿，即行正法。兹据丁宝桢奏，已于泰安县地方将该犯安德海拿获，遵旨正法。其随从人等，本日已谕令丁宝桢分别严行惩办。我朝家法相承，整饬宦寺，有犯必惩，纲纪至严，每遇有在外招摇生事者，无不立治其罪。乃该太监安德海，竟敢如此胆大妄为，种种不法，实属罪有应得。经此次严惩后，各太监自当益知儆惧。仍着总管内务府大臣严饬总管太监等嗣后务将所管太监严加约束，俾各勤慎当差。如有不安本分，出外滋事者，除将本犯照例治罪外，定将该管太监一并惩办。并通谕直省各督抚严饬所属，遇有太监冒称奉差等事，无论已未犯法，立即锁拿，奏明惩治，毋稍宽纵。

西后既睹此谕，虽亦无可如何，而慈安之不敢斥言慈禧之过，婉曲规避，煞费苦心。然可知其仁而不武，大权旁落之渐，可为寒心也。慈禧果老羞成怒，竟提出质问以向慈安，以为不与己商，未免轻视，大有悻悻之态。慈安非特不能侃侃与辨，且惊惧不胜，至谢以事系恭王所主持而后已。

懦哉，慈安！然而小人之心，遇让则夺，彼退则此进。昔日之待慈安谦而有礼者，今则攘臂摘权，绝不愧怍。以为彼既自开先例，我更无容多让。自是厥后，慈安拱手就范，不敢与争，且生命亦寄于彼人之手，恭王更惴惴不复敢为慈安画一策矣。

未几而有同治帝崩，慈禧专擅立奕譞之子载湉为光绪帝事。

（四）　立帝之争

同治帝以游冶致疾，遂夭其年。时皇后虽有孕，尚无他皇嗣。两宫皇太后议立新帝于养心殿，王公大臣宗室等咸在。慈安本属意恭王之子，欲于会议发表已意，然讷于口，期期未可也。慈禧即傀言曰："皇后虽已有孕，不知何日诞生。皇位不能久悬，宜即议立嗣君。"恭王抗声曰："皇后诞生期当不久，应暂秘不发丧。如生皇子，自当嗣立；如生女，议立新帝未晚也。"众似赞同此议。慈禧曰："不可。今南方未靖，中朝无主，何以安镇人心？国本动摇，良非细故。"军机大臣皆称是。

慈安至此，始不得不言，乃曰："据我之意，恭王之子可以承袭大统。"恭王闻之，叩首言不敢。慈安简单之词气，遂为所沮。在恭王谦退不敢，而慈安又久慑于慈禧，一语才发，其气顿馁。慈禧目无全牛，知此事可以力取，方顾问宗室载淇。慈安乘势又言曰："依承袭之正序，应立溥伦为大行皇帝之嗣子。"溥伦者，载淇之子也，载淇亦叩首言不敢。慈禧正色曰："姑舍是，尔为奕譓后，乃继冢嗣者，于前史有此例乎？"恭王沉吟曰："明之英宗为然。"慈禧本熟于史事，乃曰："此例不祥。英宗之立，乃孙妃欺主之行为。且英宗在位时，国家不宁，曾为蒙古军队所执。其后回国，国中已立其弟。经历八年，乃更夺之。"语次，转谓慈安曰："据我之意，当立奕譞之子载湉。宜速断，不可延误。"慈安默然，意似不可，而难于启齿。恭王独勃然作色曰："立长一节，独可岸然不顾耶？"慈禧曰："苟不决，可以投名之法定之。"慈安亦颔之，绝无异言。于是各拈阄入一小匳中，及揭晓，则醇王等投溥伦，有三人投恭王之子，其余皆如慈禧意。盖慈禧逆知其党必占优胜，事前早有预备，临时故示人以公允耳，慈安犹以为天意也。

（五） 慈安薨逝秘闻

慈禧既立光绪帝，权力浸炽，驯至公然与诸伶谈宴，恬不为怪，惟尚不敢使慈安知。旋婴疾不视朝，历久未痊。慈安念其有决择才，辄往就商，且藉存问以联络情谊。

一日尚早，慈安驾忽至，侍御皆出不意，未及报知，慈安亦摇手禁勿声。盖体恤病者，恐其惊扰也。将履寝室，帘幕沈沈，似闻气息如乳腥，亦不之辨。既入，慈禧横卧榻上，一男子似伶人服装者，为之抚肤搥腰，意甚狎亵。慈安本不易怒，至是目睹怪现状，不觉气愤填膺，勃不可遏，立斥内监曳伶人出，厉声数慈禧之罪，且曰："吾受先皇帝遗诏，本应翦除，顾念尔才堪臂助，且情如姊妹，何忍下此辣手？今尔乃不恤人言至此耶？不速改，吾终不能以私情废公义。"语未毕，慈禧涕泗交颐，长跽乞命，慈安亦涕泣良久。慈禧矢言改悔，苟萌故态，愿膏斧钺。慈安以为恳挚，反劝慰之，立命赐伶人死。伶人者，金姓，后于慈禧没后，其家人始敢泄其详也。

相传慈禧久病，实系生育血崩，医治均罔效，后得吉林省所贡人参数枝，巨如婴孩者，煎汤服之，始奏霍然。而金伶之案，实发于其将痊时也。自是慈安以为慈禧必感予之不杀，改过自新，且可热心助予治理。而慈禧则以为彼乃发我之覆若此，我不先声夺人，制其死命，后此尚有我自由地步耶。于是极恶至惨之剧出矣。

先是，慈安喜小食，常以点心盒自随，觉饥则任意取食，其间糕饼、饽饽、寒具之属罔不备。慈禧窥之稔，乃乘间言有膳夫能制小食，颇极精致，愿献薄物，求太后鉴赏。慈安以为爱己，喜而受之。既食，适值召见军机之期，遂出坐朝。是时光绪辛亥春三月十日也，进见者为枢府王大臣恭亲王奕訢、大学士左宗棠、尚书王文韶、协办大学士李鸿藻等。俱言确见慈安御容和怡，无婴疾色，但两颊微赤，状如半醺，亦不以为异也。军机诸臣退，已午后四钟，内廷忽传孝贞太后崩，命枢府诸人速进议，诸大臣惊骇欲绝。故事，凡帝、后疾，传御医，先诏军机悉其事，医方药剂，悉由军机检视。今突如其来，既未传医，更无方剂，自当疑怪。

诸臣入至慈安宫，见慈禧坐矮椅，目视慈安小殓，且从容自语曰："东太后向无疾，日来未见动静，何忽暴变至此？"语时，微作泣声。诸臣皆顿首慰解，绝无一人敢诘问病状者。恭王亦畏慈禧之焰，至是皆噤若寒蝉，草草成丧礼而已。凡后妃薨，必传戚属入内瞻视后始小殓。此例行之已久，独慈禧后不令人召钮祜禄氏椒房之族入宫，群臣亦无敢一言者。盖慑于慈禧之威，或甘为死党者甚夥也。

噫！东宫太后之尊，而一旦为人致毙，如刲羊犬，无片纸只字为讼冤者。于以觇慈禧之势力，亦可卜清祚之将倾。

一七　阎文介方正

同治间，都中啧啧道阎文介轶事，谓近世强项者流无其右。嗣有友人某述其详，则执法不阿，吏官文恭为之屈膝者也。

先是，胡文忠既薨，官文恭为总督，新繁严渭春中丞树森，继文忠为巡抚。严公原籍渭南，盩厔李午山宗焘知武昌府，皆文介乡人也。夙知文介严峻，咸敬畏之。而官阘茸素著，且多嗜好，惟尚知畏惮正人，不敢自恣耳。故事，两司必兼督抚总营务处衔，故能节制诸将领。

某弁者，文恭之娈童也。文恭宠之甚，令带卫队，且保其秩至副将，某居之不疑，赫然大将威风矣。平时无所不为，视两司蔑如也。一日，帅亲兵数人，闯城外居民家，奸其处女。女哭詈不从，某以刀环筑杀之而逸。其父母入城呼冤，府县皆莫敢谁何。

文介闻之震怒，立上谒督署，索某弁惩治。某弁知文介夙有铁面名，必无邀赦之希望也。先入督署求救于文恭，文恭匿之，有顷，文介晋谒，文恭辞以疾。文介称有要事，必欲面陈，如中堂不可以风，即卧室就见亦无妨。阍者出，固拒之。文介曰："然则中堂病必有痊时，俟其痊，必当传见，吾久居此以待可耳。"命从者自舆中以襆被出，曰："吾即以司道官厅为藩司行署矣。"凡卧起于官厅者三日夜。文恭嘱司道劝之归署，必不可。

文恭始大窘，以严、李俱文介同乡，急命材官延之至，浼为调人，而自于屏后窃听之。二公譬谕百端，文介终不屈，誓不得某弁伸国法不止。文恭无所为计，乃自出相见，出即长跽。文介岸然仰视不为动。严公乃正色曰："丹初亦太甚矣。中堂不惜屈体至此，公独不能稍开一面网乎？"文介不得已，始趋扶文恭起，与要约，立斥某弁职，令健儿解归原籍，立启行，无许片刻逗遛。

文恭悉允诺，乃呼某弁出，令顿首文介前，谢再生恩。文介忽变色，叱健儿执某弁诣阶下，褫其衣，重杖四十。杖毕，立发遣以行。历三小时而事毕，始诣文恭势长揖谢罪。

自是，文恭益严惮文介，然倚重愈甚。久之，密疏保奏，巡抚山东。虽为调虎离山计，亦以见文恭之尚能崇拜善人也。

一八　四春琐谭（五则）

（一）　牡丹春慧黠全生

文宗渔色于圆明园一隅，暗藏春色，谓之四春，世竞传之，中惟牡丹春为最艳媚。春本苏人，小家碧玉也。山塘月满，独占风流，艳名噪里巷，纨绔子无不垂涎。

旋有广陵盐商某者因事来吴门，见春艳之，介蜂媒蝶使，得暗探骊珠，挥霍不下数千金矣。满拟金屋藏娇，载之返绿杨城郭。女母闻盐商豪富，所索金意未慊，否则须与偕行，倚钱树子为养老计。盐商恶其愿太奢，置不理。而某部郎适衔使命莅苏，已取某内监密嘱，物行吴门佳丽。偶见春于虎邱，诧曰："此奇货也。"辗转探得盐商与女母交涉状，乃使媒媪谓之曰："京中有贵人纳妾，巨资所不惜。苟允诺，保汝老妪吃着不尽也。"女母意动，女似不愿。嗣为媒媪甘言怂恿，竟获首肯，乃载与俱北。

既抵京，入一府第，仆从喧赫，锦衣玉食，无所事事，且不睹所谓主人者，见姊妹行四五人，衣服容貌，与己相类。心大异之，疑为勾栏，顾不令应客，益不可解。居月余，忽诸仆传令仓皇，云送诸美人入园矣。车马喧阗，相送俱去，惘惘不知所往。及届，则池馆清幽，水木明瑟，一巨丽之园亭也。

无何，主翁命入拜，科头箕踞，状至倨傲。仆辈衣冠异常人，称主人为"佛爷"，诸女始觉有异。及归房栊，殊无婢媪，往来奔走者悉系奇服之仆辈。私询之，始知主翁实当今之第一人也。

诸女或以为大戚，盖习闻入宫者不能复出，非特父母亲属，不获临存；即偶欲自由问候旧人，及外出游散，俱在禁止之列。因窃窃议欲私遁，然园以外之天地，目所未经，修路漫漫，去将安之？不得不望而生怯。

中有广陵女子，韶年稚齿，颇跳荡自喜，郁郁居此，不惯束缚，乃欲尝试其卷逃之小技。因贿内侍辈求导引，乘夜欲遁去。内侍伪应之，飞报于西后。盖西后本不慊此等汉女，方日侦其衅以为排斥之地。得此消息大喜，立遣侍卫追缉之。不三小时，如虎捕羊，招罥而至，西后立命绞死。文宗闻之，欲驰救，业已无及。自是诸女胆裂，无敢作越步想者。

牡丹春最慧黠，乃谓诸女曰："吾辈服装有特别辨认，故一出门，不复可掩饰。今与诸姊妹约，悉改服旗装，佛爷虽不喜，然偶一为之，亦可博其欢心。此后时时试服之，则左右不疑，一旦有变，吾辈服此出园，与他宫人厮混，则追者难于别认矣。"诸女闻之，疑信参半。牡丹春则毅然行其计，文宗见之，果不甚悦。盖文宗本以厌满喜汉，故罗致吴下群娃为娱目计。牡丹春独触其忌，遂致失宠。

西后闻之，以为牡丹春有心向化，颇懈其伺察；且知失宠，益心喜。无顷，英法联军变起，牡丹春因贿通内侍，先获确耗，乃改服装，杂西后宫女中出，竟得脱归吴下，嫁一士人为妻。

（二）　海棠春钟情而死

海棠春乃大同一女伶，名玉喜，常演剧于津门，工青衣，尤擅闺贴，且能琵琶、羌笛，捧场者咸属王孙贵胄，其父师宝若连城，虽万金不与易也。每一登场，莫不啧啧慕色艺，月金之昂，占津门第一。

有士人某者，颇风流自赏，骤睹之，不觉色授魂与，因日坐前席以觇声容，风雨寒暑无间。年余，家已落，夷然不顾也。士人固美姿容，善修饬，玉喜常见其独坐谛听，心窃异之，既而无日不然。会天暑，入座者稍稀，士人巍然无倦容。玉喜翩然下，殷勤献茶，问姓名。士人大惊，盖此系伶人待熟魏之礼也。玉喜告以己之居址，邀客过从。士人骤膺宠遇，感激不知所云。四座皆属耳目，疑士人为豪客，因玉喜于平时不甚肯应客也。语既毕，玉喜翩然出，士人惘惘如有所失，念已日措观剧，资已将告竭，为亲友揶揄。今入彼室，虽不挥霍，亦应花费，阿堵物将何所出？然念美人厚意不可负，拼孤注一掷，以偿金诺。遂解所服纱袍入质库，得金数饼入囊中，而易以葛衣。

既往，玉喜欢迎备至。诸侍婢咸愕然，盖讶士人既系生张，兼之服御甚朴也。玉喜笑语同人曰："此南中名士，某大老犹敬礼之，吾侪敢不喜其莅止耶？"遂命酒宴之，殷勤酬劝，笑语甚密。士人踧踖不安，玉喜慰解之曰："自妾见君占前席，几年余矣。虽未通辞，音容实已甚稔，吾两人所谓神交也。君固多情，妾亦非不能解事者。宜及闲暇，尽此一夕之欢。君客中岑寂，即时时过我一谈，未尝不于君有裨。君以为何如？"士人曰："崇拜仙仪，有如饥渴。'此曲只应天上有，人间能得几回闻。'此徒夸夫艺耳。若卿则更擅仙姿，绝非凡艳，鲰生何福，得亲芳泽。前此抱愿弥奢，岂敢唐突？今蒙不弃，辱承招致，此实天假之缘，意外之遇也。鲰生有神魂颠倒而已，自惭形秽，何以克当？愿卿自重。”玉喜正色曰：“是何言欤？相君丰采，岂长贫贱者。况奇才养晦，识者自知，孰谓我辈中遂无眼法耶？彼龌龊纨绔，虽炫多金，吾视之犹傀儡。君勿过谦，妾一歌场贱物耳，君他日贵，视妾何足齿数？但愿一念风尘中尚有此伤心人耳。”语次，若有泪痕。士人亦凄然起谢。

宴罢，士人探囊欲犒侍者，玉喜遽起止之曰：“勿尔，妾已代办久矣。”且揽袪附耳曰：“妾顷见君服纱袍，得毋易金耶？为妾故，致劳心计，视妾何如人？后勿复尔。”士人唯唯。献茶果已，又复纵谈。士人欲辞去，玉喜殊恋恋，既而妨于侍婢，乃嘱：“明日有事，后日晚间必来，勿劳久盼也！”士人诺之。将出，玉喜以一物私置怀中，珍重而别。归展见之，黄金重十笏也。

自是士人每往，玉喜必有所赠。士人不肯受，玉喜曰：“子独无挹注法乎？”士人悟，乃即以其金为犒资，夜度者屡矣，侍婢以为豪。积金日多，玉喜促士人为脱籍计。士人恐大妇不容，欲为别营金屋，思获一部差，方可措办。忽某内侍携巨金至津，谄其母与师云：“某贵人府特选，重聘所勿惜。”母遽许之。遂入圆明园，曰“海棠春”。玉喜终思士人不置，年余郁郁致疾，玉损香销，未及遭焚园之惨也。

（三） 杏花春忠于家主

某大僚有婢饶于姿，肌肤莹泽如羊脂玉，颊晕朝霞，天然妩媚。某大僚涎之久，欲置篷室。大妇防之甚严，不得遂。

有内务府散秩大臣宗室子者，大僚戚串也。偶宴内寝，见婢捧觞，诧曰："此尤物也。况凌波微步者耶，可谓婢中翘楚矣。"因附耳与某大僚私语。某大僚曰："果如是，吾何惜牺牲一婢?"宗室子笑曰："吾明日当偕内侍来。"大僚允诺，乃入语其妻，以为献媚计。盖大僚固有季常癖者也，而不知其意实在梯荣。

无何，迁延数日，内侍不来，宗室子往热河差遣矣。某僚私念，官虽未获，苟留艳婢，计亦良得。因语妻以事机相左，殆亦前缘，微露列诸小星意。妻怒曰："子不长进，乃近禁脔，行见子为乞儿矣。"乃愤然出，自往谒宗室子之福晋。福晋因出入宫闱，常通内线者。乃曰："吾固闻之，吾夫太汗漫，乃不注意。吾当自往探消息。"大僚妻再四恳托而返，指斥大僚为欺君罔上，大肆诟厉，大僚谢罪不敢辨。

明日，福晋至矣，偕内侍数人，谛审婢之发肤形态无不至。既而色然喜曰："此当系万选之青钱也。"问价几何，大僚妻曰："此臣下所应献者，敢受值耶?"乃饰以鲜衣，缀以珍玩，约加附数千金，始载与俱行。濒登舆，大僚妻强拉大僚共拜之曰："诸事奉恳，一生荣辱，凭汝口也。”婢亦首肯。既入园，果蒙宠幸，曰“杏花春”。未几，大僚外任封疆，获资甚巨焉。

（四） 杏花春嗜财丧命

文宗嗜饮，每醉必盛怒，每怒必有一二内侍或宫女遭殃，其甚则虽所宠爱者，亦遭戮辱。幸免于死，及醒而悔，必宠爱有加，多所赏赐以偿其苦痛。然未几而醉，则故态复萌矣。其已被杀或棰挞几死者，醒后亦知怜惜，辄预戒人遇醉勿侍左右。然苟宣召，又不敢不往也。

惟杏花春始终未尝为所摧折，偶有诃责，一二语即解。盖杏花春媚态天然，不假修饰，凡见者皆觉心花怒放，虽愤恨正盛，无不一见即消。而文宗之嬖杏花春，更有不可以言语形容者。故醉后虽郁怒欲发，杏花春绰约而前，上必狎抱之曰：“此朕如意珠也。”其或偶加以喑呜叱咤，杏花春却行惴颤，状至可怜，虽不启齿，上必反语曰：“个妮子胆怯哉，生小殆未经风雨也。”以故凡遇上醉，诸姬必膜拜顶礼，咸求杏花春为代表，蕲免谴责。众皆称杏花春为欢喜佛，或云刘海喜，杏花春亦不以为忤也。性柔婉笃顺，上下无不怜爱，虽西后极妒，亦云：“我见犹怜，无可奈何。”

顾有一癖，则爱财如命。平居设一扑满，凡赐金钱，必藏弆之，既入即不令复出，虽诱引逼迫，俱可置之不理。上知其如此，珍赏常过于他人，而杏花春辄自言贫甚。人或知其机密，反唇相讥，则曰：“是区区者，何足言财，聊备游戏耳。他日苟有进，不使睹金玉满堂不止。”其贪如此。每遇人淑慎无所争，及计较锱铢，必悻悻然见于词色。人以故衔之，致相窃议曰：“闻彼为婢子，诚哉，其婢子也。”惜秉慧美之质，而习俗所移，虽至贪极鄙而不惜，殆所见者小，而又加以不学欤。

每遇上醉，众挽为代表，彼必需索贿金，不满欲壑，则且迟迟不肯应召。至事急，仍必如其所索以偿之而后已。见者既惯，必摒挡一切速偿之，知与斤斤无幸也。

西后知其有守钱虏癖，而窥其囊颇富，乃嗾他姬诱与六博。杏花春不知其诈，昕夕从事，兴高采烈。初多博进，迨其终局，则负筹累累，居然垂千金矣。意大窘，声言力不能支，吾不认博负。正扰攘间，帝驾适来，问所以，曰：“杏花春之负金，朕应为之偿，毋喧聒也。”众见上已任此，遂不敢有言，杏花春意张甚。此后凡有博负，辄故故不偿以待上命；博进则囊之去。众故候上醉时向索，欲以激上怒。抑知上反斥诸姬之不应力索，不责杏花春也。

杏花春所积，不下十余万金。尝托心腹内侍挽其主母代为存贮取息。又恐干没，乃声言必立券契。主母以为不信己，颇愤怼，不愿为之经理。杏花春知不合理，乃出千金为寿。主母益怒曰：“吾非贪得无厌者，奈何以此相尝试耶？”后杏花春卒为其子说项，得一郎官始已。及焚园之变，杏花春以金多，为西后侍者所垂涎，竟戕之而夺其所有。

（五） 陀罗春贞洁赴池

车驾出宣武门，偶过某桥下，遥瞻浣衣女子甚丽，以诘内监。内监乃遣人四出侦之，知为某孀妇女，曰：“是易图也。”乃赍金往说之。孀妇拒之曰：“妾不愿金，且吾女罗敷也。贵人亦知礼，安能逼良为贱？”内监怒曰：“尔一妇人，乃斗胆若此，独敢抗天子之命耶？”妇色然曰：“妾知谁为天子？妾知守礼与信而已。既自有夫，谁可夺者？速去！毋溷我。”内监嗤之以鼻曰：“行见不出十小时，立破尔家。”孀妇方欲有言，女遽止之曰：“胡为以唇舌贾祸？”孀妇始默然，内监亦去。女谓孀母曰：“彼必复来，儿不避，恐陷于不测之祸，不如往姨家暂居。”母亦谓然。

迨晚，数内监汹汹入，破扉折棂，备极凶悍，势在得女，则挟与俱去。无何，终不可得，乃牵孀妇行，将押其母以易女。孀妇号泣以从，市人咸酸鼻。女闻之，欲出救母，姨曰：“否！否！是自罹于网也。彼等但恫喝术耳，必不敢谁何汝母。吾以为乘此时招汝婿来，既成婚，偕往求释母，则官中人亦当论情，法决不能强离人夫妇也。”女然其议，亟嘱媒氏往告婿，则南游未归，且罔识其踪迹所在，意大沮丧。而内侍哄然日相逼，势无术可不解免。女愤欲觅死，姨氏恐祸及己，乃绐之曰：“此间风声渐恶，彼辈探知吾匿汝，灭门之祸即在旦夕。若汝以自杀了事，是更葬送吾一家也。吾意汝不如姑往某尼庵中，作带发优婆夷。内侍虽悍，岂能强夺方外人？而吾亦得脱去干系，宁不大佳？”

女寻思无计，勉从其议，即往西山某尼庵受戒曰：“薄命如此，恐终无破镜重圆之日。不如长斋绣佛，以了余生。”遂毅然祝发，作比邱尼装矣。盖数日前有人传说，婿已在南省遇匪，为匪所戕。道路为兵燹所梗，虽不能必其确否，然可决其北来无期也。

女既居尼庵，殊亦无苦。一日，有高轩驷马过门，云贵人莅止。诸尼俱披架（袈）娑（裟）出迎，女独以耽静不出。无何，贵人入，翠华招展，知为至尊。诸尼伏地呼佛爷，女自帘隙窥之，身颤欲仆。忽上有所见，乃曰：“帘中有人影，何也？”内侍应声牵女出。女心急足违，泪下如雨。上谛视之曰：“此尼非个中人，似曾相识。且绮年玉貌，何苦而甘岑寂耶？”女言：“夫流落南中，生死未卜，母为官事所羁。自知命薄，愿事焚修，不愿问人间繁华事也。”上笑曰：“以子才貌，岂老于空门者？”顾命内侍以舆来，舁此女尼入园，安置某殿，善视之，勿令有所苦。诸内侍唯唯，女号泣不从。上自抚慰之，且言：“尔姑往彼。苟有志，决不相强。”既而女至园中，仍矢志不肯应上命。每上临幸，辄跪地不复起。上赐以“陀罗春”之名。

然终焚园之日，凡八月余，上卒未一幸也。事亟，女投池死。

一九　垂帘波影录（十则）

（一）　东西二宫之龃龉

文宗幸热河，仓卒驾崩，时载垣、端华、肃顺等杖策立幼帝，慈安太后实无意于垂帘干政也。慈禧心不能平，乃与其侄荣禄等设计，宣布肃顺等专擅之罪，骈诛之，于是两宫听政之局大定。慈安性长厚，事不专决。慈禧窥见其隐，渐思侵越，顾惮其持正，未敢发也。会安德海事起，慈禧衔其专杀，竟敢直言诘责。慈安恧于应付，乃尽诿之恭王。由是慈禧用斩钢截铁之手段，离散其党羽矣。恭王既知慈禧有龄龁意，益不敢效忠于慈安，转反而亲事慈禧。慈禧沾沾自喜，权力大增长。迨光绪帝立自慈禧之意，而大权独揽，慈安直尸位而已，其后竟以诘责慈禧之失，致遭惨毒（事见前）。顾宫闱事秘，莫能佐证，然光绪帝之倾向慈安，而不慊于慈禧，其事业已表见。慈禧之汲汲欲甘心于东宫者，盖是故也。而其逼之使不得不出于此者，当时传说尚有两种原因。

一光绪六年东陵致祭之事。慈安心恶慈禧之僭越，知其必有缅规错矩之举动，乃先与恭王协商，于祭祀时，须居慈禧之首。及抵陵寝，慈禧果欲与慈安并列，不肯稍后，慈安乃与之争论极剧。慈安谓慈禧在咸丰时，不过一妃，其升为太后，乃在咸丰帝宾天之后。既为妃嫔，则祭祀时依礼宜居旁稍下，而已左次尊贵之位，则应虚之以处已死之中宫。

盖中宫虽先帝而薨，其名位则为帝之正后也。慈禧艴然不允，谓己既并坐垂帘，母仪天下已久，而又辱以妃嫔之位，殊非情礼之正；且知此事为恭王所主张，坚不肯让，其后卒照慈禧之意而行。然在慈禧终不满意，以为当祖宗陵寝之地，稠人广众之前，无端争执，既不大雅，更属亵尊，因愈不悦东宫，且有去恭王之意。

其二则光绪七年诃斥李莲英之事。初，慈禧宠信李莲英甚至，使为总管太监。李渐骄横，惟慈禧之言是听。外此则恣睢暴戾，莫敢谁何。久之，并侵及慈安，慈安积不能平。

一日，慈安辇过某殿，莲英方与诸小黄门臂鹰角力。慈安行已近，置若罔闻。及慈安呼使来，莲英方瞿然跪安，然色亦骄泰，绝无儆惧意。慈安竟面斥其妄，语甚激切，莲英始谢罪。慈安欲杖责之，左右为之缓颊始止。盖左右亦知投鼠忌器，恐触慈禧之怒也。慈安益愤懑，顾谓近侍曰："二百年祖训安在？竟败于竖子之手耶？是不可不以争。"乃立命往慈禧所，正色数之曰："李莲英一内竖耳，纵有才，亦宜顾祖宗法度，稍示限制。奈何听其无礼？且彼固事西后，若其职分，则东西宫自当一律敬畏。今其心目中止有西后，竟不知有东后，设其位更有亚于东后者，则所受揶揄，又将如何？且宫中业如是，若出对大臣亦复骄横不法，尚复成何国体？"又曰："外间称李莲英至有'九千岁'之名。内监如是，殷鉴不远明末之魏忠贤，亦复何以异是?”慈禧曰：“李莲英一奴才耳。太后欲捽而去之，如刲羊豕，在我亦安能庇护?外间谣传，安可尽信?太后倘不愤，欲如何则如何耳，奈何无故责人?”慈安曰：“奴才者，西后之奴才，他人安得干预?尔既安之，在我亦何必哓哓?但西后盛名为一竖子所败，不禁深为扼腕耳。”慈禧知其怒甚，遂拂袖他顾，慈安亦振衣遽去。不数日，即有慈安暴崩之事。

（二）　荣禄私通懿妃

东西两宫之龃龉，更有关于荣禄进退事者，亦一要案，且趣闻也。

先是，慈禧之用荣禄，以排摈载垣、端、肃之阴谋，深资臂助。慈禧亦最信任荣之忠悃，令其总管内务府，出入掖庭，如家人子礼。同治帝既大行，后殉节以终，而妃嫔尚有存者。一曰懿妃，年仅逾笄，貌极妍美，常供奉西太后宫，给事左右。荣禄与太后语机密，辄至夜分；或太后方偃息，则懿妃为之侍以递消息，以是极稔。荣为人便给儇巧，善伺人意。懿妃有疑难事，必就与商榷。以故极为相得，居恒往来帷闼，坐谈笑语，了无所忌。慈禧虽知之，以两人同为己之心腹，不过问也。

慈安有族侄女曰七格格者，亦常在宫中奔走随侍，貌美性慧。时至慈禧所，慈禧亦爱之。一日，偶衔慈安命至慈禧处索某督章奏，值慈禧昼寝，乃退入懿妃室，谋所以通报者。足甫及阈，侍者止之。知有异，急止足伫立窗外，闻男子笑语声甚亵。有倾，侍者始延入。懿妃颜赪神乱，大异曩昔。七格格故与密谭，良久不去。且夙知荣常在懿所，乃故餂之曰：“妹有事欲恳荣爷，惜今日不相晤，何机缘之悭也？”懿恐其诈，乱以他语。七格格念不止，懿曰：“彼在太后所，招之来可耳，复何难哉？”七格格故作昵态以恳之。旋侍者果偕荣入，七格格亦稔荣，乃东鳞西爪以示意。荣不觉技痒，丑态尽露。

良久，七格格始奉慈禧命召入。致命毕，乃复奏曰：“顷至懿所，本求代达，忽值荣爷在彼，殊羞启齿。侍者罔不笑儿怯，实儿不惯见此事也。”慈禧色然骇曰：“荣在彼何为？乃暧昧若此？”七格格佯低鬟不语，若甚羞惭不可说者。慈禧颔之，七格格遂辞出。

慈禧立召荣、懿入。数之曰：“子二人恃吾优容，遂不避嫌疑若此。今为东宫所知，明日必有章奏，吾不复能庇二人矣。盍速自谋，无待刑法之及身也。”二人碰头，汗出如沈，求佛爷恩恕，慈禧曰：“东宫日伺吾隙，惟恐不及，幼帝亦将持我短长。今日之事，尔辈不谨如此，明日若无言者，吾尚听之，后当炯戒；设有言者，吾身无完肤，岂能庇尔辈耶？”荣与懿始谢恩，退俟命。

无何，早朝罢，慈禧召荣至，掷一折示之。则帝师翁同龢历述慈禧侈靡，并袒护私亲，且及荣懿嫌疑事，请明正典刑。慈禧厉声曰：“何如？尔辈不谨，牵率老夫矣。”荣伏地请罪，慈禧怒未已，宫婢报懿妃已自尽。慈禧曰：“也管不得。”立命褫荣禄职，交部议处。部臣仰体慈禧意，仅予“永不叙用”字样。荣禄遂投闲散，为七年之久。慈禧念心腹隔绝，常怀愤懑，以祸由慈安，故衔恨益深。其后慈安崩，卒起用荣禄，且越加宠任。懿妃亦复封号，以为昭雪也。翁师傅以戊戌新政之变被黜。

（三）　伪拟慈安遗诏

慈安崩，慈禧恐以暴疾疑己，乃命拟恳挚之遗诏，以掩饰耳目。文曰：

> 予以薄德，祗承文宗显皇帝册命，备位宫壸。迨穆宗毅皇帝寅绍丕基，孝思肫笃，承欢奉养，必敬必诚。今皇帝入缵大统，视膳问安，秉性诚孝。且自御极以来，典学维勤，克懋敬德，予心弥深欣慰。虽当时事多艰，旰宵勤政，然幸体气素称强健，或冀克享遐龄，得资颐养。本月初九，偶染微疴，皇帝侍药问安，祈予速痊。不意初十日病势陡重，延至戌时，神忽渐散，遂至弥留，年四十有五。母仪尊养，垂二十年。屡逢庆典，迭晋徽称，夫复何憾？第念皇帝遭兹大故，自极哀伤。惟人主一身，关系天下，务当勉节哀思，一以国事为重，以仰慰慈禧端佑康颐昭豫庄诚皇太后教育之心。中外文武，恪供厥职，共襄郅治，予灵爽实与嘉之。其丧服酌遵旧典，皇帝持服二十七日而除。大祀固不可疏，群祀亦不可辍。再予以俭约朴素为宫闱先，一切事关典礼，固不容矫从抑损。至

于饰终遗物，有可从俭约者，务惜物力，即所以副予之素愿也。故兹诏谕，其各遵行。

（四） 免恭亲王之谕

慈禧于王大臣中所最忌者为恭王奕訢，以其位尊权重，而党于慈安，时与己龉龁故也。然以其在军机久，谙练持重，绝鲜失败之故，不得不含忍以伺其衅。及中法之战，议和失策，慈禧即藉是以逐恭王。会有言官谏慈禧之失德及滥费，慈禧疑即恭王使之，于是毅然决然下谕逐恭王矣。其谕文吞吐抑扬，始终不着痕迹。清代诏谕，虽多词意不相副之惯例，而此谕为尤甚。盖慈禧一生，善施此等伎俩也。

谕略云：

现值国家元气未充，时艰犹巨，政多丛脞，民未敉安，内外事务，必须得人而理，而军机处实为内外用人行政之枢纽。恭亲王奕訢等，始尚小心匡弼，继则委蛇保荣。近年爵禄日崇，因循日甚。每于朝廷振作求治之意，谬执成见，不肯实力奉行。屡经言者论列，或目为尘蔽，或劾其委靡，或谓簠簋不饬，或谓昧于知人。本朝家法綦严，若谓其如前代之窃权乱政，不惟居心所不敢实，亦法律所不容。只以上数端贻误已非浅鲜，若仍不改图，专务姑息，何以仰副列圣之伟业贻谋？将来皇帝亲政，又安能臻诸上理？若竟照弹章一一宣示，即不能复议亲贵，亦不能曲全耆旧，是岂朝庭宽大之政所忍为哉？言念及此，良用恻然。恭亲王奕䜣，大学士宝鋆，入直虽久，责备宜严，姑念一系多病，一系年老，兹特录其前劳，全其末路。奕䜣着加恩仍留世袭罔替亲王，赏食亲王全俸，开去一切差使，并撤去恩加双俸，家居养疾，宝鋆着原品休致。协办大学士吏部尚书李鸿藻，内庭当差有年，只为囿于才识，遂致办事竭蹶。兵部尚书景濂，只能循分供职，经济非其所长。均着开去一切差使，降二级调用。工部尚书翁同龢，甫直枢廷，适当多事，惟既别无建白，亦有应得之咎，着加恩革职留任，仍在毓庆宫行走，以示区别。朝廷于该王大臣之居心，默察已久，知其决难振作，诚恐贻误愈重，是以曲示衿全，从轻予谴。初不因寻常一眚之微，小臣一疏之劾，遽将亲藩大臣投闲降级也。嗣后内外臣工，务当痛戒因循，各摅忠悃，建言者秉公献替，务期远大。朝廷但察其心，不责其迹，苟于国事有裨，无不虚衷容纳。倘有门户之弊，标榜之风，假公济私，倾轧攻讦，甚至品行卑鄙，为人驱使，就中受贿，当必立抉其隐，按法惩治不贷。将此通谕知之。

后段文字，骤观之殊与本题无涉，几于不知所云，而不知其实为言官切谏，疑有主使而发也。

（五） 离间孙毓汶与翁同龢

慈禧操纵大臣，善用其门户水火，两相仇隙，而己得于其间实施作用，其最著者即孙毓汶与翁同龢之龃龉是也。翁为光绪帝师傅，然太后实不喜之，孙毓汶又为光绪帝所不喜。孙与李高阳比，时帝年已长，太后恐其亲政，己权即被夺，阴使人耸孙言宜以醇王入军机，名为引用帝父，实则藉以分帝权也。

翁党不然其议，慈禧独下谕，谓："军机处遇有紧要事件，着会同醇亲王奕訢（譞）商办，俟皇帝亲政后，再降懿旨。"于是翁党哗然，谓此谕不但破坏成法，使帝父为行政上实际之首领，且与光绪元年为同治帝立嗣之举，恐致动摇。帝或因是尊父以皇帝之号，而同治之统，全然断绝矣。于是盛昱者直言极谏，大旨谓：

> 军机处为政务总汇之区，不徒任劳，抑且致怨。醇亲王怡志林泉，迭更岁月，骤膺烦剧，或非涵养所宜。况乎综繁迹之交，则悔尤易集，操进退之权，则怨讟易生。在醇亲王公忠体国，何恤人言？而仰度慈怀，当又不忍使之蒙议。伏读仁宗睿皇帝圣训："本朝自设立军机处以来，向无诸王在军机处行走者。正月初间，因事务繁剧，是以暂令成亲王永瑆入直办事。但究与国家定制未符，成亲王永瑆，着不必在军机上行走等因，钦此。"诚以亲王爵秩较崇，有功而

赏，赏无可加；有过而罚，罚所不忍。优以恩礼而不授以事权。圣谟深远，万世永遵。恭亲王参赞密勿，本属权宜。况醇亲王又非恭亲王之比也。

云云。词旨极为恳切，而锡钧、赵尔巽等亦有诤谏。太后皆不从，乃用孙、李等之主张，亦即排摈翁党之一策也。慈禧降谕，谓：

本日据左庶子盛昱、右庶子锡钧、御史赵尔巽等奏，醇亲王不宜参预军机事务各一折，并据盛昱奏称嘉庆四年仁宗睿皇帝圣训：本朝自设立军机处以来，向无诸王在军机处行走等因，钦此。圣谟深远，永宜永遵。惟自垂帘以来，揆度时势，不能不用亲藩进参机务，此不得已之深衷，当为在廷诸臣所共谅。

本月十四日，谕令醇亲王奕譞与诸军机会商事件，本为军机办理紧要事件而言，并非寻常诸事，概令与闻，亦断不能另派差遣。醇亲王奕譞再四推辞，碰头恳请，当经曲加奖励，并谕候皇帝亲政后，再降懿旨，始暂时奉命。此中委典，尔诸臣岂能尽知者？至军机处政事，委任枢臣，不准推诿，希图卸肩，以专责成。经此次剀切晓谕，在廷诸臣，自当仰体上意，毋得多渎。

盛昱等所奏，应毋庸议。味此谕旨，措词坚决，且斥诸臣不解上意，固执成见。自古拒谏之悍猛，未有若是者也。慈禧之恃才妄作，搁然怙过不悛，排斥异己，不恤人言，于此可以概见，而翁党亦由此浸败。

（六）　光绪无嗣秘闻

慈禧又尝致疑奕譞，有为极琐碎之轶事，足以表见其猜忌之深者。

初，慈禧与奕譞福晋为女昆弟。慈禧之始，文宗尝有钩弋之语。奕譞与文宗最友善，竭力和解之，慈禧得不死，故亲厚独至。同治帝既崩，慈禧乃立奕譞子载湉以报之。然其后载湉不能得慈禧欢，遂渐启猜忌。始疑奕譞夫妇之教唆，因谕左右："非奉特诏，不得令奕譞夫妇与光绪帝一面。"奕譞福晋常饮泣痛恨，悔其子之为帝也。

载湉数载无嗣，群小觊觎，肆为离间。或有以望气术进者，言醇邸有古柏，长干被荫数亩，森然见王气，当更有天子出，慈禧甚注意焉。一日，轻减驺从过其邸，奕譞仓皇出迓。慈禧突问："尔宅有老柏，长干被荫数亩，信乎？"奕譞曰："信。"慈禧命导至树下，徘徊瞻眺，良久始去。越数日复至，亦如之。旋语奕譞曰："吾拟于园中构巨殿，中梁无佳树。此柏修直可数丈，用以为梁，诚美选矣。"奕譞惊怛，欲以祖泽留贻为请，而知慈禧之喜怒不常，违之且有变，乃不得已，叩首言曰："惟太后命。"于是慈禧大喜，立命鸠工伐其树。奕譞为置酒，张具树下，以观其竣工。

锯未半，树忽崩仆，中有飞蛇数十头，腾跃而出。其一头落太后前，太后大惊，几仆于座。左右强扶之，良久始色和，而蛇亦不复见矣。乃罢酒，乘舆还宫。因感疾，数日不视朝。

奕譞亦因惊成疾，直督李文忠荐某医往视，奕譞弗令诊脉，谓医曰："君归寄语少荃，予病勿起矣。太后顾念予甚，日倩御医诊视数次，药饵医单，悉自内廷颁出。予无延医权，而病日深。"旋泫然问曰："有壮盛男子，多所娶而不育者，此曷故？"医惊问："为谁？"奕譞于枕畔微竖巨擘曰："今上。"于是知载湉永无嗣续，其痼疾信矣。

奕譞病，慈禧往视，必携载湉与俱，暮则携之偕返。载湉归，必怒甚，杖内监无算，击碎宫中器皿几罄。人多议载湉染狂疾，不知实有以致之。乃慈禧以术激之，且贿医使进痿弱剂，处心积虑，欲绝其嗣以为快也。

（七） 光绪帝衔恨慈禧

光绪帝既失欢于慈禧，其后乃愈引愈烈，冲突之事，不一而足，虽琐屑细故，亦必反对而后快。

戊子岁，上随慈禧谒东陵，见牧羊，爱其肥白，问近侍何物，始知为羊。命购数十头蓄宫中，内监为之刍牧。顾羊群好啮百卉，宫园不可容也。上问何地为宜，或献策云："天坛草肥地旷，可供牧羊。"上然之。

司坛官某郎中，不知其奉诏也，沮不能入。内监怒，立批其颊。郎中欲往诉，而探知确为帝意，无可辨，然不胜其辱，遂自尽而死。

事闻于慈禧，慈禧怒，命亟逐羊而重谴内监。帝欲庇之，不能得，愤甚。

慈禧喜畜犬，卢令重环，毛色各备，约数百头，咸有名可呼，驯扰狰狞，悉听指挥。有内监饲之，闭置园中。上往见之，大恨曰："不许牧羊，而独畜犬，何耶？"自启门放其犬，一时俱尽。慈禧询之，内监以上对。慈禧知其意，乃遣其内监数十人以报之，然衔恨益深矣。

一日，颐和园有庆典，张灯置酒，灯彩玲珑精巧，为江南所制。上过其下，谛视徘徊不能去。内监以白慈禧，慈禧曰："彼殆爱此，盍撤之以悬帝宫？"内监果以灯往，帝夷然曰："朕视太后之华饰，炫人目精斯已耳。若朕此间，则无需此。天下方汹汹多事，岂朕华饰之日耶？"内监归以告慈禧，慈禧曰："此所谓养虎自贻患也。"

又一日，帝朝慈禧，所着貂冠有敝痕。慈禧善修饰，衣履无不精美，其视人亦然。故见帝之敝冠，心殊不怿，乃命侍者检佳者，请帝易之。帝乃顾侍者责斥之曰："朕冠本新，汝辈不慎，乃致有此敝痕，速为朕觅旧者补成之。朕意如此，不劳重易也。"时宫中无旧貂，转乞诸世续家，始得之。慈禧虽赐佳者，弗用也。慈禧后知之，衔恨冷笑而已。

隆裕后者，桂祥女、慈禧侄也。帝以怼慈禧故，弗与善。桂祥好与诸市贾为友，凡宫中有兴筑，桂祥辄代关说，取其资。会有木商嘱桂祥运动售木，约值数万金。桂祥即以干隆裕。隆裕知帝意疏己，恐不可进言，乃转以托瑾妃。以瑾妃系姊妹行，且于帝意较密也。瑾妃因承后旨，言于上。时值甲午新溃败，帝方忧甚，乃怒詈曰："朕常教尔勿与外通，而乃为木商关说。国家存亡未卜，尔奚效村妇喋喋为？后则昏昏如梦呓，而尔亦复如是。尔不改，朕亦不复能顾尔。尔寄语后，慎勿倚重太后，谓朕不能谁何也。"隆裕闻之，惧甚，泣诉于慈禧。慈禧曰："竟蔑视至此耶？吾终不令彼行其志。"自是见上，色益厉。

（八）　同治帝纵欲身亡

慈禧专欲好骛外，而薄于恩谊。同治帝虽属毛里，然于实际上求天性之亲，殊形隔膜，故于教养关切之事漠然也。同治帝因得纵恣自由，养成惯性，且其跳荡游冶之遗传性，亦得之慈禧为多。最好与健儿角技，凡蹴踘、蹶张之戏无不能，而常出冶游，更为夭丧之一大原因。

初，清制于宫中内监有职役服业外，兼许练习弄舟、舁舆、演剧等事。至同治帝时而内监某者，别创新法成舞剧，名曰"掼交"。初习用一板凳，命小内监横卧其上，帝乃以手按其腹，俾圆转如连环。体稍僵，则用手强按之，然因是致死者比比也。其精者则不用板凳，随手为之掼交至数十度，铮然有声，久而不息。其人皆取身体小巧灵活，年稍长，便不能为之。同治帝既乐此不疲，所教内监甚夥。一时风尚所煽，梨园争效之。由内廷供奉以推各省，于演剧无不喜掼交，所谓上行下效也。

顾久而帝亦厌为之。贝勒载澂者，恭王少子也，佻达自喜，帝引为友。因劝帝曰："掼交劳神疲力，又何足取？偌大京华，城内外多行乐地，盍往观乎？彼小家而囊中得金数钱，买醉胭脂坡，自适其适。身为至尊，而宫禁如牢囚，宁不虚生一世？"帝闻其言，亟赞叹以为然，乃始微行。二人俱好着黑衣，倡寮酒馆，暨摊肆之有女子者遍游之。其病实染毒疮，死时头发尽脱落。而载澂亦染此疾，且毙在帝先。慈禧初不顾问也。初，恭王知载澂引帝微行，乃令人捕载澂，键置别室。视其衣，则黑地而绣白色百蝶于其上，虽梨园子弟，无此奇邪也。因大怒，命自此永不许放出。

实载澂已得疾，本不复能外出。未几死，面目肿溃，盖霉毒上发也。恭王既禁载澂，乃入谏帝，藉圆明园事以讽。帝曰："尔熟祖训，于朕事尚有所说乎？"王曰："帝所服衣，即非祖制也。"因诫勿微行，历引史事遇险以为证。帝怒曰："朕此衣与载澂同色，尔不诫澂而谏朕，何也？"恭王历陈责禁载澂于家，且及病发垂毙事。帝曰："尔乃致死载澂耶？何无父子情也？尔姑退，朕有后命。"旋召大学士文祥至，帝坐正殿见之曰："朕有旨，勿先行展视。下与军机公阅，速行之。"文祥知其怒，私行拆视，则杀恭王诏也。文祥复入，碰头再三请，帝终不怿。文祥退，疾叩太后宫，泣诉之。太后曰："尔勿言，将诏与予。”杀王之事乃寝。

帝既失载澂，冶游已成习惯，不能自制。恒挈内监一二人，出神武门，绕道往宣南，或至深夜不归。一日，自后门出，道旁有售凉粉者，觉口喝，辄饮之，不给值。售者见其豪迈，意必内廷供奉子弟，亦不敢索值也。帝虽时时微行，然终不解购物给值等琐事，自是饮而不给值者屡矣。偶见他人有给值者，帝怪而问之。售者曰：“吾恃此衣食，奈何不受值？因爷非他人比，故俟异日总赏耳。”帝色然曰：“若然，则吾逋汝值夥矣。吾当赏汝，惜吾囊中无金。吾书一帖付汝，烦汝持以往取，可乎？”售者曰：“此当然事耳，奈何不可？”帝欣然素笔书一帖掷与之。售者不识字，以问友。友骇曰：“帖上所书，乃饬广储司付银五百两也。广储司在皇帝宫中，谁敢饬付？此饮凉粉者，殆必今上也。”售者亦大惊骇，不敢入宫取银。友怂恿之，乃始往一试。司事官问来历，售者俱以对。司事官亟驰往白太后，太后曰：“此诚胡闹矣。虽然，安可失信于外间？即照帖付银也可。”旋召帝入询，帝直认不讳。慈禧笑置之，盖欲己有权，不复计帝之失德否耳。

及甲戌十二月，帝崩，慈禧召恭王入宫时，外间尚绝不知有变。王入，侍卫及内监随掩关，越十数重悉然。王恐甚，然不敢不入。至寝宫，则见帝已陈尸正座。慈禧手秉烛，谓恭邸曰：“大事至此，奈何？”旋与慈安争论至再四，始定策立载湉，乃手诏载湉入宫。载湉尚幼，在舆中犹酣睡也。翌晨，始宣告帝崩。及小殓，内侍探帝怀中得纸裹，尚有银盈握，盖微行时花用未尽者。

（九） 罢颐和园六十庆典

颐和园之修理，乃移海军经费以足成者，将以为慈禧六旬万寿大壮观瞻，而不意天道之巧，即于是岁出中日战事，败衄频仍，遂致并庆祝亦罢之，而颐和园之乐事，终不克圆满也。

先是，光绪十五年间，慈禧命以海军经费修理颐和园，至二十年始告成。荣禄自西安将军入赞枢密，首捐俸银廿五万为太后寿礼。中外效之，统计数殆亿兆。太后此时大喜悦，已下谕北京，令于颐和园中，建大牌楼以作纪念，务极壮丽。不意六月间，即有战事起，中国海军大败。太后不得已，乃始降谕，罢除庆贺，用皇帝名下诏曰：

> 本年十月，予六旬庆辰，率土胪欢，同深忭祝。届时皇帝率中外臣工，诣万寿山行庆贺礼。自大内至颐和园，沿途跸路所经，臣民报效，点缀景物，建设经坛。予因康熙、乾隆年间，历届盛典崇隆，垂为成宪。又值民康物阜，海宇又安，不能过为矫情。特允皇帝之请，在颐和园受贺。讵意自六月后，倭人肇衅，侵予藩封，寻复毁我舟船。不得已兴师致讨，刻下干戈未戢，征调频仍，两国生灵均罹锋镝。每一念及，悯悼何穷。前因念士卒临阵之苦，特颁发内帑三

> 百万金，俾资饱腾。兹者庆辰将届，予亦何以侈耳目之观，受台莱之祝耶？所有庆辰典礼，着仍在宫中举行。其颐和园受贺事宜，即行停办。钦此。朕仰承懿旨，孺怀实有未安。再三吁请，未蒙慈允。敬维盛德所关，不敢不仰遵慈意。

云云。自是颐和园为之黯然减色，而海军之劣点亦大显于世。

（一〇）　光绪变法失败

戊戌政变之事，为慈禧第二次垂帘之机会。初，帝欲实行改革新政，与康有为等密谋去太后，杀荣禄，而以袁世凯为心腹。及密旨下，袁入见请训，帝御乾清宫正大光明殿以临之，屏左右侍从，极为慎密。殿中黑暗深邃异常，时方黎明，不甚辨色。帝以极低微之音，告袁以机密谋画。谓袁即日往津，于督署内出旨杀荣禄，随率新军星夜入都，围执太后。并付以小箭一支，为执行帝谕之据。又付以密谕，谓办理钦差事竣，即任袁为直督，来京陛见。袁唯唯退朝，即乘第一次火车出京。

此时太后由颐和园移居西苑，晨八时来宫祀蚕神，帝方往瀛秀跪接，太后固绝不知其事也。袁到津，即将帝密谕尽语荣，而己留津以观其变。荣即乘专车至京，乃下午五时也，直入西苑。

荣出入掖庭久，肆行无阻。既见太后，即直前牵衣跽，泣呼救命。太后问所以，乃以帝密谋告，且出手谕示之。太后闻之，乃曰："吾亦疑此数日上之神态不宁，今果尔邪?"立传其党庆王、许应骚等入见。既布帝之密谋，令诸人商议办法。诸人乃言："请太后重执朝政，以救中国，勿受用夏变夷之害。"

当即定计，凡禁城中侍卫，悉以荣禄之兵代之，命荣禄仍回天津候命。及明晨甫曙，帝甫出中和殿，即有侍卫、太监称奉太后之命，引入西苑内之瀛台，即今新华门内南海子中一小岛，而光绪帝后此软禁于中者也。太监告帝以太后即来，实则前后以兵围守，不复令出，而太后垂帘复政之谕下矣。文曰：

> 现在国事艰难，庶务待理。朕勤劳宵旰，日综万几，兢业之余，时虞丛脞。恭溯同治年间以来，慈禧端佑康颐昭豫庄诚寿恭钦献崇熙皇太后两次垂帘听政，办理朝政，宏济时艰，无不尽美尽善。因念宗社为重，再三吁恳慈恩训政。仰蒙俯如所请，此乃天下臣民之福。由今日始，在便殿办事。本月初八日，朕率诸王大臣在勤政殿行礼，一切应行礼仪，着各该衙门敬谨豫备。

谕既下，太后至瀛台视帝，李莲英随之。太后厉声言："赦帝一命，随时仍许留位。但此后严密防守，一言一动，不准自由妄作。"又言："变法维新，本所应许。

但不料昏昧糊涂，胆大妄为，一至于此。”又问：“尔五岁时接入宫中，立为帝，抚养成人，以至归政，无非恩典，何所负于汝，至倒行逆施若此？大底汝命甚苦，不能享受此尊位，听人唆弄，如木偶然。今天祚我清，危机早露。俾余得出而转祸为福，亲党重臣无一人向汝者，现皆请予训政。尔若自悔，尚得苟延残喘，否则予亦不能庇尔。须知独夫之患，众人欲杀。迨至其时，悔已晚矣。”

是时帝旁无一人敢为讼冤者，惟所宠爱之珍妃，义愤填膺，跪而进言太后，且泣且语曰：“太后幸宽恕帝罪，勿加斥责。帝为国家计，不得不尔，且帝乃国人之共主，太后终不可任意废黜。”其词甚为恳切，在怜悯慈爱之妇人，必为之动容。而太后则法重于情，乃其天性。闻珍妃言不觉勃然动怒，命内侍牵往别室圈禁之。庚子拳匪之乱，联军将入京，太后仓皇出走，乃命推珍妃于井中毙之。近人有《落叶诗》咏其事，盖绝可哀也。

光绪帝既囚于瀛台，始终凡二十三月，最后毕命于此。遗言嘱其弟醇王须记忆己一生之冤苦，为己报仇而已。

二〇　热河行宫欢喜佛（三则）

（一）　欢喜佛揭秘

曩游雍和宫，见所谓欢喜佛者，装塑亦不甚精致，但取其狰狞淫恶，表示野蛮宗教之态度而已。识者或言，此密宗之一派，美妇人皆系妖魔变用，其青面獠牙者，则佛祖之幻影，故作此状，欲以战胜妖魔而已。然德足胜妖，古今中外一理，无所谓以妖制妖而能必胜者也。况身犯淫恶，而足以清淫恶之源乎？其说似不可通。惟佛宗勘破三界，别具慧眼，我不入地狱，谁入地狱，此亦殆演入地狱之一部分乎？要之入世人眼中，殊不雅观。今归蒙藏院管理，乃以黄缎袱围像之下体，不复示世人以色相。然要求一觇庐山面目者，乃至行贿求请，亦所不惜。孽哉，管理之恶作剧也。

客语予曰："今热河行宫内，储存此等法相颇多，大都分为三种，一塑像，二画像，三绣像是也。而塑像较此间为精致，皆系赤铜为质，外□藏金，其体干亦较为高大，形式大略相等。惟纵横交媾状，益复离奇丑恶而已。其中入观者颇少，现亦开放，但游人到彼无多，当然不能与京师比也。塑像自为一殿，其后尚有秘殿一所，则更雍和宫内所无。而其怪丑，殆不可思议矣。殿古而邃，颇黑暗沈闷，中设宝座，玉轴牙檐，备极雕琢，殆不似近代物。上塑一伟男子像，绝不类佛祖，乃貂冠锦袍，顶有东珠，确系清代帝王服饰。面色苍白，鬑鬑有须，状至威猛。而其下横陈者，乃一美妇人，亦系满蒙服饰，绝类外蒙旗活佛之妃嫔，俗所称菩萨状。为态乃极淫媚，衣服皆虚掩其体，苟微揭之，当知濯濯者本一丝不挂也。惟外有栏楣，禁令森严，入观者不得举手，且不令近前平视，是以《秘戏图》之黑幕，终古无人揭破。闻每嗣主于大婚前来此展谒，管理大臣始特一揭示，俾知男女居室之道。然则此亦为祖训留遗之一欤？或云伟男子系康熙帝像，或云乾隆帝，未知孰是，要之为清帝遗像无疑也。此真欢喜佛之变相矣。”

（二）　画佛轶闻

画像尤奇妙。闻雍、乾起所绘，积至数千轴，今则遗失散佚，或为监守自盗者所取，殆不及数百幅矣。其间名手法绘甚夥，如郎世宁等不一其选，满蒙人之能绘事者，几无不备。当时于山庄中设一馆，专延画工入内供奉。凡模范名胜外，即以此等欢喜佛像为常课。

相传满蒙画工绘像时，皆顶礼膜拜，虔诚诵佛号，故设色鲜明，而天颜视之辄喜。汉画工独不信此，随意摹绘，及事毕视之，辄有一二漫漶劣点，虽修改不能尽善，进呈御览，恒受申斥。其有愿者，仿满、蒙画工法为之，则得褒奖。此亦至奇不可解之事也，岂果佛祖有灵耶？

又汉画工某者，平日喜放言高论，心恶喇嘛所为，谓：“饮酒、食肉、娶妇，既无异与常人，则何佛祖之有？今既画欢喜佛，吾意不如竟供《秘戏图》，较为直截了当也。”于是人画狰狞怪恶者，彼独画美男子如优伶娈童状，且显然作双人像不复遮掩。图成，上览之，犹赞其笔法之工秀，殊不之罪。

而蒙画工某者，酷信红教，以为彼敢破坏宗风，有意欺侮皇上，大不敬。且所绘女像，何酷似某妃也。某妃者，乾隆帝宠妃，意颇珍秘，闻某画工言，谛审之，意良是。不觉大疑，谓汉画工有意讽己，怒召而诘之。画工岸然曰："佛法空明，无遮无碍，非我非人，何须惊怪。皇上何所见之小耶?"帝以其言戆切放诞，无人臣礼，遂杀之。然尚存其画，犹藏内府云。

又传有此画数十幅，别筑一殿悬之，乃系历代活佛所画。活佛非皆擅丹青术者，则仍延名手为之，署活佛名而已。此画多不拘成法，随活佛意旨为之。或丑恶惨酷，或美丽悦怿，一室中嬉笑怒骂，无奇不有，诚大观也。管理人娴掌故者，则为人娓娓道活佛轶事。谓活佛作此画时必先坐床数日，屏绝一切事务。前面设有素壁，活佛面壁凝神。三日后，活佛似有作为，以指向空摹画，壁上即隐隐有人物现出。过七日而影迹愈显，凡面目、衣褶、神态，无不流露，遂其意之所欲，纵横颠倒，无一不备。即倩名手入，依壁上迹象摹之，而画成矣。以进呈大清皇帝，即热河秘殿所供者也，今亦不存全豹。

（三） 绣佛趣闻

绣佛一种，与画像相类，但大抵出于满蒙男子，与汉人南方女子之善刺绣者不同。予尝入武英殿陈列所中，见绣像数幅，光怪陆离。初不知其系何故事，及既游雍和宫，始恍然，即欢喜佛像也。第其形态亦微与雍和宫塑像不同。或云，此即热河行宫所藏者，与其塑像相类。盖武英所陈古物，本来自热河，良不诬也。

某君语予一趣闻，根于此绣佛而发生者。有满人某娶蒙旗某札萨克女为妇。结欢之夕，妇妆遗颇多，箱箧殆数十事。其中有一金漆图绘之小箧，珍重特置，异于常品，以为必奇宝也。某睹妇貌既佳，奁财尤富，不禁雀跃，而对于此珍重之小箧，更为注意。

既三日，欲即启视。妇曰：“不可，此活佛所赠也。伊固嘱百日后始得启视，早启之不祥。”某不敢违妇意，姑唯唯而罢。然疑活佛固得人布施，富于金钱，此系赠奁之物，未必遂系重宝，何恶作剧若是？顾蒙俗女流，信活佛甚至，违之恐伤感情，不如含忍以待。又数日，偶与妇谈活佛状，妇口讲指画，敷陈活佛状貌甚悉。某曰：“胡子言活佛之详，殆素稔耶？”妇已被酒，乃言：“我亲得活佛降福传道，宁有不稔？”某时于蒙俗固已有所闻，知活佛辄留人家闺女传道，藉事渔色，秽迹累累，而习俗所趋，牢不可破，非一朝一夕之事也。己妇业已不贞，无可讳饰，今竟自道其隐，尚复何说，乃佯作不解曰：“降福传道耶？此系何谓？手续如何？”妇知失言，乃急掩饰曰：“彼讽经时，以偈语授我而已。”某哂曰：“所授偈语，吾知之。”妇曰：“奈何？”某曰：“肉身供布施，如是复如是，降福一点红，传道因欢喜。然耶否耶？”妇知不可掩饰，乃曰：“君既知之，胡复呕我？蒙俗以是为荣，非我一人之私言也。”某掉首不语，乃立起取小箧在手曰：“今日可破此闷葫芦矣。”妇亦不拒，即启其钥，乃彩绣一幅也。男子作佛装，状态颇狞恶，下有女子作迎合状。审视之，不觉大怒，尽裂其绣抵于地，片片如蛱蝶纷飞。盖女子即己妇面目也，眉眼毕肖，栩栩欲生。妇乃号泣而起曰："奴死矣。不情至此，无术可以解免。"乃趋赴池边。家人争持之，劝慰百端，终不可解。其后某自劝之，亦不肯通融，誓以必死。家人以为顽傲也，防稍懈，竟自经。死后知蒙女往往有是，夫家宜什袭藏之，云可致福。自是蒙女不愿嫁他族云。

二一　玛噶喇庙（二则）

（一）　多尔衮皮像

睿亲王多尔衮以骄贵跋扈致败，削爵仆碑，视同叛逆，改其居邸为喇嘛庙，名曰"玛噶喇庙"，今在南池子内者是。

多尔衮美丰裁，善骑射，顺治太后绝爱之，致有下嫁之故事。太后尝谓："此美男子态度，不可不传于后世。"乃命巧工为塑像，终不克神似。后遍征天下名画家为之绘像，亦多不洽意。会有西洋巧工来中华，自云能以鱼皮造人，面目无不酷肖。多尔衮使试为之，果栩栩欲活。以示太后，太后亦赞赏不置，乃命各造两具，为正副意，一存宫中，一存睿邸。

及败，顺治帝不忍毁太后像，康熙帝始毁之，宫中遂无迹象。而其存睿邸者，其初为某王所匿，得不毁，后入玛噶喇庙中，为乾隆帝所见，乃命毁之。有喇嘛某者，慨然曰："此绝技也，奈何毁焉？"乃易以伪者，而挈真遁往外蒙。复数十年，始由其孙徒某国师携至京师，矜奇炫异，人争睹之。然止有多尔衮像，而太后像卒不可得矣。

及英法联军之役，法军颇游行街市，搜罗古物。偶入庙见皮人，诧曰："此数百年前荷兰人手技也，今世已罕见，得非宝耶？"遂攫之去。后喇嘛某，欲藉此炫人，乃取其祖师所仿制之一具置秘室，以为奇珍。实则系蒙人以麻皮、羊皮杂制之，粗劣已甚，绝非原物。而世以其点缀古迹，亦良佳，遂保存之。

（二） 慈禧求皮人秘闻

当慈禧垂帘之际，以念睿亲王之丰采，欲得当日所制之皮人，并愿兼太后像，曾三幸玛噶喇庙。见赝鼎，以为非是，乃令喇嘛特往外蒙求之，库拨银数万两以壮其行色，逾年未至。维时纷纷献言告奋勇者不一。或言真物现存外蒙某庙，系某僧所藏，惟吾与之稔，前僧所不能取得也。或言联军业已窃去，此外皆伪者。又或言联军所取亦赝鼎，其真者乃在藏中，今非在拉萨调取不可。太后乃命传问达赖喇嘛。及复奏，支吾其辞，不能决其有无。乃更遣人四出探之，于是使者冠盖相望于道矣。

一日，太后复幸玛噶喇庙，欲搜访睿邸遗迹。忽于土藓中得断碑，镌刻满汉文各一通，中即叙安置皮像以为纪念事。太后大喜曰："皮像虽未得，而其据证已确凿，真莫大之幸也。"乃命人立其石庙阶下，而招巧工照镌一石，存颐和园中。

无何，某喇嘛自外蒙归，求陛见，太后许召入。喇嘛言已得真正原物，且言当日镌有纪念碑，载此皮像尺寸及制作状，适相符合。又言已入外蒙，通访不得，后历历采风，始得某老师，系前此喇嘛之嫡传。问皮像状，伊言："前常闻之，近岁朝廷无意于故物，前不复置意，故不审此像尚存否。"又言："某山中古刹甚多，中有奇丽之怪器。尔自往探之，或可一遇也。"

予（喇嘛自谓）因思太后既有命，虽道途险远所不惜，况既至此，功亏一篑，日后何等抱悔？乃决然前往，行抵一大山，四面无路可通。夜宿森林中，虎豹野兽时来磨牙展爪，欲甘心于余。余初携一皮囊，甚厚且坚，余至夜即蜷伏其中，而手自绾其口。野兽无奈何，则曳之而走。余恐不免，乃默诵《转劫经》及神咒，果有效，野兽舍予而去。又一夜，闻皮囊上有巨声如下瀑，自口隙微窥之，则一巨人，长丈余，头如栲栳，向皮囊而溺，殆山魈之流也。一惊几晕，如是者月余，始得达某山深处。

闻此古刹犹在绝顶，乃自念业已至此，决不复返，攀萝附葛，猱升数四，竟凌绝顶，果有古刹存焉。此间除一二高僧外，人迹到者绝鲜。见余至，皆大惊。因问余来意，余告以故。高僧曰："十年前确有此物藏弆，为某大喇嘛所赍，至今移归某山某刹矣。"余颇懊丧。高僧止之曰："尔勿复如是。得来此间，即系大福，往往有穷毕生之力而不得至者，子尚何懊丧为?"予遂谢盛意别去，复至某山。值大雪，寒冽彻骨，几不能自持。卒亦抵彼，见主持僧，果得皮人所在。初尚不信我之举动，嗣告以中国佛爷之意，出差牒示之，始招待优厚。及索皮人，彼又不肯，非留差牒作抵押品不可。予告以差牒须于返时销差，不克留寺中。彼尚不肯与皮人。后返庙中，持活佛之令，始得入手，今赫然在望者是也。

太后笑赏其功，诏拨若干金以酬其劳，某僧不受。顾太后终疑其尚非原物，虽僧有辞，亦姑妄听之而已。因取此像以与存庙者较，略有不同，而大致相似；审其缝制之迹，仍复粗劣。遂笑置之曰："此无异秦始、汉武之求仙也，可以休矣。"今二像并存庙中，后有某留学生者，报告某大老曰："母后所求之皮像，乃在巴黎某大博物馆中。"噫!

二二　崔李两总管（四则）

（一）　李莲英善媚慈禧

女子小人，其势常相牵率而成固结之局，圣人之言，洵不我欺。故凡牝朝女祸，必有强有力之宦寺为之辅佐。统视历史，莫不皆然。

慈禧既攫得垂帘之柄，又欲牢笼一切，以巩固其权势，故于一二大臣为之心腹外，又必择便佞捷给者，寄以耳目，既可利其私图，复得探刺外事。自安德海为慈安、恭王所翦除外，其后强有力之奄寺，未尝绝迹。举其最著者，则曰崔、李。李之擅权最久，而崔则甚暂，然实李之前辈也。安德海既诛，崔署给事总管，性谨慎，不敢作非分事，惟皮硝李则由彼进身。故彼之历史亦于奄人中占一重要位置。

先是李幼时孤苦，曾在河间原籍，拜一皮匠为师，习硝皮业，故后有“皮硝李”之名。至十六岁，因乡人某言宫禁宦寺之显赫，即以崔为标榜。李闻之艳羡不已，且自顾身世蹭蹬，终无温饱望，乃决计自宫，以求援于崔。崔见其活泼，勉留于家，以俟机会。

适太后语崔，欲觅一年少之内侍，充梳头房役务，崔遂以李应命，太后甚喜之。李貌虽不甚都，而软媚有姿，能得人怜，见机便捷，举动必中太后意。相传太后之头须每日一变形式，名目务极新巧，以故梳头者最难称旨。惟李则能翻新出奇，或如天上云霞，或如水中波影，或百卉异态，或虫鸟殊名。随手拈来，都成妙谛；信口编出，即是佳名。太后明知其无所依据，变幻取笑，而其心窍之玲珑，大可激赏。

复善语言，每太后忧虑之际，彼出一语，辄为解颐，有如黍谷春回，赤地雨降，无不立沛生机。于是不独太后怜爱，即宫中上下人等，非彼不欢矣。太后春秋方盛，吟花弄月，悄然不怡，对此玲珑活泼之少年，自有无穷遐想。乃辄留之榻旁，与谈家常琐屑，以慰岑寂，美李之名曰“莲英”，比于古之六郎，殆非无意也。

莲英天生媚骨，突过秦宫，凡妇女心性，体贴备至，能娓娓情话，引起人心头之滋味。异哉，尤物移人，不假一毫学力，自然入妙，无怪其擅四十年之荣宠，久而不替也。

崔既荐李，不一年，遂废其席，然李亦不忘崔。崔虽家居，李时时赠以资用，存问起居，直至崔死而后已。故崔虽为所取代，自叹才力不及，且谓其尚有良心，绝不怨诽也。

（二） 李莲英有先知之见

李莲英惟一之长技在善诙谐，工设置，挥霍酬应，得人欢心。此不独对于太后为然，即外与诸王大臣交，无不赞其才干优长者。李之笑话，殆不去口，然不犯人忌，不惹人厌，玲珑圆转，神光四射，虽东方曼倩复生，无以过之。幼不读书，而略涉文史，出语不甚鄙俗；偶作书札，字迹工秀，宛如读书十年之人。常与阁臣通讯，见其书翰者，咸啧啧称其聪明。太后无事，必令说一二笑话以解闷。其语虽杂以村俗，然能确如太后身分，令其中听，故未尝有一语忤旨。对于诸王大臣亦然，虽稠人广众中，立编一种谐语，能面面俱到，且俱令人喜悦，绝无讽刺抵触之处，诚天才也。

又凡室中陈设及礼节仪仗之位置举动，得其指点，无不合度。遇喜庆等事，如何设置为合宜，彼所最娴，一经调拨，见者俱称得当。故王公大臣有庆事，为宫庭所赐赉者，必敬延莲英指置。以太后临幸，非有莲英之成法，不能称旨也。

宫中无事，太后常喜改变装饰，以快己意。如扮演剧文，变幻品类，或摄影图绘之属，必与莲英商榷。故衣饰种种，盖归莲英调度。太后曾于北海舟中扮观音大士像，且命镜工摄影，莲英前列为韦驮状，此皆莲英之作为。又或太后作西王母，莲英即作东方曼倩偷桃；太后或扮男子为太原公子，莲英自作李卫公，诸如此类。凡遇游园令节，辄随意为之，以取笑乐。总之，太后非莲英不欢也。

太后尝病，莲英必亲侍汤药，衣不解带者累月。遇神思稍爽时，必为演说故事，以解愁闷。正苦痛时，则割股灼艾，以分其痛，无所不至。太后常谓："莲英实予之孝子，非他仆役之比。"又庚子西幸时，太后道途辛苦，几濒于危。莲英料量服食起居，己之饱暖，置之不顾。过山西某阪道时，马覆车，太后几坠，莲英以身当之，胁受压呕血，医治月余而愈。太后尝怜抚之，则泣曰："此奴才职分应尔，何功之有？第愿佛爷康强逢吉。莲英虽死不悔也。"

当莲英未宠以前，太后喜狎优伶，往往留置榻旁，卒为慈安所见，致起冲突。及得莲英，宠爱遂专于彼之一身。凡机密之事、肺腑之语，莲英无不先知。当戊戌政变之初，康有为之密谋，莲英日伺其傍，若有所悟，遂告太后，令荣禄备之。盖莲英素不慊于光绪帝，以其偏袒慈安，绰有二心，且决其日后必与慈禧决裂，生大波澜。而光绪帝亦深恶莲英，因莲英止知忠诚于太后一人，对光绪帝则颇狡诈桀骜，无内侍礼。且于满王公之有力者，交情周至，稍疏远者，则骄倨婪索，无恶不作矣。惟此时太后言："光绪帝胆略尚小，决不敢遽有作为，汝之言毋乃过虑?"莲英曰："帝虽不敢尝试，而观康有为之为人，夐非肯守常轨者，终以防之为愈。"太后方犹豫间，而袁世凯之事爆发，太后益赏莲英之先见，自是凡重要事件，罔不与谋矣。而莲英对于太后，独自居谦退，谓己系贱役，不敢与闻军国大事。太后以为知礼，而不知其在外间招权纳贿，早有"九千岁"之称也。

（三）　李莲英贪财有术

莲英更有惟一之主张，则但婪财而不猎高官，故藏身极固，获福最厚。莲英终身不过四品，恪守祖训，虽太后赏之，勿受也。亦不求至外省骚扰，虽鉴于安德海之事而然，然李之计巧，固能如葵之卫足，平生地位，选择极为稳固。外省冒险，彼之本心所不愿也。且其索贿之妙诀，彼未尝自向人道一语。须使人自愿辗转请托，一若无可奈何，而始得一应酬，不知其囊中已盈溢矣。其待人接物，随变而施，无一定规范，有极骄倨者，有极和易者。

某君尝告予，亲见李莲英在某大僚席上，骄倨老横，俨然以九千岁自居，凡道及太后之处，动言"咱们"，公然不怍。此等形态，倘自太后眼帘映入，必将立予严谴。而不知其一入宫禁，已顿改其面目，前后必如出两人也。后又遇之于某王爷许，则和蔼谦恭，口必择词，绝非前此态度矣。始信莲英之待人果不一其术也。

有关道某者，得资甚丰，入都谋干，欲升擢疆圻重任，或献策曰："非夤缘李莲英不可。"顾莲英表面极谨慎，凡外省大官来京陛见者，均谢绝不与通往来。即有造谒者，亦不答拜也。其远嫌自固若此。关道既探其平素若此，不敢复尝试，欲求间接，复恐为人所弄。正彷徨间，忽有旧友某京曹者持刺过访。

既寒暄讫，京曹轩渠曰："旅邸无聊，盍勿往白云观一游，试问金灶仙桃有无消息，而流霞可醉，驻颜妙术，正不患天台无路也。"关道以心绪无那，亦漫应之，遂乘车至观。旋有老道士出迎，鹤发童颜，耐人瞻仰。略事酬酢，即出浅霞酒、青精饭以饷客。京曹及问近状，道士曰："顷间李总管在此诵经，故事大忙。闻太后明日亦须驾临也。"关道心动，乃絮絮问李总管时来此间否，起居何如。道士或答或不答。关道乃牵京曹衣出至院中，乘树荫小坐，探以己意。京曹曰："吾与道士虽甚稔，然李轻易不肯为人绍介。虽言之恐无效。"关道昵之曰："吾此行已拚二十万金，苟得当，尚当别为足下寿也。"京曹曰："吾非为此，但道士肯为李言，而李允为阁下道地，则得矣。他非所求也，阁下幸勿疑吾有他。"关道亟起谢，且求尽力，约明日复会于白云观而别。

明日，关道往，适太后驾临，例应回避，不得入，怅然而返。又翌日，道士已外出，仍不遇。

次日晨起，自往访京曹，求偕往，至则道士出迎。既入室，扃户屏侍从，密谈良久。始约越日复往，仍未得见李。道士亦殊落寞，不过三数语而已。退以质京曹，虑事无望。京曹曰："否！否！事已就，故许相见。不然安得与道士有一面之缘哉。但子囊中预备金恐不敷，彼已索三十二万，道士须五万。然则殆非四十万不能办也。"关道曰："苟达目的，必竭力为之。"订约而别。

不旬日，谕旨下，关道竟得放某省巡抚，始终未与李一见也。自是，外省之运动者纷纷来，李择其肥瘠多寡，无不各如所望。然皆绝不接洽，而金已入其橐中，前后共计所得，庚子以前已数百万。西幸之日，李与其党藏贮之，后为某内监所泄，竟为外人攫得。李大怒，谮某监于太后，杀之。庚子而后，八年之中，复事搜括，所得不下二百余万。及太后崩，彼得以富翁之资格，归老纳福矣。

（四） 李莲英蓄势自保

拳匪之乱，虽由于端王、刚毅等之主张，实则李之权力为其中坚也。太后既惟李之言是听，于是端王等俱借重于李以自固，因李之言即如太后之言，但得李赞成，太后无不立允。当诸大臣争拳匪不可信时，端王、刚毅等俱在军机处大言："李总管亦赞成此议，可见事在必行矣。"凡发一谕旨，必故语人曰："此谕由李总管赞成始下。"

其时权力之盛如此。

一日，端王等奏，义和团奋勇，似宜加以赏赐，用示鼓励。太后意尚未定，以问莲英。莲英曰："欲事速成，自宜不吝重赏。所谓重赏之下，必有勇夫也。"太后遂决以十万金赏拳匪。嗣又议："旬日以来，洋鬼子尚未杀尽，或者重赏之力，有未至欤？今欲专注此事，当用何法？"李莲英首先创议："凡得洋鬼子首级者，立赏百金，杀其酋目有名者千金。则数日间可杀尽矣。"太后亦首肯其议。

及联军入京，太后始知莲英之计不可恃，然终不之罪。盖太后非莲英，固如申生所谓"君非姬氏，寝不安，食不饱也"。斯时莲英亦知忧惧，不敢复作大言，恐太后诿罪于己身，则生命不保也。然太后虽震怒，时时向莲英詈骂，终不定其罪名。最奇者，当消息吃紧之际，澜公匆匆入告，谓洋鬼子来了。太后曰："吾以为尔辈逐洋鬼子去矣。日前尚夸张胜状，今竟尔耶。"因怒容视李莲英，且太息曰："我所知者，只直隶督臣李秉衡殉节而已，其他尚有何人？"李莲英遂走出，谓诸内监曰："老佛爷大怒，但亦仍是无法，归结之策，大抵西幸而已。西幸之后，必待救援，再灭洋鬼子未晚也。"至翌晨，遂仓皇出走。途中太后颇泄愤于莲英，莲英不敢作一语，但努力出其小忠小信，以固太后之宠，太后终不罪之。

至山西边界，岑西林率兵扈驾，太后喜，谓西林曰："予不幸误听彼辈之言，遂至于此。"语时，怒目视莲英。

莲英惴惴无人色，然终未加以谴罚也。既抵西安，人有报李之从人在乡间劫掠者，岑以奏太后，请明正典刑。太后重违岑意，立斩内监三人，而莲英仍逍遥事外。岑欲指莲英，恐触太后之忌，卒不得达。自是，岑得太后之信任，于莲英稍淡漠。莲英谓其下曰："予虽受岑三之苦痛，然处心积虑，必恢复予之势力，但缓以时日而已。"旋荣禄自京来，莲英大喜，以为天助，乃相比而龁龁岑三，卒逐之于外。未几，莲英势力全复，且加炽焉。及后崩，无有能间其宠任者。相传回銮时，彼恐列入罪魁，多方阻挠。后知不及己，始允诺。盖视太后犹傀儡耳。

二三　昌寿公主（四则）

（一）　慈禧敬畏公主

慈禧喜养宗室女为己女，以充侍从，壮观瞻，亦其好自夸耀之一端也。养女中人才不一，然老成持重、于紧要时能于太后有所补救者，必推昌寿公主。公主为恭亲王女，幼慧解人意，慈禧爱之，遂蓄于宫中。及长，嫁额驸某，劬学早故。公主既孀，仍入宫掖，侍从太后，每岁仅一返其家。

性颇贞洁，衣履朴素，绝无嗜好，居恒不与男子通殷勤，毁容不事装饰，虽二十许人，望之若妪媪也。遇事能持正心，不善太后之奢侈，常谓："此等靡费，殊属无谓，彼清家一老寡妇耳，亦复何心于纷丽？若以此费移作他举，无论公私，均为有裨，何必取快一时，徒贻人之口实？吾既承宠爱，不可不尽言，此正吾报恩之日也。”

因遇事极谏，不少假借。太后亦稔其戆直，常优容之，称之为“女汲黯”。然所言未必能采用也，但不之罪耳。久之，太后颇畏惮公主，每相见，必为之改容，衣饰匿其奇丽者，容貌态度，力抑其佻巧。宫人窃窃议，反指公主如母教焉。顾公主守礼不阿，无瑕可抵（诋），太后始终谅而敬也，对人语及公主，必曰：“此贞洁之女子，人所难能也。”

某岁，太后私制一艳色衣，穷极工丽，费亦不赀，知公主必不见许，先嘱近侍，切不可令公主知。无何，公主业已探悉。一日，从容言：“儿爱母甚，时时念母所喜者。衣饰若何，起居若何，苟可效忠者，无不愿陈诸左右。顾转一念及大体，儿时曾读圣贤书：‘君子爱人以德。’夫爱人犹然，况亲爱之母乎？然儿念母非他人，实天下之母也。任国家之重，有纪纲之责，祖功宗德，实式凭之，故儿万不敢以寻常之爱爱母。曩者曾过某所，见华服纤巧，问之，更有异锦新来，材料颜色俱绝，江南巧工所为也。拟制一衣以娱母意，知母必甚乐。反而思之，实非祖制，恐为母盛德之累，是非儿所以爱母也，遂忍痛而罢。母以为何如？”慈禧默然，良久，始乱以他语，不敢斥其非也。既退，慈禧顾谓左右曰：“曩令尔等所制颜色衣，不宜使公主知，今何如耶？使非尔等多言，彼今日何得有是讽谏?”左右惴栗不敢对，然自是慈禧终不敢服所制衣。

（二） 公主与珍妃友善

公主性骨鲠，而能持大体，富感情，不计私利，殆妇女中所不可多得者。载湉之立，恭邸中人以为夺溥伦之席，莫不深恶之，欲推翻之以为快。独公主不然，谓：“幼主何罪？乃太后之主张累彼尔。且载湉五龄入宫，失怙恃之乐，无提抱抚育之恩，苟有人心，尚当怜悯。奈何因其得位之故，而怨毒及之？且彼何知天子之尊贵？吾入宫时，每见其涕泣思母，以为天下之至苦痛者，莫过于载湉也。吾辈正宜扶助之，何忍加以怨讟?”其慈祥之性类如此。

其后公主复与瑾、珍二妃善。二妃者，广州将军长善女也。长善与恭邸为中表昆季。公主虽年长，而甚爱瑾、珍姊妹，自幼亲之若手足。逮中选入宫，公主又时出入宫掖，相得益欢。瑾、珍知帝不见信于太后，恐后有变，惟自结于公主，或可保全。公主本有意扶助光绪帝，重以瑾、珍姊妹之情感，益倾心为之救护矣。瑾妃勤慎寡言笑，珍妃则婉媚幽娴，富于情愫，实一佳侠含光之好女子也。光绪帝既郁郁不得志，不复系情燕婉，独深知珍妃之德容，宫人中一时无两，爱惜备至。故珍妃虽知身世险巇，而知己之感，铭篆五中。尝与公主密语，及太后、光绪帝间之隐憾，辄泫然曰：“妹知帝心实无他，苟有变，惟有一死殉之而已。苟及妹之未死，得有一线之机，可以进言于太后。俾两宫捐除芥蒂，则如天之福，妹死亦含笑于九泉也。”公主以手加额曰：“卓哉，妹之志乎！愚姊必竭绵力以助之。惜太后好昵群小，如李莲英辈，皆足以倾危帝位者。虽然，吾辈苟极注意，互矢忠诚，当不至有若何大变也。”

及戊戌事起，公主尚不知康之密谋，珍妃虽有所闻，然杀荣禄、围颐和园之大举，帝本尝一泄于妃也。事变既起，公主时方往热河省亲。珍妃仓猝不知所为，但泣求于太后，恕帝无罪，否则愿以身代。太后怒，竟幽珍妃于别室，即杀赐之死，以除珍妃，无他人敢为帝缓颊也，足见珍妃与帝同谋。又以平日忤李莲英意，莲英亦欲死之。

会公主闻变归，亟驰入宫视太后，力言此必康党之流言，帝当无此意。太后示之密诏，公主泣曰：“天不佑清，使两宫有此巨祸。然以太后之福，已得转危为安。皇上君临天下垂三十年，其他尚无失德。太后可恕则恕之，一旦变易，动人观听，恐非国家之福。但得太后训示，徐图回复机宜，臣民幸甚。儿意如此，不知当否？”太后寻思良久曰：“予本思去此大憝。今既为观听计，姑存其名，以俟异日可也。”又曰：“珍妃竟敢为皇上辨护，可谓胆大妄为，不杀之，何以服众？”公主从容进曰：“此所谓跖犬吠尧，各为其主是也。皇上遇珍妃厚，当此患难之际，哀痛惨沮，为之求恕，亦人情耳。若谓怨怼母后，妄思非分，按之珍妃平素为人，当不出此，愿太后平心察之。倘可加恩，幸释之以事皇上，遂其初志。儿请以生命保其无他。”慈禧正色曰：“尔与珍妃有素，固当为之说项。然彼所言狂妄至此，尚令彼等结党，比而谋我，尔独不为我地乎？纵不杀，亦终不能令彼与皇上相见。彼果悔过，历时使复自由不晚也。”公主知不可劝，退而嘱珍妃：“毋自苦，吾必为尔俟机会。太后之怒苟息，团聚自有日耳。”珍妃感激涕零。不意庚子之变，急切推堕井中。公主知之，业已无及，为之惋悼不怡者累日，常曰：“吾负珍儿。”

（三）　督办光绪帝及西太后丧事

公主有干事才，谙掌故，宫中有大事，太后必与商榷，以其甚娴典礼，且事事能持大礼，虽极忙迫之际不乱也。

光绪戊申，帝崩，而太后继之，宫中大忙乱。王大臣俱无立嗣计，皇皇终日夜，置丧礼于不顾。公主入，见殿中左右陈尸，未大殓。清制：凡帝、后死，大殓前陈尸板床，去地至近。今一帝一太后尸横如旧制，而办大丧之王大臣，不知安往，丧殿空无人，尸前仅设双烛，光惨澹如鬼区。

公主目击此凄凉之状，悲愤交至，乃曰：“彼辈亦太不顾体统矣。帝、后死，遂无发令治事之人耶？今日我不言，复谁言之！”立诏载沣至，责之曰：“尔今日幸矣，子为帝，尔摄政，云胡不幸？大丧在目，近侍臣以百数，乃无一人执事殿中。倘有殃咎，将孰尸之？岂两宫薄待尔耶，尔乃淡漠若此？”载沣惧，遂遍戒臣工，勤治丧事，殿中人稍稍集。公主左右指挥，一一就绪。自大殓以逮奉安，内政之持，井然有序。隆裕后称妮不谙事体，摄政王亦阑珊不事事，微公主几不成礼也。

（四）　公主与德琳俱善外交

公主更事既多，又善酬应，晚年更能要事象译，与公使眷属应对，居然顺理成章。初，裕朗西公使女德琳归国，慈禧留之宫中，即近日风行出版物之《清宫二年记》者是也。慈禧自庚子后，渐识外情，知外人之不可不联络。乃时接见公使夫人等，令德琳为舌人。公主常与德琳游，相友善，故能习蟹行文字。久之，亦居然在象鞮之列，虽远不及德琳，而与外人酬酢，亦绰绰有余裕矣。且德琳虽事太后，而相处未久，性情不甚谙悉，语默之间尚多顾忌。惟公主从太后最久，直如属毛离里，故其言易入，常赖裨补阙漏。太后晚年倾心外交，与各公使夫人等情谊接洽者，俱公主为之媒介，俾无陋膜之虞。其后凡宴会、跳舞、谈话，公主无不参与，太后亦非公主不欢也。有某公使夫人者，与公主尤契合，谓为满洲妇女中第一流人物，德容言工俱备，惜未游历外国，罕知世界大势。不然，从容假以时日，泽以学问，俾与当世参政女子相颉颃，其才力实未容多让也。后遇某商约订定事，公主往返磋商其间，斡旋之力居多，公然为女外交家矣。惟吾国讳言妇女干预政事，公主亦不愿自为表曝，凡事谦让韬晦，故外间鲜知其详。此实亦公主之好处也。

二四　清末雀戏（三则）

（一）　京师雀戏之盛

麻雀之戏，不知始于何时，在南方先有一种纸牌，状绝与今之麻雀牌相类，亦为五木之遗制，殆即麻雀牌所自昉也。京师则于光绪末叶，甲午战事罢后始渐行；庚子、辛丑回銮而后，斯大盛矣。当其盛时，上自宫廷阀阅，下至肩舆负贩之流，罔不乐从。凡舟车狭巷，辄闻铮铮然声相答也。庆吊事余暇必为之，而狭斜胡同曲院中，无昼夜沈溺于此。自民国而后，曲院中厉行禁止，遂不复闻此骨竹之声。而大家房闼中，其兴高采烈如故也。且益以扑克之戏，亦足见一时之风尚矣。

先是，清末宫廷中排日为欢，慈禧虽不甚好此，而亦逢场作戏，不以为忤。于是妃嫔以逮内监李莲英等，无不热心于此。其自外入而赌客中最豪者，即老庆奕劻之福晋是也。每逢召入宫赴雀戏之约，必挟银纸数万金。若大负，尚须遣人至家续取也。其输赢之巨类如此，故奕劻贪黩，亦势出于不得不然。盖交际宫闱，本系彼之一种政策。福晋挟巨金入宫，非特彼所不能干预，且惟恐其不尔。则筹此绝大之运动资本，以供福晋之挥霍，虽欲罢而不能可知矣。

是时宫廷中既倡导于上，而外此王公大臣，部寮百职，以逮诸官眷属，竞以雀戏为款客消遣之具，如茗酒然。其输赢巨者，亦往往至万金。噫！官场直如赌场，这得而不贿赂公行，赃私之案，日出而不可穷耶？坐致败亡，盖有由也。

（二） 兄弟同开赌场

奕劻子载振，亦赌兴中最豪者。先是，振贝勒既受杨翠喜，居之天津外室，其内幕乃非金屋，实赌场也。凡入赌者，最小之局，亦必以三千金为一底。底者即胜负之总数，而倍乘之数尚不在内也。振既设此赌场以为之招，凡欲夤缘得优美差缺者，无不麕集于此。振则遣人从旁窥视，以三等资格定其人之高下。凡输过三底，尚能再接再厉不少退缩者为上等。盖三底即万金矣，博进过三底者亦如之。上等之客，招待极优厚，饮食游戏、声色狗马唯所欲。然苟一人悭囊不复出者，必另设他法恫喝，以倾其囊而后已。其次则输过二底及赢过二底者，为中等。即不输过二底而能常应三千元一底以上之局者，亦为中等，再次则输过一底，及赢过一底，亦如之。对于来客皆有暗记，无有能遁出其牢笼者。惟赌客入座，皆不得见主人之面。虽与主人本素稔者，至此亦不得见面也。凡招待之人，皆娴于赌者。最上等之客，则可使杨翠喜自出酬应。或问及贝勒，则辄云："回京，不在此间。"其实正在秘密室内，与二三知己自乐其乐也。

此法行之既久，风声所播，啧有烦言，言官因屡上弹劾。老庆不得已，面斥振速行废止，倘不遵依，即明令津门官警干涉，振始唯唯听命。然其后乃反移至京师开设赌场如故，但稍收敛不滥招外客耳。

庆第二子载摸闻之曰："是何胆怯也？吾誓必继续为之，看穷御史其奈我何？"时摸本眷二妓曰苏宝宝、红宝宝，亦寄寓津门，服用舆马之奢，为一时最，挥霍日必数百金，势将告罄，乃思取偿于赌。见其兄之收束，窃笑其胆怯，遂继续而起，大有取代之势，其艳讹则更甚于振。盖此双雏者，本非有从摸之志，藉是招摇，于计良得。然来者较振时流品益杂，虽车马盈门，而中多稗贩念秧之流。半月来计其出入，殊觉得不偿失，资用渐以不敷，麻雀之帜偃倒。于是红宝宝首先告别矣，于某夜与客订定，席卷所有而逸。后虽知其在上海，而以颜面关系，不欲其丑外扬，合浦之珠，遂不复返。而苏宝宝见红如是，断不肯独抱向隅，于是收拾余烬背城借一。津寓既空，摸二爷无法可施，止得吞声忍气，生入正阳门已耳。

斯时振正设局于内城，摸不得已，亲往就范，自陈愿与兄合伙。振大笑曰："老二何如？此席固不易居也。今而后知事之难矣。"遂令出资为副，而实行兄弟竭力山成玉之事。顾其后仍不发达，资用益形竭蹶。或曰："此经理不善之故也。君家兄家锦衣玉食，安知世情变幻，以是树立，岂不危哉？其速改弦更张，别延一能手为经理，自居第二重幕中，取稳健之分子也可。”振、掞皆然之，于是乃有第三人出现矣。

（三） 肃王抓赌

津有商人王某者，善结纳，工心计，向亦识振，曾有所贿赂绍介于振。振之娶杨翠喜，王某与有力焉。闻振兄弟之设赌场而败也，乃自为毛遂，愿效驰驱。振极信之，曰：“竹翁来，事必谐矣。”乃赁大宅于崇文门内东单牌楼之东，谓振曰：“方今警务初立，干涉此等事颇锋厉。然近年来官吏俱畏外人如虎，故宜借外力以拒干涉，方得发达。既发达后，金钱充足，势力扩充，即无患矣。”振然其计，乃觅无赖洋人二，自认为场主。振、掞与王某三人处内幕。生涯大发达，每日必获数万金至十数万不等。

约旬日，事为民政部所闻。时民政尚书乃肃王善耆也，夙有刚正名，且彼亦磨砺丰棱，沾沾自喜。闻此妖魔之大赌窟，以铲掘为己任。盖其时固以民政兼警务，干涉不正当之营业，乃其专责也。或言：“有外人为护符，势不易动。”善耆正色曰：“吾生平岂畏强御者耶?”乃决计往捕。恐冒昧一往，不得巢窟之所在，反为己累。乃先遣心腹伪为赌宾，用作内应，以便指导。此赌宾有特别徽识，以为捕时辨认地步。其徽识用素绢翦小胜，系衣钮间。

布置既定，善耆乃自往，先制外人。盖所雇之无赖洋人二，俨然作当路先锋，不听闲人阑入，且对人即道系己之住宅，非中国人所得入而干预也。无何，善耆自至，入门，悄然无声息。揣其情态，宛然外人住宅，意颇馁缩，已为宅中人所见，出问为谁。善耆转念自语曰："业已至此，不入虎穴，焉得虎子？设有误，命也。不山穷水尽，吾终不返顾矣。"乃昂然入。转一室，二洋人左右列案坐，曰："子来何为？"善耆曰："吾奉上命捕赌。尔辈奈何犯法，作此害人之事？"洋人勃然变色曰："赌具安在？此事岂可轻加诬蔑耶？不速去，吾手枪固不认人者。"语次，出手枪拟善耆。善耆意已决，且自恃有力，即直前夺其枪。枪落地，待手与搏。洋人不意其有力抵抗也，颇虚馁。善耆命从者助己，二洋人均就缚。命执送使馆讫，则内部尚未深知，一徽帜者似闻声，出视。善耆大喜，命为导引，曲折入密室。骤睹之，众皆大惊。盖此神鬼不到之区，绝不意飞将军之从天而降也。善耆方顾命警队蜂拥入。举目一视，不觉骇绝。盖亲王、贝勒以下，为己之戚属世交者若而人，福晋、郡王、格格，为己之姻娅家人，尊长者若而人，均且骇且呼，谓："七王爷行不得，咱们愿罚。"此外尚有商民及娼妓等，一时衣香鬓影，裙屣冠裳，不下数十辈，几乎无可措手。善耆乃声言："既如是，吾不得不顾全诸位体面。但须允我此后永远不设此等机关。今日各罚金自千元以上不等，以充警费，众意何如？"众曰："诺！"于是善耆问地主为谁，众不肯言。良久，善耆愤然欲搜索，乃令振、擞兄弟出拜。善耆面数其罪，各令罚五千金，驱逐津商王某出京，不得逗遛。于是一天风雨，遂归消散。其后此大赌场移设津门如故，而京师大家之雀戏，仍不稍减，清亡始止。

二五　瓦将军试金台书院

庚子联军之役，西太后既与帝及诸妃嫔西遁，域中汹汹无主。八国军既入城，各画界分地而治，众推德将瓦德西将军为统帅。瓦稔知中华习俗，人亦和平喜交际，乃建议招致京中绅士，参与安民善后各事宜，每日开会议事。一时士民颇颂之，争先往睹，王公大臣亦有参杂其间者。遍设警察巡逻各地，维持治安，由瓦分派绅士主持。除军、政系联军自主外，其余民事，均与绅士等商榷而后行。列名顾问者多致数十百人，俨然外国政府之上宾，出而骄人矣。其时军机大臣等俱匆匆西走随驾，朝例一空，显宦眷属亦多避往津门或南下。所不能去者，商民而外，则落拓穷途之寒士而已。

一日，瓦偶与绅士纵谈中国政治，忽问曰："吾于民事既多设备矣，独于文学之事，迄未提倡。彼辈学界人材，得毋谓我武人不知是非黑白耶？岂知吾幼受教育，长研学问，最喜助成文学之事。吾既在此综持一切，不可令学士文人向隅。吾欲遍招全国学界，考其优劣，一施赏罚。将用何种手续，诸君其有以教我。"于是绅士纷然建议，或谓宜开科取士者，或谓宜特行殿试者，或谓宜临时举行博学鸿词科者，一一为瓦德西解释。瓦曰："贵国考试，重在八股试帖。开科取士固系正办，但需时太久，全国士人一时岂易招致？吾亦恐不能居此久候，此条自当取消。至于殿试策论，固足以觇贵国士子之治道，然名义上既为皇帝之特权。吾国亦有皇帝，两国权衡，此等名分，似不可僭越。若博学鸿词性质，据贵绅士所述，亦与殿试相同，且为特典，若仓猝举行，反恐贵国士子讥议，亦非妥善之道。还请贵绅士另议办法。”时绅士中有丁某者颇狡黠，乃起立曰：“聆将军之教，诚令人悦服。所谓临事不苟，聪明正直者也。鄙人今献一策，似尚当于事理，未识可供采择否？”瓦命速言之，丁绅从容曰：“敝国平时校试士子，乃有书院，犹外国之有学堂也。京师最大之书院曰金台。凡京兆尹及大官到任，俱应莅试。将军有意嘉惠敝国士林，自当戴将军以长官之礼。如承将军不弃，赐以甄别，即于书院中举行何如？”瓦大喜鼓掌曰：“是吾心也。书院恰如学堂，吾正欲询问及此，何贵大夫善体人意耶！吾校试学堂，适合吾之位分。其速速办理，明日即示考期，三日内实行可也。”又曰：“即敦请丁先生为考试总裁。凡考试一切事宜，俱由丁先生全权办理。应拨费用若干，预算一表，即付敝处照拨。幸好为之，勿示过俭。须知此亦难得之遭也。”于是众绅闻瓦以全权委丁，且嘱勿示过俭，显然可得肥美之分润，皆艳羡垂涎不置，各悔前此失言，而已无及矣。

翌日，丁果呈预算表于瓦，一切布置费用，乃至五万余金。瓦略视之曰：“贵国素崇节俭，凡事皆不铺张，如此表可以概见。君真热心办事人也。”丁唯唯而退，喜极欲狂。又明日，广张示谕，言：“德将军考试金台书院，凡前列者皆得优奖。”时文士之流落都下者，正若衣食不给，闻考试可得奖，皆跃跃欲一试，宛如饿虎逢狼，较之大比之年，情形更为激切。盖虚荣与实利相较，自不同耳。报名应试者，涌如怒潮，定额本拟千人，三日之间，逾额几两倍，不下三千人矣。

丁某命即截止，因入报瓦曰：“以将军威德，士子闻风而来，云集波涌。院中位置，实不能容，计须扩充坐位。然添置之费不赀，溢出预算良多，而奖金更当加额，是否可行？不得不请示于将军。”瓦掀髯曰：“此盛事也，奈何吝惜区区，负人好意？其速行添办。经费一切，随加随支，以俟事竣决算，可不示以限制。请先生即主持，来者不拒可也。”丁唯唯奉命出，趾高气扬，如登云雾矣。

及考期，丁先以题目呈于瓦，且释其意，瓦以为忠于己，甚赞成之，是日，书院中坑谷皆满，咿唔之声，闻数里外。题出，则以《不教民战》一章，而试帖则“飞旆入秦中”一句也。士子哗然，或以为辱国，然为得优奖计，不欲捣乱败事。遂各研思抽秘，鏖战夺标。悬奖之额，第一名为百金，以次递减。在瓦视之，尚以为过菲，而金台书院之故事，实破天荒之优奖矣。是日，瓦与试者俱给外国点心两枚，以示优异，然人众言庞，膳夫供应不及，食物俱杂以草具，不堪入口矣。

卷既集，丁呈于瓦。瓦命丁分派各校试者阅荐，然后由丁总阅。阅定，更呈于瓦。第一卷为浙江人某，实太史公也。盖其时翰苑诸公困守辇下者正多，得此百金，不无小补，故冒耻为之。而不意瓦不解文义，但善中国楷书匀整。太史公本善书，因此等考试，向不重书法，誊卷半属行草，遂被瓦抑置第五，仅得三十金云，此系某君亲为予言者。榜发，瓦以百金过菲，特于前三名加奖二百金，一名加百金，二、三各加五十金云。事竣，丁某囊中所攫不下三万金，瓦前后盖共费八万金也。

二六　肃顺狱异闻

慈禧当国之世，众怵于母后之威，咸以肃顺为叛逆。及清亡，私家记载及耆老传述，始敢道其真相。迄今事实大明，乃知肃顺因阻挠垂帘听政而得祸也。肃顺强毅有胆识，遇事不馁，其所短者在不学无术，又疏于防患，计智浅露，易招尤悔耳，故亦卒以是致败。若平心论之，其为人畸于阳，非阴柔之小人可比；而好贤礼士，留心治术，敻异卤莽灭裂之流。若以之比刚毅辈，固高出万万也。

先是，肃顺为咸丰帝所信任。帝晚年颇不满意于慈禧，以其佻巧奸诈，将来必以母后擅权，破坏祖训，平时从容与肃顺密谋，欲以钩弋夫人例待之。醇王夫妇以身家力争，得不死。然慈禧固已微侦肃顺之倾己矣。及热河之变，帝疾亟，肃顺主立长君，以杜慈禧恃子揽权之阴谋，顾慈安谦退不肯负责，而慈禧日夜抱其子聒于上前。上病中不忍其母子知失所，业已允之。肃顺主立长君，慈禧乃为先发制人之计。及帝大渐，慈禧即对王大臣语及托孤事，词甚哀切，且云："帝已许我。"诸大臣见慈禧已有子，托孤寄命，为当然之理，乃不得不效忠于慈禧。于是慈安亦以慈禧有子，自应继统，乃合谋速召恭王、荣禄等至热河。时肃顺与端华定计，以怡亲王载垣为帝，取国有难，宜立长君之义也，而不知咸丰有子，其言不顺，且不与恭王等同意，势力偏于一隅，失败之由，盖因于此。

时慈禧既得慈安之助力，而乘恭王等之强有力者，知势已占胜，遂命舁帝榇启行，疾趋京师，欲先一日抵京，发肃顺等之罪。肃顺等知之，恐为先发，乃令怡亲王侍卫兵护送后妃，将于途中杀之。而荣禄以兵队至，预防其变，肃顺等遂不敢动。逾日慈禧先抵京，肃顺等奉梓宫行，须后三日始到。慈禧深幸到京在先，得与恭王等密谋对付之策。且先握得传国之玺，以为嗣子得位之据。布置既定，静待肃顺等至而后发。

越日，梓宫至，恭王已于前一夕派兵驻扎行礼地，以防非常之变故。幼帝及两宫皇太后皆孝服出迎。迎后，即奉梓宫入城， 城内亦先设营帐以待之。怡亲王及肃顺等既至，两太后率领咸丰弟及军机大臣桂良、周祖培等咸在。慈禧神态严静，谓怡亲王曰："东后及予皆深感汝及他同官，护送梓宫，颇能尽其职分。今日大事已毕，监国之名，宜即销去。"怡亲王不意慈禧突有此谕，乃厉声曰："予之监国，乃大行皇帝遗命所授，两太后无权以去之。

皇帝冲龄，非予允许，无论太后及何人，皆无权召见臣工。”慈禧从容曰：“尔意如此？请观其后。”即传谕命将怡亲王等三人逮治，一面迎梓宫于皇城大门，途中所列兵队，皆荣禄等所派遣，慈禧之党也。于是肃顺等知已失败，无可奈何。肃顺乃咎二王，谓：“不听吾言，致有今日。”盖肃顺当皇帝垂危时，即劝怡亲王先攫传国玺，次以兵队监守。两太后不听先还京，一面下诏解除恭王、荣禄职权，夺其兵柄，然后回京行事。而怡亲王怯懦不前，致玺印为慈禧所得，大事业已去矣。又复听慈禧先返京师，令得与恭王、荣禄等密议部署，而自守重滞之梓宫，以致三日后始能抵京。待其计画已定，犹不自悟，空言抵抗，其得祸也宜哉。肃顺等既诛，而垂帘之局乃大定。

二七　刚愎自用（二则）

（一）　贪婪为其本性

庚子之祸，固以端王、李莲英为中坚，而助成之者，实刚毅为之魁。刚毅一贪鄙妄人，而能得朝廷之信用，酿成辱国丧师之惨剧，实满洲之戾气所钟也。刚毅生性执拗，愚而好自用，妄自称颂，不值识者一哂。然其恶不在此，乃在一生所长，以贪婪为其本能耳。满人生性好财，不独刚毅为然，其故由于馈赠宫闱亲贵，包衣人尤严主仆之分，主家贫困，包衣虽官宰辅，主至其家，则尊若父母，有所欲取辄携去，弗能较也。故满人应官多贪鄙，其势不得不然。盖祖宗立制，即以势利相倡导耳。

刚毅家世寒微，由清文翻译历官部郎、巡抚，不识汉文，好琐屑鄙事，自谓精能。巡抚广东时，因太后六旬万寿，入都祝嘏，方希大用。时内地及京师尚普用生银以钱两计，而广东独已早制银币。一日，刚传造币厂总办某道入见，卒然曰："为我制币三万圆，刻期必成，将携入都中。"某道唯唯，如期制成，赍往，刚命收讫，默然不复过问，亦不言如何开支。某道不得已，列入解京项下报销。

刚毅既至京，因内侍献于慈禧，且贿内侍万金，言于慈禧谓："刚毅知万寿时赏犒繁，特铸新币以表敬意。"慈禧视币色光耀，喜甚，遂饬收入。宫中有宠者皆赐之，众争宝爱，念刚毅之能不置。寻刚擢户尚，入军机，皆三万银圆之力也。某道以解京报销，太后亦不过问。刚毅闻之怒，讽后任劾去之，以为宜赠己也。

未几，清粮事起，刚奉命南下，凡江浙诸省，无不被其搜括，公私为之一空。初，某御史言"江浙地密人稠，开垦已遍，而赋册多列荒地，不报升科。当此国库支绌之秋，何堪再听隐匿。此皆污吏奸民，串通作弊，实有妨于国家惟正之供不鲜。朝廷宜派专使，遍行清丈，使地不隐匿，粮无虚报，庶几国用充裕，良民气平"等语。时方甲午新败之后，朝议正事罗掘，览奏颇动，遂交部议。刚毅时掌户曹，力主速办。朝廷遂简刚为专使，励行清丈，志在必成。刚奉命南下，与督抚会商办法，皆主畸零纠葛，骚扰民间，如操切行之，恐酿成祸变。刚以为疆臣有意忤己，大怒不听，乃自发单谕，饬州县自行履勘，无少瞻徇。时地方各长吏知其意在婪财，各集银数十万以贿之。事少缓，然意犹未慊，且搜索及仓库，日夜咆哮于藩署道库间。长吏苦之，乃更贿以若干，始偃旗息鼓而去。此行非特并未规画清丈方法，且于江浙田赋之统计，未尝一窥也。但前后婪索数百万金，捆载而归耳。自经此搜括，江浙财力为之大衰，而刚之私囊，充牣有余矣。

及拳乱起，刚之家财悉为联军所得。有家人林某者，乘其将毙时，攫得十余万金，且窃其宠姬某氏逃往天津。回銮后，设金店于东城及前门外，居然面团团作富家翁矣。顾其后辗转，生一趣闻，亦足见天道之好还也。林某既得宠姬如夫妇，常车马出游，以炫其显赫。某少年者，宗室子也，幼曾出入刚府中，识某姬。偶见于香厂中，知为林某所得，大愤曰："恶奴敢尔？吾必取而代之。"顾以事无佐证，力难发其覆，计不如以术诱之，施以离间，则彼雌雏必非林某有矣；雌雏既去，金将谁属。于是大施其钓蚌之手段，不旬日而宠姬果入少年之手，渐恶林某如眼中钉。一日，林某愤与姬争，姬亦盛气相向曰："尔何人？此刚相家财也，尔何人？"于是立往金店及各铺中，宣布林某罪状，嘱于各手续契约中取消其名，仍用刚氏名义。林某惧，愿分一席地，不敢争主权。姬不许，令人闭置一室中，不与饮食，未几毙命。姬竟与少年同居如夫妇。不一载，少年挥霍其产殆尽，姬郁郁得病死，少年仍一贫如洗焉。

（二）　不学无术

刚毅既不甚识字，而又不肯自安拙陋，遇文人且欲自炫其能。尝在江苏与某抚纵谈，岸然曰："人皆谓我刚愎自用，我知刚直而已，何谓刚复？我实不解。"盖误"愎"为"复"也。刚粗鄙不文若此，而独与翁同龢善。盖翁愤于李高阳、孙毓汶等之以文法相龃龉，乃奋然曰："读书人颟顸，不能治事，治事还须蕲不识字者。"以故既入枢垣，便援引刚毅，谓其朴直可任使也。然刚知贪婪而已，其心固甚无良。翁虽援刚，刚既得志，不以为德，而反倾翁。翁亦无如何，惟诙谐以寄其愤慨耳。

刚于文字固茫然不解，而于事理亦绝无见解，盖普通知识不完也。一日，尝偕诸大臣入对，刚力陈总兵龙殿扬之能，谓该镇系奴才之黄天霸。众咸匿笑之。翁退，乃诘刚曰："龙镇是公之黄天霸，公即是施德全耶？"刚无言。刚又尝语人："凡求治，何必学问？但实事求是，即平生大经济也。如某之一生只作破承题，且亦旋即弃去，不屑为，而今备位宰辅，与彼咬文嚼字，辄夸下笔千言，而落拓穷途，一身且不自保者何如？"闻者亦不屑与之辨难也。尝于度岁日，命其幕宾作春帖粘于府门，所拟者均不洽意。一学究为府中录事，妄希荣宠，亦撰一联进呈。刚忽激赏曰："还让此公。"乃命书之。下联为"花暖凤池春"

句。“池”误作“墀”，盖学究抄袭旧本，以讹传讹，刚亦不解也。他幕宾见之，相率辞去，谓：“吾辈不甘为白字先生分谤。”刚亦听之。

刚曾为云南按察使，忽欲沽名，乃命人编刊《官场必读》，遍赠僚属，且携至京中赠人。展视之，则率载札咨、呈移、告示等程式，了无他物，见者无不失笑。刚以查库至江宁，调查盐务、厘金及地方行政簿，繁如牛毛，昧昧不能省视，则举告曰：“但使五岸督销，增认若干。各地方田赋杂税增额若干，则我事好办矣。”有厘金总办某道，欲固其位，请月增十万金，刚既诺之矣。忽某道挽人进言：“可增至十二万金。”刚曰：“尔速取金来，我夺彼与尔可也。”保甲局岁费止六千金，刚曰：“此属糜费，何益？不如裁之。”后盗贼白昼横行，绝无防卫，不顾也。初，江宁藩司弗审刚意，闻刚至，日督员吏会计钩核。时盛暑，刚急欲入都复命，见状不耐，乃曰：“君奚徒自苦？天下事殊易办，日只须两句钟，着坎肩，挽将辫子，一小童掌扇，则诸事毕矣。”藩司会其意，乃润色了之。刚喜速成，束装而去。闻藩司所赠，亦不下二万金也。庚子联军既入京，汹汹索罪魁，刚知不免，乃谓人曰：“君辱臣死，今两宫西幸，辱矣。我为国家大臣，敢不死？”乃绝粒。痛饮五色瓜汤，腹泻数日，遂死。

二八　毓屠户（五则）

（一）　鼓励拳民举事

清季之酷吏，当以毓贤为举首。迹其生平无他能，前半生殃民，后半世召侮。盖自山东知府以至巡抚，以能治盗名，名为治盗，实殃民也；自山东巡抚以至为山西巡抚，以能排外名，仇教杀人，借残酷自鸣忠愤，名为排外，实召侮也。而其最昏诞者，即奉拳匪为神圣，不惜与其前此治盗之宗旨相背驰，诚不知是何肺肠矣。

初，毓知山东曹州府。曹多盗，毓至曰："是易治也。"命木工制大木笼四，高及肩，囊其身于笼，而以木环围锁其颈，植木其中，足下初置砖，渐抽去。弱者半日、强者一日夜死矣。笼骈列署门，若仪注然。某君语予，某岁曾以事过曹，甫及境，哄传"请看毓屠户捕盗"。出观之，十余卫兵汹汹搜一旅邸，得槁项黄馘者十许人，缧绁牵曳而过。或叹曰："是十许人者，不逾一昼夜，俱送入鬼门关矣。"予骇然，意谳盗定罪，往返亦须数日，安得一昼夜即骈杀尔许人？且其间或有冤者亦须分别鞫讯。然众语如此，不可不一究竟，逡巡往观之，至则太尊高坐堂皇，略问姓名履历，即厉声曰："站！"站者，立入木笼之简称也。四大笼既有人满之患，其余殆可以候补资格，苟延残喘矣。岂知二门内尚有罗列者六，适符全数。于是十人之生命一日之间断送而有余。予不忍再视，遂阑珊归寓。明日，往视之，则累累之尸，正如猫犬野兽，横拖倒曳而出，云将投入深谷中。尚有一二呻吟于笼中者，众咸啧啧称为好身手也。予乃语友人："功令：州县治盗，须详禀上官，得批复而后定谳。即近岁有就地正法、便宜行事之例，然亦非府、县所得擅主，何毓之能有此特权也?"友曰："斩绞之刑，始谓正法，须由上官请命而后行，若站笼则本非死刑，可以无俟请命。然往往速死，此乃比于格杀勿论之例。因前岁此地劫去饷银数万两，朝廷震怒，特谕州、县治盗，格杀勿论。毓素以武健严酷著，简授曹府，陛见时，自请便宜行事，务使盗风尽绝。故站笼之设，乃奉朝旨特许，仿佛视同化外，上官所不过问。即《周礼》'刑乱，国用重典'之意也。"予曰："然则是否真盗，可不问耶，何执途人而使之入笼也?"友曰："此则非予所敢知矣，请还问之府尊。"

又明日，遇毓于某巨室中，或问治盗事，则岸然曰："予到任两月，站三百七十余人矣。然盗风仍未绝迹，曹人诚强项哉。"越日，予去曹，闻后杀千余人，暴民骤起，欲围署戕官。某镇救之，始逃而免。毓以能尽法惩治，蒙太后特达之知，不三岁，洊升巡抚。

山东故多盗，熟知毓之好杀无厌，不敢复撄其锋。忽一变面目，而以神术习拳，且移其劫掠之能力，以仇洋教。毓私喜盗众之畏己也，而又利其仇洋教之可张己声威也。乃亦大变其面目，举前之斥为化外者，不惜一转移而奖之为义民。按：拳匪初起，承八卦教之遗派，大都在博山堂邑之间，设坛练拳。初不甚盛，且畏官府之诘责，不敢公然有所作为。自毓贤以仇杀教士之主张为正当，于是踪迹渐肆，徒党亦渐众。其人皆持大刀往来，声言非杀尽洋鬼子不可，因名其会曰“大刀会”。然溯其原起，实自李秉衡始。毓贤为藩司时，秉衡任巡抚，以仇教相切磋，因是亲善。时大刀会杀二教士，德人以秉衡奖励大刀会，致酿此祸，非褫秉衡职不可。朝议亦主排外，执不允，但调秉衡督川。德人憾不已，遂命开缺；德人坚谓不足蔽辜，卒革职去。去日，谓毓贤曰：“我去公必代，是不啻竟我志事也。朝廷怵于外人势力，不欲决裂开衅，亦具苦心。但我辈坚持此志，当百折不回，非扫尽妖氛，无以表我辈之人格也。幸好为之，吾已密保于上矣。”及秉衡去，毓果得代，乃一循秉衡之旧，几如萧规曹随，后先媲美也。拳匪探知毓意所在，大肆劫掠，于是有所谓“朱红灯”者出现，揭竿悬旗，昌言灭教。毓贤命济南知府卢昌治查办，匪起抗拒，击杀官兵数十人，自称“义和拳”，建“保清灭洋”旗，劫掠教民数十家。毓贤闻其仇教也，即不问其拒捕之罪，反奖为义民，出示安抚，改其名曰“义和团”。盖此嘉名实自毓所赐也。

后毓入都，闻士大夫多斥拳匪者，惟刚毅等与己见合，乃倚为盟主，以攻反对者，辄大言曰：“义和团魁首有二，一为鉴帅（指李秉衡），其一即我是也。”其敢冒不韪如此。时拳匪树“毓”字旗，焚劫无虚日。教士屡函乞申理，总署令毓保护，毓均置不问，匪势益炽。法使屡责总署，乃召之来京，以袁世凯代为巡抚，拳匪遂闯入直隶境矣。毓贤入都，得端王、庄王、刚毅之赞庇，气焰张甚，辄谓朝议太无主张，阴斥枢臣之媚外。每与端、刚等论议，历述义和团之忠勇可恃，端、刚等遂据以入告，乃仍用为山西巡抚。拜命之日，拳匪额手相庆，皆曰："吾道其西矣。"盖卫军数十人，皆拳匪首领，早以佳音报知团中矣。自是，山西始有拳匪踪迹。毓乃如饮狂药，自称义和团统领，盖愤于山东之被黜，激而倒行逆施之举也。平阳府教堂被毁，府、县以闻，称曰团匪。毓贤痛斥之，至欲列诸弹章。于是郡、县承风，莫敢诋拳匪矣。

（二） 在晋举拳民轶事

毓贤在山西，日与端、刚通密函，自言"阃外事，惟贤所主。晋中洋教得净绝根株，然后更及其他，贤必为公等分忧，对朝廷尽忠，对上官尽职，对地方尽力，对义民尽信，对天下、后世无愧"云云。其风颠不经，皆此类也。端、刚等叹为义士，隐然倚若长城。故总署迭接外使责言，请撤换晋抚，中朝俱置之勿问也。李莲英语人曰："方今督抚中惟毓贤一人，可算得尽忠报国。"毓贤闻之，益喜自负，因命太原冶工精制钢刀数百柄，分赐拳童，刀环皆镌"毓"字，呼其众入署，亲谕以"仇杀洋教，宜并力一心，勿负我意"等语，谆谆如训子弟。拳童跳踉索钱帛饼饵，毓命与之，谓其左右曰："此辈天真未凿，要皆忠勇之气所成，不宜拘以礼节。"赏毕，复送之出署，市人鼓掌从之，皆艳羡垂涎，于是无业游民纷纷请习拳。即小负贩者终朝劳动，不获一饱，亦推担而起曰：“盍习拳？习拳可立富贵。”

既愈集愈众，署中应接不暇，毓亦厌苦之，乃令各州、县分给钱米，不复直接供应矣。州、县敢怒不敢言，或毅然不与，则拳匪团署滋扰，汹汹欲火庐杀人。此等案日辄数起，毓置勿问也。拳匪向州、县无所得，则仍来抚署环求。毓乃接大师兄入署，与商安插拳众善法。绿舆朱盖，尊若贵宾。大师兄亦居之不疑，与中丞公分庭抗礼。及开议，毓长揖就教，大师兄曰：“吾已与部下约：凡得教士产者，以十之三赏首功，十之三分赐各兄弟，其四入团为公费。此后老公祖但奖励团众，许以便宜行事，通令各地方官勿加干预，则彼等饷项充足。取鬼子不义之财，供同胞倡义之费，一举两得，永不复烦公祖抚恤矣。”毓大喜，亟赞为办理有法，果然天诞奇才，安内攘外，保佑大清，此国家之福也。

是年五月，拳匪扰直隶，联军攻天津，东南各省自保，袁、许等以祸日亟，请速保护使馆教民，勿召外侮。朝旨两可。总署主外交，见祸切肌肤，乃不得不请旨保护教民。廷寄至晋，毓掷之于地曰：“此汉奸所为也，老佛爷必不信此，且端、刚等自有主张，岂至先后矛盾若此？”翌日，端、刚函至，则果饬其力庇团民，痛除洋贼也。毓语家人曰：“吾几为汉奸所误。”自此乃于廷寄中见保护外人及调和等词意者，誓不复入目，一意主庇拳仇教。六月，遂命大焚教堂，杀教士，太原为首倡，有最巨丽之教堂被焚，烟焰满城。毓登高观之，叹曰：“天意也。”营官将施救，毓不许，曰：“汝何人，敢违天乎？且非吾有命，胡仆仆为？”

（三） 山西杀教民最惨

拳匪焚杀之惨，实推山西为最。盖他处皆拳匪自为之，其力小而弱，惟山西则巡抚为之主张，故其力厚而强也。时洋教士及华人入教者被杀之惨，暗无天日，有目击者尚能言之。大教堂中英教士某者，为毓所诱擒，复逃出号于众曰：“昔年晋省大饥，赤地千里，吾输财五六万，活数千人，于晋亦不为无功。今独不能贷一死，让我他往耶？”时左右皆拳匪党羽，方鼓兴若狂，无一人为教士缓颊者，且无力者恐祸及己，亦不敢有言，卒为拳匪所戕。又一英妇挟抱婴儿出，跪于道左，言：“吾施医药，岁治数百人，今请贷吾母子一死。”语未绝，卫兵以梃击之，仆于地，兵推置火中，儿已宛转烈焰中矣。妇奋身复出，兵仍推之入，与其儿同烬焉。

大教堂既焚，乃命搜获各分教堂教士、教民，令集一处。先下令守城门，禁教士出入，行道者皆检其身，有无佩十字章，佩者皆捕之。复移教士老幼于铁路公所，以兵围守，给言将送之入都，众以为有生望也。无何，复命驱入抚署。毓自坐堂皇，厉声数教士惑众之罪，命即日行刑。凡杀英教士男女老幼三十余人，服役者二十余人，枭首悬城门示众。卫兵之与教民有私仇者，任意剖心弃尸，积如邱山，毓勿问也。毓自上奏，言彼设一巧计，将洋人尽数擒捉，以练锁之，均在抚署处决，无漏网者。惟有一洋女人，割乳后逃走，藏于城墙之下。及查得，已死。此等丧心病狂之词，公然见于奏折，可谓一时之戾气。

又抚署杀教士之翌日，尽驱法天主教堂童贞女子二百余人，至桑棉局，迫令背教。皆不从，令斩为首者二人，以盎盛血，使诸女遍饮，有十六人争饮尽之，毓乃令缚十六人悬高处，迫其余皆背教。仍不从，求死益坚。兵士择貌美者，掠数十人去，欲肆行非礼。闻无一人屈者，或扼杀之而淫其尸焉。其后诸女子皆被杀，尸横如獭祭，见者莫不惨伤。各属教民富者，罔不被拳匪掠夺，其被逼背教抵抗不从而死者，先后凡数千人。被祸最惨者为大同、朔州、五台、太原、徐沟、榆次、汾州、平定等处，拳匪之势几遍全省。

毓虽刚愎，而惧内甚。其夫人亦仇教，故杀戮之惨，无与挽回者。闻后亦知杀女教士之惨，命于女子暂缓。而拳匪得志，乃不从令矣。毓妻卒发背疽死于晋。

联军破天津，报至，毓自请勤王，将率拳匪出发。然其意亦畏洋兵，不欲果往，意端、刚等欲使己为外应，必不令其入京也。无何，朝旨下，命统军来京。毓大懊丧，阴讽晋人吁留，拳党亦不愿毓去。朝旨敦促不已，始议就道。濒行，延大师兄等入署，置酒与别，且嘱之曰：“教民罪大，焚杀任汝为之，勿任地方官阻止也。”时联军已破京师，两宫西幸，毓遇之于途次。太后已有悔意，不愿见毓，命暂回本任供差。毓语其家人曰："吾将得祸。虽然，成败有命，吾何悔哉！"

（四） 酝酿杀毓贤

八月，李鸿章奉命议和，德国要求第一件在惩办罪魁。案中声言山西杀戮之惨，为各省最。朝旨乃令毓开缺，另候简用，以锡良代为晋抚。时各国以罪魁未经惩办，不允议约。驻德使臣吕海寰、驻俄杨儒、驻英罗丰禄、驻美伍廷芳、驻法裕祥、驻日李盛铎，合电请惩办罪魁，首李秉衡，次毓贤、刚毅、赵舒翘、董福祥、载漪、载澜，并述各国坚决之意。鸿章与刘坤一、张之洞、盛宣怀亦先后电劾，朝旨乃将毓贤褫职，配极边，永不释回，各国意犹不慊。十二月，得旨：毓贤遣发新疆，计已行抵甘肃，着即行正法。于是至惨极恶之毓贤，乃有归结之一日矣。

当毓闻京师失陷之变，折回晋境时，拳匪仍肆扰各属不已，劫掠之事，视为惯例。各属亦不复上报，而毓亦知忧惧敛迹，不复如前之兴高采烈。惟拳匪羽翼已成，急切不肯收束。且鸱张益甚，见毓之惧祸灰心也，日聒于抚署，谓："京中消息，纯系汉奸谣言，实则京中使馆已焚，洋人尽杀，指日可望太平，统领不必愁烦。"毓被嬲不已，乃曰："朝旨亦可假冒耶？尔等速自为计，毋溷乃公。"拳匪知不复可混，乃啸聚各乡，为攫金鸟兽散之计。

是时，州、县强项者，始不关白上官，自行痛剿，毓亦不过问。有平遥令某者，以家财激励死士，捕劫掠之拳匪数百人，骈诛之。拳匪欲报仇，诉于毓。毓曰："尔辈劫掠为生，即非义民，安知非假冒义和拳者？尔辈须往查明皂白，吾始可为之代办。否则，地方官本为除暴安良计，劫掠者王法所不赦，吾安能庇尔辈？且吾已为朝旨所驳斥，旦夕待罪此间，尚能为尔辈护符耶？今本省洋教已尽，尔辈宜往京师、天津、山东一带，奋其义勇，自树一帜，切勿在此骚扰良民也。"拳匪语塞，但求抚公怜悯，发给遣散之资，令兄弟辈各寻生活。毓曰："吾服官以来，清刚自矢，别无藏镪余财，可以为诸英豪壮行色。无已，吾惟有敝衣数箱，尔辈向质库取银，作川资何如？"语毕，命从者出箱示之，皆破烂不堪衣着之物，拳匪乃谢曰："公真清官也。兄弟辈不敢复有所求，且公行有日，兄弟辈尚当醵资为公寿，公毋自苦。兄弟辈必当吁请于朝廷，保公无罪也。"毓谢之，且嘱其勿尔，令朝廷生疑。自是拳匪不复入抚署。

（五） 从容就死

罪魁惩办之旨下，秉衡、刚毅已前死，惟赵舒翘、毓贤尚存，宜立即正法，以谢外人。时毓贤得发配新疆之旨，将行，寻又得抵甘肃即行正法，着何福坤监视行刑之旨。李廷箫为晋藩，附和毓声，纵拳戕教。既得正法之旨，持以示毓，毓曰："死，吾分也。执事何如？"廷箫知不免，元旦日，仰药死。拳民欲留毓，或又劝毓据晋，率拳民以叛，毓皆不允，且曰："吾本忠于朝廷，若此则前日之清勤忠悫，尽付东流矣。"盖犹自信为后世有名誉之人物也。

抵兰州，兰之士民亦多信义和团者，谓毓无罪，以伏法为冤，集众欲代请命，求朝旨贷一死。毓移书止之，谓："已杀洋教士时，已办一死；今乃不成，死何足惜？但愿继事吾志者，慎勿忘国仇可耳。"众感其言，或有泣下者。时毓之老母年八十余矣，留太原，惟一妾随行，知行刑有日，乃逼令自裁。妾缢，视其既死，笑曰："彼乃先驱狐狸于地下也。"旋自作挽联："臣罪当诛，臣志无他，念小子生死光明，不似终沈三字狱；君恩我负，君忧谁解，愿诸公转旋补救，切须早慰两宫心。"书之悬于逆旅，众或传抄之，忠臣好官之名，颇震一时，识者或嗤之以鼻。然当日毓狼狈之态，亦殊可怜也。

正月初六日，何福坤至什字观（时毓居此），呼毓出。毓尚未朝衣，知何来即将行刑，乃请整衣出看，何许之。毓殊不畏缩，及出，随从武员即举刀斫之，伤颈不死，毓负痛连呼求速死。仆怜其宛转，助之断项，众为集资收葬焉。或追叙其杀洋教士之惨状，乃叹曰："如此而死犹幸也。"

二九　寇太监

光绪帝有寇连材为心腹，亦犹西太后之有李莲英也。顾连材忠耿持正，视莲英之贪邪婪贿，作恶无厌者夐不相同。初，连材稍读书识字，尝究心于君臣大义，谓："己惜已身为刑余 ，不能列朝右与士大夫商政治，亦不当与士大夫交，为朝廷羞。惟既给事宫廷，亲近人主，自当尽吾职分，令人主安适康健，为天下臣民造福。所愿如此，其他奢望，不敢存也。且令人主知吾辈中尚有良心，非可一概抹杀者。"其志类如此，故平居作事谨慎，保护幼帝起居服食，无不诚敬。

光绪帝自幼入宫，不能得慈禧欢心，体极孱弱，饮食衣服，慈禧绝不怜顾，醇王福晋常为之哭泣。惟连材热心调护，帝幸得长成，连材尝作日记详载其事，中略言：

> 帝生母虽与西太后同气，而西太后待遇殊落寞，饥渴寒暖，从未一问。所赖东太后时时抚视之，得无失所。及东太后上宾时，帝甫十一龄耳，自此遂无一人调节起居。连材无状，不敢专擅，但于心不安，亦万不得已，乘间进言于西太后："衣食宜如何整理，勿听帝自主。彼辈不能尽职，帝年幼，不知施以赏罚。早晚寒暑，漫无节度，或衣垢不浣，或物腐充食，有伤政体，请太后为之查察。"太后反责连材多事："汝尽职可耳，安得越他人俎而代之谋耶？"连

材尝私念帝虽贵为天子，曾不及一乞人儿。本生母醇王福晋每与人言及德宗，未尝不痛哭欲绝。自帝御极，以至福晋卒时，二十余年，母子终未获一面也。西太后之忍心如此。后帝患痼疾，精神委败，不能生育，皆少时衣食不节所致。

哀哉！连材所记之言，大致如是。李莲英甚憾光绪帝，以尝受帝之呵斥故。而寇太监忠于帝，故莲英深恶之。西太后之恶寇太监，则莲英与有力焉。戊戌之变，当康有为与帝密谋之际，寇微有所闻，蹙然曰："此事发之太骤，恐难得圆满结果。且吕禄握重兵久，根深蒂固，一时不易猝拔。而太后党羽中如刚毅、裕禄、怀塔布、许应骙诸人，皆数十年旧官僚，资格甚老，门生故吏极多，亦非旦夕所易推倒。今帝所恃者，谋臣则一新进之康，兵帅则袁世凯。袁方将受荣之卵翼，安能使之反抗？此事若不熟筹，恐画虎不成，反类狗也。虽然，我一刑余贱者，纵剀切言之，亦乌足动听。"于是忧形于色，寝食俱废。帝向知寇之诚恳，凡服食起居，非寇在侧不欢。忽请假数日，知其病剧，乃遣人召之入，询所苦，寇曰："奴方见皇上近日忧国甚至，恐有伤玉体，故不觉悲戚。念曩昔圣躬之孱弱，皆奴才不善调护所致。今当宵旰忧勤，而奴才终不能分尺寸之忧，皆奴才之罪也。诚惶诚恐，无地可以自容，故不觉至此。"帝觉其宛转陈词，中有微意，乃曰："子第自爱，幸速愈，容朕思之。"寇因泣抚帝足曰："陛下独不念魏高贵乡公、唐中宗之事乎？一误再误，国与几何？谋定后动，策之上者也。”帝曰：“朕知子忠荩，故能容子言。否则此何等事，而可令宦寺闻之耶？子姑退，朕自有命。”寇退，谓其徒曰：“吾既言之矣，帝苟有不测，吾必死之。”

及事泄，太后已传旨坐乾清门，请祖训，奉太宗御棍，将笞帝死于门下矣。寇闻耗，大惊，力疾驰往恭邸求救。昌寿公主闻之，是夜叩西苑门，跽请太后息怒，始得囚帝于瀛台。太后颇疑公主知之过速，必有人走告。李莲英知寇监所为，诉于太后。太后怒曰：“此贼留之不详(祥)。”命人执以来。讯之，抗辨不屈，乃处以极刑。

三〇　刘太监

慈禧之残忍不德，更仆难数。其对于失欢者固睚眦必报，而奄寺宫人，命等蝼蚁，更罔不受其荼毒。自李莲英专宠，失宠者必置之死地以为快，然无若刘太监之惨者。先是，大内蓄毒剂至多，其毒性种种不一，奇异出人意表，不独宋祖之施牵机药于李后主，为历史上之奇谈已也。闻其药有服之数年而始毙者，有入唇立绝，毫无伤痕者。以视鸩砒，直寻常菽粟耳。相传悉系明代遗物。孝陵之诛翦功臣，成庙之剿绝孝康诸子，大都皆将此物。至孝贞上仙之速，度即此物之为祟也。其后十数年，始有刘太监之奇剧。

太监刘姓，忘其名，众以其性行迂缓，而城府极深阻，故侪辈俱戏呼之曰“阴刘”。刘入宫，迥在李莲英前，得太后权宠，亦初在莲英右。及莲英得志，刘宠始稍替。然以资望究在李上，宫中诸小珰莫不尊事之。那拉氏之起居、服食、嗜好，刘最粗悉。李初恒谄事刘，窥窃其术，学步无所不至。刘固不肯尽泄其秘，然莲英性乖巧，一颦一笑，无不为东施之效也。久之，后意渐移于莲英。又莲英年少，貌虽不美，而作态妩媚。后性恶老，阴刘之不敌莲英，势也。然以习惯上之关系，宠虽衰而太后尚不能忘之，遇故事莲英不能了然，辄曰：“问刘，刘必稔。”刘以是持李短长，莲英积羞成忌。刘、李之间，势遂水火。莲英意非去刘勿快也，乃用其惟一之术，时时谮刘于太后前。顾刘亦工心计者，语动最周密，凡莲英所抵之隙，无不先事预防。李虽百计倾轧，终归无效。乃一变其计，为暗箭伤人之伎俩，阳修好于刘，而阴实谋之愈亟，刘果防之稍懈。

一日，刘忽以事失西太后意，大受谯诃。李乃乘机中西太后之所忌，竭力媒孽。西太后果大忿曰：“是人殆不耐活矣?”一日，御便殿，召刘至，叱使长跪，数其罪至数十事，曰：“此可杀否?”刘自审为莲英所倾，必不免，乃崩角曰：“奴才诚有罪，当万死。求佛爷悯三十年犬马微劳，使获全尸，于愿足矣。”西太后沈吟久之，曰：“子且退，予有后命。”因咤侍女引刘至殿下一小屋中，反扃其户。刘既去，西太后忽笑顾诸侍女曰：“今日有一新鲜活剧，赏尔等一观。此剧固数百年不易见也。”因令于某号室内开某字号椟中，有玻璃箧扃鐍极严者，取以来。侍女如言奉箧至，西太后自揭衣囊，探其中出一小钥，制绝精巧。及启箧，则中有大小玻璃瓶十余事。太后检视良久，取一小瓶，高仅寸许，中贮淡红色药屑如粉，乃以法去塞，倾药粉入一酒杯中，约止分许，和以水，曰：“持此令刘监饮之。饮毕，令其安卧勿动，汝即来复命。”侍者受命往。有顷，返曰：“刘监得药，即叩首谢恩，然后服。服讫，即遵旨安卧矣。”西太后颔之，越炊许，忽语侍者曰：“汝辈欲观奇剧，此其时矣。世界新幻戏，当无如此之巧妙也。”众奉命，相偕入小屋中，启户入视，则刘已不知何往，疑其遁也。惊极，几大号。忽一女子左右视，顾见坑（炕）上卧一小儿，亟谛视之，即刘也，已缩小如初生婴，长止尺许。抚之已僵，而肤色悉如平时，绝无遇毒状。众乃大慑，有因惊致疾者。西太后闻其状，乃吃吃笑不已。甚哉！其残忍乃过于吕雉、武曌也。

三一　端王与溥儁

拳匪之乱，实根于戊戌政变之反动力，而为之枢纽者，则端王与大阿哥溥儁是也。初，端王与李莲英极相得，太后常言：“端王载漪秉性忠诚。”故立其长子为大阿哥，实皆莲英为之道地耳。端王性粗暴，绝无意识及威仪，惟见太后极醇谨。每太后与之言，辄震惧失次，汗流被体。太后谓之忠诚者，盖以此也。

初，太后欲废载湉，既数为中外臣工及外使所阻，乃思立储以俟机会。时文廷式、翁同龢诸帝党皆罢归，李鸿章以文华殿大学士为首相。李故骨鲠，在朝列，慈禧颇敬惮之。己亥冬杪，两广总督出缺，命鸿章往任事。故事，京大员外放，约半月始行。李始陛辞，命下督鸿章殊急。鸿章抵粤未几，某日，法领事询海关监督某："本日有立储事。"某询："奚至？"法领谓："今晨驻京使电巴黎政府，政府转安南法督，更电粤，故知之。"某偕司道谒鸿章。故事，宫中大事由阁臣军机会议后行。时鸿章去京日迩，且此大事，无不先奉诏者。鸿章闻言，良久，曰："宁有此？吾未奉诏，而法领先有闻乎？"午后四钟，果奉诏。盖出鸿章时谋已先定，特不欲其知而沮尼耳。太后之专擅乱政，不恤人言至此。

溥儁顽呆肖其父，慈禧笃爱之。不乐读书，惟时与内监为嬉戏。及拳匪祸起，尤狂妄附和其父。对于光绪帝傲慢无礼。以帝好读外国文字也，大呼帝为"鬼子徒弟"。太后闻之怒甚，立命将大阿哥抽二十鞭。端王知之，大恨。翌日，率拳匪数十人呼噪入宫，找寻二毛子。至宁寿宫门，太后尚未起。端王等大呼："请皇帝出来，皇帝是洋鬼子的朋友。"其时端王粗莽之状，甚可骇异。声为太后所闻，正问讯间，又闻群呼："杀洋鬼子徒弟。"太后急走出立阶上，诸王公及拳民聚于阶下。太后大怒，斥端王曰："尔即自为皇帝乎？胡闹至此，亦复成何体制？尔当知乘此国事纷乱，即谓可任意攫取？此大误矣。速去毋溷。帝位废立与否，惟予有权。尔若倚尔子为储贰，遂肆行无忌，不知予可立即可废。尔不自量，予顷刻即可废之。尔速领此等人出走。苟不奉旨，不得入也。尔知罪，速叩首请罪而去。”端王大惧，叩首不已。太后命罚俸一年，以示簿（薄）惩。义和团首领在此叫嚣，立即斩首。于是人人震惧，不敢觊觎非分矣。大阿哥曾谓太后曰：“请护送太后往热河，让皇帝在京中，与其朋友外国人讲和。”太后斥之，然大阿哥终不悛也。

大阿哥年十五，肥胖粗野，状类伧荒，喜着武装。常出外观剧，戴金边毡帽，内着皮衣，外罩红色军服，如夺标者，与伶人混混等多相稔。颇工马术，亦善音乐。观剧时，如台上鼓板稍错，即离席大骂，或自登台代之。怪状劣迹，殆难悉数。有时为太后所闻，则重加鞭责。忽与侍奉太后之宫女有私。太后知之，大怒，不待罪魁之惩办，早有废立之意矣。又时与内监击瓦片水上，计其纵跃次数以赌胜负，俗呼打水搬者是也。又尝于西安行宫殿上踢毽子，殿官称宝座前不宜作此，乃骂曰：“宝座是咱所坐，尔敢阻挠耶？”太后闻之，心恶其粗鄙。及和议成，端王降庶人，编发新疆，大阿哥遂废。然太后犹怜悯之，月给四百金以养赡焉。

三二　荣禄与袁世凯（四则）

（一）　荣禄识大体而有智术

荣禄为慈禧太后之侄，早岁即受慈禧之宠用，为步军统领，旋犯嫌疑褫职。未几，为西安将军、崇文门监督，洊升大学士，充军机处练兵处大臣。刚毅与同列，乃言："外患可除，富强易致。"慈禧深信之。盖荣禄虽不足称胆识，而心地尚明白，与端、刚等迥不相侔。当拳匪之乱，荣禄颇依违其间，然于暗中周全者不少，俾和议可成，未始非其功也。当刚毅请攻使馆时，荣禄授董福祥、张怀芝等以意，使勿力攻，而外承慈禧谕助刚毅，以智术全身，此其所长也。刚性傲狠，日督兵攻使馆，每午十二句钟往，互击枪数排而退，若符契然，刚粗莽，勿察也。一日，酷热，战兵退，刚乘骑急遁。骑遁，坐草间，气喘欲绝。某司员道经，见而讶之。刚遽摇手曰："勿道！勿道！"时乘骑奔逸，已数里矣，其状如此。荣禄知之，亦勿劝也。及两宫驻西安，粤人某献石屏，绝新异，慈禧拟赏知县。荣禄持不可，曰："惟名与器，勿可假人，矧官乎？今进石屏赏知县，倘更重于石屏者，朝廷将何以赏之？"遂返其献。荣禄之识于此可见一斑矣。当拳乱盛时，端、庄二王屡矫旨，荣禄则电李鸿章及东南各督抚，谓："五月二十四日后矫旨不可信。"鸿章欲入都，禄电江、鄂二督，嘱缓行俟后命，盖知端、庄特欲害之也。又禄以谋阻废立，因与刘坤一、瞿鸿禨、张百熙、魏光焘等益相亲，其能知人、持大体又如此，论者或以太后党而深斥之，不知当日其所补直者，未可厚非也。

（二） 西后预知变法之谋

戊戌政变时，新旧胜负之枢纽，实操于荣禄之手，而拨其机捩者，则袁世凯也，然此中亦有天运焉。假使袁竟杀荣，除太后，满洲可以不亡，中国时局又不知成何一种景象；或者非复今日之数次革命，重建共和亦未可知。但当时慈禧太后之运命尚未告终，则荣禄之人才，当然不致归于失败。故袁之以密谕驰示荣禄，乃天诱其衷也。

时荣禄握新军之全权，踞天津要区，袁世凯不过受其卵翼之一人，安能与之相抗？光绪帝自不明形势，轻听新进之狂言，而欲令人操同室之戈，岂非颠耶？事实上论之，固为袁奉密谕，驰往天津告荣禄，而不知蛛丝马迹之黑幕中，太后与荣禄早有布置。袁世凯何人，乃肯为幼稚皇帝所卖耶？相传，光绪帝与康密谋于正大光明殿中时，早有一莲英腹心之太监，微闻其语，报与太后，特外面佯示镇定以观其变耳。此非理想之词，荣禄亦将新军一切布置周备。太后盖与其党深思熟虑已久，即非康谋，亦将借阅操之举废立矣。特其后又深入一层，酝酿以成康谋，则更有所藉口以倾帝。袁世凯早入彀中，幼稚之帝不知，乃以矛攻盾，安得而不失败？八月初五日，荣禄在天津督署中，方摄衣冠，拟出拜客。忽报袁世凯至，荣即知有非常举动，立命由密室接见，此非彼等先有同谋而然耶？

先是，八月初一日，光绪帝召袁世凯入见，时袁为直隶按察使，明系荣之僚属，帝乃误认为忠于己党者。召见时突问："苟付汝以统领军队之任，能矢忠于朕否？"此问可谓奇特，袁岂肯答以"臣不能矢忠于陛下"乎？袁曰："臣当竭力以答皇上之恩，一息尚存，必思效忱。"云云。帝以为其忠恳之色溢于眉宇，确系可信，乃下谕云："现在练兵紧要，直隶按察使袁世凯办事勤奋，校练认真，着开缺以侍郎候补，责成专办练兵事务，所有应办事宜，着随时具奏。当此时局艰难，修明武备，实为第一要务。袁世凯当勉益加勉，切实讲求训练，俾成劲旅，用副朝廷整饬戎行之意。"此谕注重练兵，明明道着意旨所在，以太后之精明老练，岂有不知？相传，当袁被召，退下仁寿殿时，太后即召入，详询帝召对时语。太后谓袁曰："整顿陆军，本是应办之事。此谕甚为通达，但皇帝行之太觉匆忙。予疑其别有深意，尔俟皇帝第二次召见，再请予之训令可也。"此数语实已洞见症结，于幼稚皇帝之阴谋，明若观火。袁世凯何人，乃肯自寻死路耶？袁退，太后即命人请帝至，谓之曰："康有为在外昌言无忌，诋毁太后，乃大不法。"命帝即拿办。又以平日责帝之言责之，谓帝近日对己愈觉改变，于孝道有亏。帝唯唯听命，且陈自愿改悔。

太后之于康谋，不啻已明言之。且帝自顾，绝无权力可以抵抗太后，而乃欲雄飞突举，宁非弄巧反拙之事？观此则不待袁之乘车告荣，已可知事之必不成矣。其后荣禄反以曾保荐新党，交吏部议处。太后之作用，可谓十分周密。自是即调荣禄入京，而以裕禄代之，皆太后死党也。荣禄直至临终，常自呼为康党以为戏谑。太后亦戏之曰："尔曾得尔友之若何新闻？彼实奸臣，负尔好意，竟致反噬。"荣禄亦失笑。是太后之党直视康等与帝之举动为儿戏，成败之数，宁待事后论定哉！

（三） 西人盛赞荣禄

政变后，荣禄入都，授军机大臣、兵部尚书，节制北洋军队，兼握全国政治兵队之权。此等重权，实为清代绝无仅有之事。盖太后之信任达于极点，亦以报其忠诚拥护之意也。是时，荣禄颇恶新党，钩治极酷，乃反动之力使然。一日，或言于荣，康党在外造清议，专骂中堂。荣笑曰："彼等既逋亡海外，何事不可为，即微清议，吾亦知其骂我。"其后拳乱之始，即语人曰："近支王公无意识之举动一至如此，得毋为康党庆幸乎？"然端、刚等亦终疑荣禄有媚外心。设非太后信任，早为所倾轧矣。某西字报或论荣之生平，其言绝公允，略谓：

> 荣之为人，据中国士夫之见，实能尽人臣之职分，且颇有大臣风度，通达治理，可任大事。当拳匪乱时，中外皆集矢于荣禄之一身，此实康党之谣言。当时无为之辨白者，亦因使馆中人之偏见，又不能得

真实之报告故也。彼实以全力阻止举国若狂之拳匪，用尽方法以劝阻皇族，免铸大错，不可为无功。综慈禧听政五十余年以观，有治世之能，而又赤心报国者，仅曾国藩一人。自此以往，则不得不推荣禄。当满洲皇族盲于大计，倒行逆施，既暴且弱之时，荣禄之先见及勇毅，实大有补救于国家也。由其柄国之日，以至辞世之年（1903），吾等观其所为，实乃慈禧最忠之臣，亦为最有识解之参谋。而慈禧之能知人，亦藉以见也。当光绪二十六年拳匪乱时，太后惑于声势之盛及亲贵之附和，复由一己之迷信及希望，漫允端、刚诸人之请，侵夺荣之职权，殆使之无发展之余地。然太后以一时懞懂，铸此大错，其后仍听荣禄之言，以挽救危局。当国事大败之日，朝廷已陷于危难之境，太后此时所倚恃者惟荣禄一人。荣亦能尽忠以事太后，不怀贰心。太后初虽未信其言，至后乃服其先见，故中国事势现虽无定，而有一事则毫无疑义者，即吾人当永远记念此明决勇敢之荣禄。其言行可法，无论中外之人，皆当一致。以前所待遇之感情，尚嫌过薄，不足其称功也。当两宫西巡时，群集矢于荣禄之一身；回銮后，使馆中人颇冷视之。彼不知外间之误会，甚以为怒，曾语其近亲曰："余当日竭全力以抵压拳匪，余毫不悔恨。但不解使馆人仇视冷遇之故，此事余不能无忿忿也。"有人曾记载其言曰："吾庚子年之所为，非出于爱西人之故，实尽忠于太后及朝廷之故。”言虽如此，然其所为，既大有益于西人，则吾人称誉之亦不为过也。太后与荣禄商议处置维新党之事既久，荣禄主严办，谓非如此，则不足以保存满洲之国运及名誉。于是谭嗣同等六人，遂由刑部审问，荣禄亦承审。凡康党预谋太后之事，审问极详。在康有为寓中抄出文件甚多，凡其党之所谋，皆详载无遗。军机处乃据以定党人之死罪。彼等将谋害太后，已无疑义，群主速办。盖当时满、汉意见极深，若不速办，则其事愈引愈坏也。太后准军机之请，遂斩六人于市。彼等从容就死，观者甚众。复于杨锐处抄出皇帝与彼之信件，皆攻讦太后之语。又有杨锐一折，参太后罪恶数端，并及太后私事，罗列多人，荣禄亦与焉，余皆显要之人。折后有帝朱批。此事南方广州等处人编为歌谣，以为嘲笑。太后见帝朱批，知帝参预隐谋，遂决计断绝帝与新党之关系。据太后之人所言如此，其事亦可异也。杀六人之旨，乃太后亲笔，荣禄助之，但其名仍出于皇帝。此谕以朱笔书之，以示重要，谕云：

近因时事多艰，朝廷孜孜图治，力求变法自强。凡所设施，无非为宗社生民之计。朕忧勤宵旰，每切兢兢，乃不意主事康有为，首倡邪说，惑世诬民，而宵小之徒，群相附和，乘变法之际，隐行其乱法之谋，包藏祸心，潜图不轨。前日竟有纠约乱党，谋围颐和园，劫制皇太后，陷害朕躬之事。幸经觉察，立破奸谋。又闻该乱党私立保国会，言“保中国不保大清”，其悖逆情形，实堪发指。朕恭奉慈闱，力崇孝治，此中外臣民所共知。康有为学术乖僻，其平日著述无非离经畔道、非圣无法之言。前因讲求时务，令在总理各国事务门章京上行走，旋令赴上海办理官报局，乃竟逗遛辇下，构煽阴谋。若非赖祖宗默佑，洞烛几先，其事何堪设想。康有为实为叛逆之首，现已在逃。着各省督抚，一体严拿惩办。康有为之弟康广仁，及御史杨深秀，军机章京谭嗣同、林旭、杨锐、刘光第等，实与康有为结党，隐图煽惑。杨锐等每于召见时，欺蒙狂悖，密保匪人，实属同恶相济，罪大恶极。前经将各该犯革职，拿交刑部讯究。旋有人奏：若稽时日，恐有中变。朕熟思审处，该犯等情节较重，难逃法网。倘语多牵涉，恐致株累，是以未俟复奏，即于昨日谕令将该犯等速行正法。此事为非常之变，附和奸党，均已明正典刑 。康有为首创逆谋，罪恶贯盈，谅亦难逃显戮。现在罪案已定，允宜宣示天下，俾众咸知。我朝以礼教立国，如康有为之大逆不道，人神所共愤，即为覆载所不容。鹰鹯之逐，人有同心。至被其诱惑，甘心附从者，党类尚繁，朝廷亦皆察悉。朕心存宽大，业经明降谕旨，概不深究株连。嗣后大小臣工，务当以康有为为炯戒，力扶名教，共济时艰，所有一切自强新政，胥关国计民生，不特已有者，亟应实力举行。即尚未兴办者，亦当次第推广，于以挽回积习，渐臻上理，朕实有厚望焉。将此通谕知之。

此谕实后党所拟，而名义则由帝出者。太后既惩办新党后，拟行幸天津，视察租界情形，兼事游览。荣禄力谏，言党事初定，不宜轻动，恐有危险。太后允之，下谕收回前旨，并颁赏于北洋军队。盖当时直隶正竭力整顿陆军，训练颇勤也。荣禄入京后，直督以裕禄补授。其人极顽固，太后甚信任之。昏庸乖戾，不明事理。其后天津拳匪之乱，实所酿成，其去荣禄甚远矣。

西人之论如此，尚不失荣禄之实际。盖荣禄固不得不谓之有用人物也。

（四） 光绪帝遗命杀袁

袁世凯既背帝求荣，帝一生之命运，即由于彼之掌中。故帝崩时，遗诏嘱其弟醇王复仇。醇王子既立为宣统帝，己为摄政王，复仇之权大足施展。于是立罢袁世凯职，以足疾令其家居，卒未能明正其罪而翦除之也。不三年，革命军起，仍起袁为内阁总理。于是得乘时际运，由临时总统而正式总统。又至妄希非分，背叛共和，而洪宪帝制发生矣，然卒以是身死名裂。迹袁之一生，盛蓄野心，而手术足以济之。其深谋积虑，宠辱不惊之态度，实师荣禄，而野心勃勃，则又过之。予别撰《袁氏外纪》及

《洪宪小史》二书详之。

三三　控鹤珍闻（十则）

（一）　李鸿藻卖主求荣

予友著《濛汜室随笔》，记同治帝遗诏立载澍、李高阳负恩事甚详，颇与外间所传帝崩时景象有异。先是，同治帝将立皇后，召满蒙诸大臣女入宫备选。西太后独喜侍郎凤秀女，欲以中宫处之。凤女虽艳秀绝侪辈，而举止殊轻佻，孝贞及同治帝皆不喜之。侍郎崇绮女，年稍稚于凤女，貌亦较逊，而雍容端雅，望而知为有德量者。孝贞深喜之，密询帝意安属，以崇绮女对，册立中宫之意遂定。顾西太后独深恶之。穆皇后气度端凝，不苟言笑，穆宗始终敬礼之。宫中无事，尝举唐诗问后，后背诵如流，上益喜，故伉俪甚笃，燕居时曾无亵狎语。西太后以穆宗之敬后而薄凤女也，益忿怒。每后入见，未尝假以词色，浸而母子间亦乖违矣。后乃禁穆宗不许入后宫，欲令凤女专夕。顾穆宗亦不愿常至凤女宫，遂终岁独居。有时侘傺无聊，宫监辈乃导上为微行，往往步出南城，作狭斜游。上辄自称江西拔贡陈某，与毛文达、昶熙相遇于某酒馆中。上微笑点首，文达色变趋出，亟告步军统领某，以勇士十余人密随左右。上数日后见文达，犹责其多事。其后以痘疾竟致不起，人传为花柳病者，实非也。清宫禁故事，天子欲行幸诸妃嫔，必先由皇后传谕某妃嫔饬令伺候，然后大驾始前往。谕必钤皇后玺，若未传谕，或有谕而未钤玺，大驾虽至，诸妃嫔得拒而弗纳，此盖沿明制。明世宗自杨金英谋叛后，始为此制，以防不测也。

穆宗患痘，已稍愈矣，忽欲往慧妃宫中——慧妃者，凤女也——后不可，上固求之，至长跪不起。后念凤女为西太后所欢，苟坚持，他日必谮我为妒，此非美名，乃不得已，钤玺传谕，上始欣然往。次晨，遽变证，召御医入视，曰："疾不可为矣。"后闻之大悔。其后之决计身殉，固由西太后之凌虐，然亦未始不缘于此。穆宗疾大渐，一日，命单召军机大臣、侍郎李鸿藻入见。鸿藻至，上即命启帘召之入。时后方侍榻侧，欲起引避。上止之曰："毋须，师傅系先帝老臣，汝乃门生媳妇。吾方有要言，何必引避耶？"鸿藻入，见后在侧，急免冠伏地上。上曰："师傅快起，此时岂讲礼节时耶？"因执鸿藻手曰："朕疾不起矣。"鸿藻失声哭，后亦哭。上又止之曰："此非哭时。"因顾后曰："朕倘不讳，必立嗣子。汝果属意何人？可速言之。"后对曰："国赖长君，我实不愿居太后之虚名，拥委裘之幼子，而贻宗社以实祸。"上莞尔曰："汝知此义，吾无忧矣。"乃与鸿藻谋，以贝勒载澍入承大统，且口授遗诏，令鸿藻于御榻侧书之，凡千余言，所以防西太后者甚至。书诏成，上阅之，犹谓鸿藻曰："甚妥善。师傅且休息，明日或犹得一见也。"

鸿藻既出宫，战栗无人色，即驰往西太后宫，请急对。西太后召之入见，出诏草袖中以进。西太后阅毕，怒不可遏，立碎其纸，掷之地，叱鸿藻出。旋命尽断医药饮膳，不许入乾清宫。移时，报上崩矣。载澍后来得祸，此亦一大原因也。

尝谓高阳此举颇类唐裴炎之卖中宗。然中宗惑于艳妻，竟有以天下与后父之愤言。炎直言不获见听，激而为废昏立明之举，犹是人情之所有。然不旋踵而伏尸都市，妻子流徙。高阳则身受穆宗殊遇，岂中宗之于炎可比。而顾缩朒畏葸，不恤负故君以媚牝朝，乃竟以此策殊勋，蒙上赏，晋位正卿，旋参揆席，虽中途蹉跌，罢政柄，就闲地，而恩礼始终勿替，死后犹获上谥。以视裴炎，何祸福之不相同耶！天道无知，岂不信哉？此事关系觉罗氏兴亡大局者甚重，不佞闻之丹徒马眉叔，马客李文忠幕，固亲得之文忠者也。

（二） 丁文诚误食春药

宫中多秘药，其奇诞有出人意表者，不独前记之刘监所受毒药已也。咸丰中，贵阳丁文诚官翰林。一日，上疏言军事，上大嘉赏，特命召见。上方驻跸圆明园，文诚于黎明诣朝房，候叫起。时六月初旬，天气甚热。丁方御葛衫袍褂，独坐小屋内。忽顾见室隅一小几，几上置玻璃盘一，中贮马乳蒲桃十数颗，极肥硕，异于常种，翠色如新撷者。私讶六月初旬，外间蒲桃结实才如豆耳，安得有此鲜熟者？方渴甚，遂试取一枚食之，觉甘香敻异常品，因复食二三枚。俄顷，腹中有异征，觉热如炽炭，阳道忽暴长，俄至尺许，坚不可屈，乃大惊。顾上已升殿，第一起入见已良久，次即及己。无如何，则仆地抱腹宛转号痛，内侍惊入视之，问所患，诡对以痧证骤发，腹痛欲裂，不能起立。内侍不得已，即令人掖以出。然尚不敢起立，并不敢仰卧。其从者以板至，侧身睡其上，舁归海淀一友人中。友故内务府司官，习知宫内事。询所苦，文诚命屏左右，私语之故。友曰："此媚药之最烈者。禁中蓄媚药数十种，以此为第一，即奄人服之亦可骤生人道。与妇人交，药力驰则复其初。此必内监窃出，未及藏庋，而君误食之尔，然亦殆矣。"急延医诊视，困卧十余日始起。

（三）　清高宗秘戏图

友某，满洲旧族也，一日语予："欲观古画乎？"予欣然诣其第，茗谈良久，殊无出画意。予不能耐，亟请焉。友笑曰："此岂可轻易取出者？子当少安毋躁，俟老人睡，始可出。"所谓老人者，盖其父也。予唯唯不之异，想其父宝此画甚，吝示人耳。

又久之，延予晚膳讫，纵谈他事。至夜分，予将告归矣，乃命仆觇太爷安寝否。仆报已寝，友始入，良久，捧一古锦匣出。什袭珍重，异于寻常。及出，则册页也。突翻视，不觉失声，盖所绘者满园春色，公然为妙肖之秘戏图。图凡十六叶，备极淫媟诸态。而其男子，则皆为一伟丈夫，须眉生动，十六叶无毫发殊异。女则丰癯颀短，无一不备。装潢精美，确系内府藏本。予舌挢神悚，不知曷以有此。友乃指画低语曰：“此伟男即清高宗圣容也。”

（四） 西太后婪财黩货

慈禧最爱华美奢侈，故不得不婪财黩货。其时宫中贿赂风行，为历史所罕见。皇帝每日问安一次，内监必索贿五十金，后妃以次各有差。宫眷侍奉太后，亦必有孝敬，始得安其身，否则饱受凌虐，复不许告退。家素封辄苦于津贴，贫瘠者更因以致命。若近侍臣，以至外省督抚、司道等有进献者，或赐膳观剧，悉应纳金，等级至繁，有多至十余万者，称为宫门费。清介无积蓄者每不屑为，则亦因之失慈眷。南书房翰林，本内廷文学供奉，俸入至清若（苦），且为翰林高选。凡遇宫廷赏赉词翰及代拟应奉文字，内侍传旨缴进，则文件与贿赂偕往。经手内监知有获，始允进呈，即邀御赏，否即沈没其物，恩眷亦渐疏焉。又每遇太后、帝之生辰及三节朝贺，王大臣及外省督抚，例进如意，或贡珍物，由内务府内监递进。其过手费辄万金或数千金不等，至少亦数百金。

闻甲午岁，刚毅运动入枢垣，制铁花屏风十二面进御。时中外馈献多，太后懒于遍阅，辄命内监照收而已。而刚毅必欲令太后赏阅，贿近侍数万金，因置屏风于宫中御道侧。道驾过，内侍奏：“刚毅进屏风铁花殊精奇，老佛爷曾赏览否？”后颔之，命置寝宫，自此眷遇益隆。又商约大臣盛宣怀入为邮部侍郎，进江南贡缎及金银器皿等，宫门费至十万金云。故内侍等无不称颂盛宫保者，慈眷之隆，正由于此。

又闻内侍婪贿，李莲英为之魁，须独取十之七，其三成分给各内竖。则皆其党也，不敢有异言。光绪帝之内监，则类多清苦异常，宫中有“冷皇帝、热太后”之暗号。综计李之家财，于庚子后八年中所得者，约有二百万金镑。盖其先颐和园修造时侵蚀之费，尚不在内也。而慈禧所自积之镪，始终未悉其确数，或言计共二百兆两。盖彼雅喜囤积，外无发放，故无人知其婪贿之总数。惟亲信内宦掌之，其人则李莲英。是讳莫如深，自难窥其底蕴。庚子联军之入都也，日本由大沽拔帜先登，首据颐和园，以保护为名。盖踵庚申英法联军故事，圆明园宝藏，悉为二国所获，分三等收取。高等归献国王，次由各军官、军士分得，最次则左近无赖、贫民得之。除宝藏勿计外，实装载马蹄银三轮船有半。各邦起而责难，仅斥一小军官，而银遂尽入于东京之国库矣。十数年来，日本胜俄与扩张海军等费，实以此款为之主，而二百兆赔款为之辅耗矣。哀哉！中国之财，丧于牝朝也。闻宫中金库悉储金，戊子岁已有八巨楼之富。后属谁氏之手，虽不可知，然李莲英实其大蠹也。

隆裕时所受贿赂，虽无慈禧之多，而亦不甚清淡。据知其中秘者，皆言隆裕喜发放生息，与慈禧异。然此亦可见财源之日促矣。隆裕倚滇中妇人缪素筠为左右手，缪供奉如意馆垂三十年，工绘事，亦慈禧旧人也。缪为发放各票庄银行生息，然不得裕数，但知缪经手而已。庚戌岁，盛宣怀入都，人皆觊得邮传部尚书，实因载泽之招致。载泽妻桂祥女，隆裕之妹也，与宫闱有密切关系，遂以九千六百万两托盛向外国某银行存放，而以盛为经理人，出纳皆主盛。溥仪既退位，闻洋行有倒帐之说，否则盛亦发巨财。盛本狡狯，诚伪难必。滋可叹也。

（五）　李莲英权重贪婪

李莲英于拳匪盛时，气焰张甚。及联军入京，两宫西幸，太后时时怨詈，气稍衰。又遇岑西林之摧折，几有一落千丈之势。然小人之技，以阴柔含忍胜。不二月，岑出于外，莲英之宠用如故，且加炽焉。于是大肆其婪贿之伎俩。

在西安行宫时，有时召见大臣，李胆敢不传太后之谕，直说自己累了，“今天公事多得很”。大臣莫敢谁何，太后亦不知也。南方诸省进呈贡物，皆先送李总管处，奇珍异宝，积如山邱。其贡银者，太后取其半，李取五分之一，余交荣禄为发饷之用。此际因无宫禁规制及亲王大臣等之纠察，李权益膨胀。故李意不愿回銮，且恐使馆所开罪魁名单，将己列入，回銮后即如瓮中捉鳖，此亦阻挠回銮之大原因也。时令其心腹内监蔡姓者，探京中消息，每日必报。后得庆王函，知李名不入罪魁，始不阻止回銮。可见慈禧之行止，亦为彼所主持矣。

闻当日各省解银约五百余万，皆由李及其手下孙姓内监主管，抑勒婪索，无所不至。一日，湖北有解银至，皆系元宝。李命孙监秤之，谓成色不足，须补水。委员辨曰："湖北元宝皆足色，不致有错。"孙监怒斥曰："你解过几次贡银，知道什么?"委员惊惧，然仍争言不致短少。孙监大怒曰："吾知尔之意，必以为老佛爷之秤是赝鼎也。此尚可恕乎?"正持秤欲击之，太后闻之，走出，令孙监移银入内，亲平之曰："予意近多走漏，故令太监复视。免予受欺，无他意也。"委员懊丧而去，遇内务府臣继禄，诉之，继曰："我知尔已受苦。虽然，近日老佛爷防内监甚严，彼辈所望亦不奢，尔姑恕之。彼辈所蓄，殆已为拳匪劫尽矣。"委员不敢复言，太息而出。又粤东有进呈贡物二十四种，内监因勒索门包，退还九种。委员大惊，恐将来太后必责以走漏，不得不厚贿之，始允代呈。凡此弊窦，京中固常有之，而于西安行宫为尤甚。

又内监多倾轧光绪帝以媚太后，常造种种谣言，以表襮帝之恶名。外间所传帝年虽壮，犹有童心，恒与内监捉迷藏为戏，见太后至，则退匿屋隅。或有时动怒，则如发狂，辄掷磁器投人，伤者累累。此等谣言，实皆莲英所编造也。回銮后，太后渐倾向新政，莲英亦见风使帆，变其旧说，自称赞成维新，于军机所定之预备立宪程序单，彼亦公然附和，可笑也。然其奸猾之意，辄露于词色，彼敢以太后之变法为戏谈，乃曰："我们现在也成假洋鬼子了。"太后闻之，殊不怒而笑。妇人之见，诚不可解。后有两广督臣陶模奏请裁减太监。莲英先知之，竟匿不上闻，直俟运动成熟，知太后决不允从，然后呈进。其把持之毒焰，可畏也若此。

太后崩，莲英年已老，犹拥厚资，与士夫往来，富贵福泽兼之，历史上所罕有也。

（六）　珍妃之死

光绪帝得痼疾，或云不男，故皇嗣终虚，然与珍妃感情甚挚，殆所谓非肉欲之爱欤？珍妃才色并茂，且有胆识，实女子中不可多得者。惜埋没宫闱，厄于牝朝孱主，不克尽其才，虽然，名已传矣。

庚子之变，联军警信至，太后寅初即起，拟即西幸，身着蓝布服，如乡间农妇，且令改汉妇妆，梳髻如南人饰。且叹且语曰："不意有今日也。"命雇平民骡车三，召帝与妃嫔齐集。将行，珍妃昂然进曰："皇帝一国之主，宜以社稷为重。太后可避难，皇帝不可不留京。"太后怒甚，视之以目，忽厉声顾命内监曰："可沈彼于井。"内监即取毡裹妃，欲持去。皇帝哀痛已极，长跽恳求，谓："彼年幼无知，幸太后恕其生命。"此时太后怒不可遏，曰："速起，勿言。此时尚暇讲情理乎？彼必求死，不死反负彼。天下不孝之人，当知所戒。不见夫鸱鸮乎，养得羽毛丰满，即啄其母之眼，不杀何待？"盖此语明斥光绪帝戊戌之事也。又曰："予亦不欲挈之行，途中见之生恨，若留此则拳众如蚁。彼年尚韶稚，倘遭污，莫如死之为愈。"内监知太后意已决，遂持毡裹推之宁寿宫外大井中。帝容忧戚，不敢哭也。

及回銮，慈禧见大井，忽追念珍妃。时推妃入井之内监尚在，乃斥之曰："予向言珍妃遭乱莫如死，惟必死珍妃，乃一时之感愤。今见尔，想见手推时之残忍，犹怦怦心动。"因谪此监于海子当苦差，人皆以为太后果仁慈也。其居心狡诈叵测如此。

（七） 安海杀德使克林德案

庚子攻使馆未成，而拳民戕德使克林德，以致酿成大辱。今京师东城有石坊，巍然建于道中者，即此大辱之纪念碑也。当时不知戕者为何人，岂知竟有极风趣之奏闻，表明此主犯为何人者，而当日且为之表功。奇哉！当时京中都察院，亦万不可湔之拳匪罪魁也。闻都察院以此折奏西安行在，留中未发抄，慈禧亦未加批。乃西安随扈之一官，得此奇趣之奏折，即抄送上海各报登载云云。奏折略曰：

> 日内有日本人所雇侦探，在日军领地当铺内查出一时表，上镌"克林德图记"。当铺主人言，此乃一满人名安海者所质，其人住内城车店内。侦探名曰得洛，本旗营定字第八队书记。查得此事，即报告于日人，立派人往车店内。以二三人先入内，立院中问曰："安海在此住否？"有一人答曰："予即安海。"乃立时拘去。审问之时，安海神志镇定，毫无畏惧。

问官问曰：“德国公使是否为汝所杀?”安海答曰：“我奉长官命令，遇外国人即杀之。我本一兵，只知服从长官命令。有一日，我带领二三十人，在街巡逻，见一外国人坐轿而来。我立于旁，对准外国人放一枪，轿夫立时逃走。我将外国人拖出，已死。其胸前有一表，我即取之。同事者有得其手枪者，有得其金戒者。我万不料因此表犯案。但我因杀国仇而死，心中甚乐。汝等即杀予以偿命可也。”翻译又问曰：“你那天是否醉了?”安海笑答曰：“酒乃最好之物，我寻常每次可饮四五斤，但那天实未饮一杯。你怕我要倚酒希图减罪吗?”安海真一忠勇之人，侃侃不惧。观者皆为动容，觉中国军中尚有英雄也。次日，即交付德人，于克林德被杀之地杀之。臣等思此事，理当奏闻。安海为国而死，当邀皇太后、皇上之悯惜，加以荣典。谨此具奏。

此奏不知何人领衔，想都老爷之英名，亦可与安海争光也。此奏若在端、刚时代，定得传旨嘉奖。

（八）　回銮盛况

回銮时之景象，有一部分为《泰晤士报》所登者，极有风趣。兹节润其词录之：

十二月三十一日晚，全宫抵正定府，护送者马队一营，官员太监甚众，行李箱件等载有三千乘之多。一时旅馆宿屋难容，从人至露宿。而天寒在冰点两度下，行人嗟叹，瑟缩流涕，下级官亦几无栖身之所。忽火起于行宫旁之厩中，幸即扑灭。一月三日启行，从人皆有无色。盖各怀归志，不愿居此受苦也。凡扈驾之王公、官吏，仆仆于冻裂不平之路中，状至凄惨。而太后、帝妃、总管太监等，所行之路则不同。由西安至此，路皆碾以细泥，砥平鉴发，时刷以帚。铺路金每码（二尺五）需费墨银五十圆。平时道芜不治，至此穷极铺张，皆旧习之劣点也。然非此不足以表示专制国体之尊严。时太后自定九时半开车，盖太后最信吉凶，每行动必选择时日。且于家常琐细事，躬亲检量，绝不烦厌，虽执国权四十年，斯事不废，盖天性然也。时京汉路之特别车，已由公司定妥，帝、后于七时半即至站。太后至，帝、后皆跪接。太后见为时尚早，乃查点行李及接见官员，并接见洋员。太后甚奖洋员之周到。故事，帝、后行程多秘密，不许参观。此次乘坐火车为破例，乃亦破例任人参观，盖亦开通变更之兆也。九时半启行，凡列车二十一辆，其次序则首为货车九辆，又有载仆役、骡轿等之车，又次为铁路办事人之车，再次则头等车二辆，坐王公大臣，次即皇帝之特别车，又次坐荣禄、袁世凯、宋庆、鹿传霖、岑春煊及内务府诸人，又次即太后之车，又次为皇后、妃嫔等之特别车，又二等车二辆，坐侍从太监等，又头等车一辆，坐总管李莲英，最后为杰多第之事务车。时铁路总理为盛宣怀，其办特别车，费殊不赀。太后及帝、后之车，皆以华丽新奇之黄缎装饰之，各有宝座、睡榻、军机厅等。各妃嫔皆备有极厚之帘幕，思想可谓周到，实则各妃嫔皆愿眺览景物，此等帘幕亦不大用之也。太后极迷信，钦天监谓："择定正月七日下午二钟到京。"太后遂嘱杰多第，必须于此时辰到永定门，极为紧要，屡嘱不已。于是杰请示保定府开车，必在七时，太后许之。六钟已到车站，从人等之早更可知。顾天气极寒凛，夜景奇丽，人马战栗，绝妙晓行图也。诸臣以头等车止一辆，拥挤不舒，拟加挂一辆，太后不许，遂止。然太后仍亲到车内观察，问诸人安适否，众皆称安。上午十一点半到丰台，太后大喜，但仍以到京时刻为念，时以己之表对铁路之钟。杰多第于此地辞太后下车，太后甚赞其办理妥当，此第一次坐火车，极为满意，言日后当再乘之。又言："芦汉通车行正式开车礼时，当亲临观之。"赏洋五千元以酬铁路执事华、洋诸人之劳，奖杰多第以双龙宝星。占者言太后当于马家堡下车，且可遵祖宗遗制。故日中太后即下车，由永定门坐轿进城。一路繁华，然不胜今昔之感也。当太后下车时，停车场有极大之篷，装饰美丽，中有金漆宝座，以备迎接两宫之用。京内大员数百人，候立此地。另有一特别处，款待西人。车且至，远望三十余辆长列车，渐近车站。中由车中一窗得见太后圣容，正察看周围之情形。在太后旁者，则皇后、妃嫔及总管太监李莲英。诸臣见太后已到，皆跪地上，西人则皆脱帽。第一人先下车者为李莲英，即往检点随带各省贡物，箱包积如山陵。既而皇帝亦下，体貌颇健。太后目之，即匆匆上轿而行。虽有百官在旁，并不接见一语。皇帝既行，太后始出，立于车端之台上，小语云："此间乃多外人。"略举手答礼。庆王趋请圣安，王文韶后随。庆请太后发舆，太后止之曰："且缓。"立众中约五分钟时，精神颇矍铄。李莲英将箱件清单呈上，太后细视一周，复交于李。其所以不即登舆者，盖为此也。旋允直督袁世凯之请，带铁路洋总管进见。太后谢其一路料量之妥善，洋总管退，太后始升舆，舆旁有一太监随行，指点沿途景物。太后注视，道逢外人，太监呼曰："老佛爷快看洋鬼子。"太后微笑不语。过南城，直入前门，至所谓关帝庙者，下舆入内拈香。太后跪于神前，有道士数人赞礼。时正阳门楼上立西人颇夥，下视院中，历历可睹。太后仰见之，俯首而笑，遂登舆直入大内。到宁寿宫，确系下午二点钟也。亟命太监掘视前所埋藏之金宝，幸未移动，太后甚喜。因念珍妃死节，谕赐以身后之荣。盖一则危而复安，亟思收拾人心；一则迷信之念，恐灵魂为祟，欲有以抚慰之也。谕中称其德性节烈，因不能随扈，遂自尽以死，不愿见京城之破、宗庙之辱云云。即赐位号，升位一级。嗟乎！太后殆思晚盖哉，与其注意新政同一用意也。

（九） 西后养颜有术

太后性奢靡，而实则不喜挥霍。西人记载，俱言其西幸以前，宁寿宫所藏之金银，约有十六兆两，而在西安及太原所收，当亦不下此数，或更多也。最奇者，至老而容色不衰，惟面略苍润，绝无皱纹，或疑其有驻颜术，自谓常服牛乳所致。所服牛乳，常浓厚凝结成酪，食量甚佳。侍者辄攻其多面首，得采补术，如夏姬之鸡皮三少。然宫闱事秘，殊鲜佐证。要之得天独厚，颐养佳良，非寻常妇女可比也。性最爱装饰，虽至六十岁后，犹似少妇凝妆，一肌一鬓，一花一粉，不肯丝毫苟同。昔小青病剧，犹起理妆，谓不可我生有一日不修洁其容。昔人云"一生爱好是天然"，太后殆同此情性也。故每日时间之费于妆台者，约需十之四。晨起及午睡后或晚膳后，夏暑则浴后，浴又不一其时，凡此皆对镜匀面，理鬓薰衣，贴花钿，插玉搔头之时也。其衣饰之奇丽，每日必易数次。织工绣法及颜色支配，备极精妙，必令于意适合，无一毫之缺憾。而珠宝钻翠等之饰物，不下数千种，价值不可胜计。四方珍异之供取携者，即穷人间之所有，而复能出其心思作用。俾配合穿插，动如人意，真可谓天之骄女矣。

予友尝给事宫园，某日传见，瞥睹太后首戴牡丹一朵，淡粉轻烟，其巨如盏，与其红润丰腴之颜色相映带，不觉目眩神悚，急敛抑神志，不复敢仰视矣。呜呼！天生尤物，古人岂欺我哉！

晚年嗜吸鸦片，面稍苍白。但不多吸，每晚事毕，以为消遣之具耳。故其后下禁烟谕旨，谓年过六十之吸烟者，则可宽恕，此即推己及人，以为鸦片足为老年消闲娱乐之品而已。或云，太后暮岁，尚不忘房中术，藉鸦片以鼓练精神，此则非予之所敢断也。

（一〇）　光绪帝聪颖有志

慈禧于戊戌后，憾光绪帝不已，虽不遽事废立，而实际上待之如隶囚，未尝假以词色，然又一步不许自由，须处处随太后行止，俨然一软禁之重犯也。即如颐和园之居住，皇帝所居之室，虽与太后接近，而使绕道而过，又不使彼可自由出入。且皇后所居，亦与帝居隔绝，防闲之法，如此周密，诚可叹也。试观德菱所记清宫事实，太后之于帝，可知其切齿腐心。谓太后虽喜悦，一见帝至，即面色冰冷，绝无笑容；而帝亦于平时活泼，至太后前，则直如童騃。噫！母子如此，洵败征也。德菱谓：

> 每朝见皇帝，有暇时必问予英文，所知甚多。余见皇帝，亦有兴味。惟一至太后面前，则仪容肃默，或有时如一呆子。若一离开，俨然又是一人，盖嬉戏玩笑，俱如常也。予从前闻人言皇帝无智识，不说

话。余今日日见之，始知不然。予以为帝在中国，实聪明有智识之人，且脑力极足，必能做事，但惜无机会用之耳。外间每有多人问余，帝究有知识、勇气否？此问者系不知中国礼法之严，人子敬从父母之规矩，帝亦为此礼法所拘束，故不能丝毫发展耳。予曾与帝长谈，渐知彼实一聪明人，且颇具坚忍之毅力，惟一生境遇不佳，心中因之郁闷。又幼小之时，即身体孱弱。尝语予读书不多，但性情相近，乃天生一种音乐家，无论何种乐器，稍学即能。最爱批阿娜（洋琴），常命余指点。正殿中置有极大之批阿娜数器，常供练习。又爱外国歌调，予教帝以华尔子简调，帝鼓之甚佳。久之，乃觉皇帝实一好伴。帝亦深信余为人，常告以苦楚，讲西方之文明，予乃惊其事事皆知也。又云：己之志愿，欲求中国发达，又爱百姓，各地方有水旱灾等事，则忧形于色。外间谣言谓帝如何暴虐，皆不足据，此必太监等之伪造也。予未入宫时闻此言，既入宫，见帝殊非所闻之状。帝待太监亦甚好，惟上下之分极严，帝不与太监说话时，则不许开口，又不听太监之谗言。予在宫中久，乃知此等太监之极坏也。

观此一节，则知帝之无能为役，皆慈禧积威使之然耳。太史公所谓“猛虎在柙，俯首帖耳”也。昔尝谓清制以礼节跪拜困天下奇才，今太后亦以礼节跪拜困大有作为之嗣皇帝耳。毒哉，女祸！

三四　瀛台起居注（五则）

（一）　幽禁屈辱

瀛台为南海子中一小岛，三面临湖，一面有桥可通出入。当戊戌政变事泄后，太后即诱帝至其处，谓："赦尔一命，可居此中，不得与闻外事。"一面派心腹侍卫，严密防守，凡一举一动，俱有人报告于太后。且最酷者，虽实际上与以幽禁，而仍每日须用其木偶之身使之临朝，召见臣工，其苦正逾锢闭独处者百倍。因既置之大廷广厦之上，则声音笑貌，无一而可也。维时帝乃如颠如騃，如聋如哑，人亦以颠騃聋哑目之，谓帝果无统治之才而已。

八月八日，大集朝臣，帝向太后行三跪九叩礼，恳请太后训政，此皆逼迫而为之，帝欲保其生命，则不得不屈从也。帝盖自幼孱弱，胆力不足，内虽明白，终不敢出以冒险。且一次失败，则神丧胆裂，视天下事皆可畏之境，太后如虎如狼，宁自屈抑，勿撄其锋，所谓达心而懦者是。是日下午，荣禄以兵一队，护送帝往月坛致祷，自是帝遂成一高等之祭司。《传》曰："政由宁氏，祭则寡人。"帝之谓欤？

慈禧又恐舆论讥其残忍，乃令太监于茶店中播为风说，传帝种种昏庸不道、无端迷信西法，谋杀太后，舆论乃翕然以帝为非，以太后之再训政为是，外人使馆中亦信是说，帝遂益处于孤立地位矣。帝于一身外，虽皇后不敢与之道一密切语，何况他人。故此小岛中之日月，虽玉步未改，宫庭如故，左右侍奉之尊严，表面丝毫未损，而实则无形之独夫，高贵之流囚而已，较之鲁滨孙之寂处孤岛，精神上之苦痛，奚过百倍。异哉！此众叛亲离之皇帝，绝非才德之问题，而权利之问题也。顾其时外人亦腾一种强硬之抗论，为太后之箝制，为帝之生命苟不保，外国政府必起干涉，太后颇以为恨。此即端、刚崇信拳匪之言，所由乘间而入也。未几，太后乃以帝病诏告中外，一方面延请名医以证实其事，亦弥缝再起训政之一术耳。

（二）　降诏废新法

慈禧以帝名义降谕，谓“自四月以来，朕即觉违和，至今日病势未能轻减”云云，各省乃纷纷应诏求医。江苏巡抚乃送名医陈莲舫入都。陈到京后数日，即由军机处带领上殿。叩称毕，跪于下，太后与皇帝对坐，中置一矮几，皇帝面苍白不华，有倦容，头似发热，喉间有疮，形容瘦弱，鼻如鹰钩，据陈意颇类一西人。太后威仪严整，一望而知为有权力之人，似极以皇帝之病为虑，小心看护，貌若慈母。故事，医官不得问病，太后乃代述病状，皇帝时时颔首，或说一二字以证实之。殿庭之上，惟闻太后语音。陈则以目视地，不敢仰首。

闻太后命诊脉，陈始举手切帝脉，身仍跪地上。据言实茫然未知脉象，虚以手按之而已。诊毕，太后又接述病情，言帝舌苔若何，口中、喉中生疮若何，但既不能亲视，则亦姑妄听之而已。太后语毕，陈遂叩头谢恩而退。又以病案及其治理调护之法上呈军机处转奏于帝。陈所开案，先言帝之气体热度等，又述呼吸器病已十余年，又言发热则由于身虚心劳之故。方药则系饮片数种，及调养身心之故，亦不知皇帝果服与否也。

陈既以年迈不甘受拜跪之苦，且如此诊治，毫无把握，乃急欲出京回籍。惟官差重大，不得进退自由。后以法行贿于太监，自陈年老多病，不能留京之故，太后亦不问也。盖当时各省延医甚多，留京者尚有十余人，去一陈未必动宫庭之疑。但不行贿，则内监等势将挑拨，令太后动问，则恐生变耳。故陈知其窍，行贿而免，决无后患也。

是时，慈禧实有废立之意，风示各省督抚，使之赞同。而两江刘坤一、两湖张之洞，皆上奏反对其事。上海公民推经元善为领袖，上书激切言不可废立之事。太后震怒，命捕经治罪，经逃之涛（津）门以免。慈禧又以帝名义降谕，罢免新政，谕谓：

> 朝廷振兴商务，筹办一切新政，原为当此时局，冀为国家图富强，为吾民筹生计，并非好为变法，弃旧如遗，此朕不得已之苦衷，当为臣民所共谅。乃体察近日民情，颇觉惶惑。总缘有司奉行不善，未能仰

体朕意，以致无识之徒妄相揣测，议论纷腾。即如裁并官缺一事，本为陶（淘）汰冗员，而外间不察，遂有以大更制度为请者。举此类推，将以讹传讹，伊于胡底。若不开诚宣示，诚恐胥动浮言，民气因之不靖，殊失朕力图自强之本意。所有现行新政中裁撤之詹事府等衙门，原议将应办之事，分别归并以省繁冗。现在详察情形，此减彼增，转多周折，不若悉仍其旧，着将詹事府、通政使、大理寺、光禄寺、鸿胪寺等衙门，照常设立，毋庸裁并。其各省应行裁并局所冗员，仍着各督抚认真裁汰。至开办《时务官报》，及准令士民上书，原以寓明目达聪之用。惟现在朝廷广开言路，内外臣工条陈时政者，言苟可采，无不立见施行。而章奏竞进，辄多摭拾浮词，雷同附和，甚至语涉荒诞，殊多庞杂，嗣后凡有言责之员，自当各抒谠论，以达民隐而宣国是。其余不应奏事人员，概不准擅递封章，以符定制。《时务官报》无裨政体，徒惑人心，并着即行裁撤。大学堂为培植人才之地，除京师及各省会业已次第兴办外，其各府州县议设之小学堂，着该地方察酌情形，听民自便。其各省祠庙不在祀典者，苟非淫祀，一仍其旧，毋庸改为学堂，致于民情不便。此外，业经议行及现在交议各事，如通商惠工，重农育材，以及修武备、浚利源，实系有关国计民生者，亟当切实次第举行；其无裨时政而有碍治体者，均毋庸置议，着六部及总理各国事务衙门详加核议，据实奏明，分别办理。方今时势艰难，一切兴革事宜，总须斟酌尽善，期于毫无流弊。朕执两用中，不存成见；大小臣工等，务当善体朕心，共矢公忠，实事求是，以副朝廷励精图治、不厌求详之至意。将此通谕知之。

于是帝所经营百日间之新政，一切推翻，而凄凉寂寞之小岛中，黯然无色矣。

（三） 不准射鸟

瀛台本为帝、后避暑之所。戊戌政变后，太后驱帝于此，无分冬夏皆居之。每日朝罢，即赐一藤椅，置台中，令帝据其上，中宫及妃嫔皆隔绝，不许通闻问。苟离藤椅，则左右监视之太监必报知。若动笔墨及阅视书籍，尤悬为厉禁。帝遂借痴騃孩气以自韬晦。

一日，帝见海子中水鸟飞翔，伫立良久，忽顾命太监，欲得弹弓取中，以为消遣取乐地。盖内监中恒有此器，帝固见之熟也。一小内监不知利害，闻帝有命，欣然往室中取出以授帝。帝援弓发丸，果得中二小鸟。正娱乐间，不知已有他监报于太后，太后命监问讯："孰敢以弹弓献帝，导为淫乐？"小内监闻之，色变，知不免，乃自投于海子中以死。太后闻之，犹罚其他监视者数人，或笞或苦差，无一免者。自是，帝有所命，内监充耳不闻矣。

（四）　雪天赐狐裘，除夕食汤团

日本某军官，庚子联军入京时，曾任军事驻京数月者也。自言管领乾清宫一带地，捕获一内监，拘禁之，询以连年太后待帝情状，能举一事者，予以银币一枚，否则杀无赦。内监乃曰："宫内承值，向分班次，数月或数日一易，予辈固不能常在帝、后之侧也，故予自戊戌冬季至己亥秋间，仅入值五次。又以位分卑，不能窥见个中真相。然有二事常映于脑中者，至今犹耿耿不忘。一日，大雪，太后方居慈宁宫，帝在瀛台，约日禺中时，太后忽命内监携狐裘一袭赐帝，谕曰：'尔可为帝言：老佛爷念万岁爷寒冷，得此裘当温暖。今日虽大雪，正吉日也。此裘钮扣皆系金者，乞万岁爷注意。'又曰：'下二语须续续言之。俟帝答何语，归以报予。'内监领命，以裘进，如太后旨。帝曰：'吾知之。'内监仍续言不已，至于十数。帝怒曰：'吾已知之，尔可归报太后：太后欲吾自死耶？此必不能也！朕得裘，方庆温暖。钮扣金则金耳，于朕何与？'某复命，太后闻之，色顿变，意不怡者累日，自是见上色愈厉，防闲愈密矣。此一事也。又一日，适为小除夕。宫中故事，例设汤团食之，以为吉祥。帝朝慈宁宫，后命以一盎赐帝，计五枚。帝食毕，问：'汤团佳乎？'答曰：'佳。'后命再进五枚，又食尽，复令重进。帝蹙额曰：'饱欲死，实不能食矣。'慈禧作色曰：'予赐汝食，汝可违乎？汝既言佳，又安可不食？'帝勉强食尽，而不能下咽，乃窥太后面他向时，即尽吐于袖中。三碗既毕，复连进两碗。太后方因他事料量，不复赐，帝均佯食。及回宫时，两袖累累皆汤团云。此又一事也。”

（五） 咯血草诏

己亥冬，太后与左右密谋废立。意既定，遂先以溥儁为穆宗嗣，谕军机草诏进。后在慈宁宫召帝入，以诏示之。盛气谓曰：“汝意若何？”帝叩首曰：“此素愿也。”太后曰：“汝既愿之，曷缮此诏，行将发布。”言已，命内侍以朱笔进，嘱帝照录一通。诏曰：

> 朕冲龄入承大统，仰承皇太后垂帘训政，殷勤教诲，巨细无遗。迨亲政后，正际时艰，亟思振奋图治，敬报慈恩，即以仰副穆宗毅皇帝付托之重。乃自上年以来，气体违和，庶政殷繁，时虞丛脞。惟念宗社至重，前已吁恳皇太后训政，一年有余，朕躬总未康复，郊坛宗庙诸大祀，不克亲行。值兹时事艰难，仰见深宫宵肝忧劳，不遑暇逸，抚躬循省，寝食难安。敬溯祖宗缔造之艰难，深恐勿克负荷。且入继之初，曾奉皇太后懿旨，俟朕生有皇子，即承继穆宗毅皇帝为嗣。统系所关，至为重大，忧思及此，无地自容，诸病何能望愈？用再叩恳圣慈，就近于宗室中慎简贤良为穆宗毅皇帝立嗣，以为将来大统之畀，再四恳求，始蒙俯允，以多罗端郡王载漪之子溥儁继承穆

宗毅皇帝为子，钦承懿旨，欣幸莫名，谨敬仰遵慈训，封载漪之子为皇子。将此通谕知之。

此等伤心之文为历史所仅见。谕中不独使自言甘心引退，且以其死刑明告于众，惨何如也，且又不得不谢圣母之恩。慈禧徒以一念之私，遂不惜加害于帝身，以期达其志，亦云忍矣。相传帝以朱笔勉录一过，色沮手颤，屡搁屡起，始能竣事。忽咯血不止，几晕仆于地。后恻然曰："汝宜保重。"盖此时后亦良心发现，不复能举其傲狠之盛气以临之。向之刘季述之幽唐昭宗，陈敬则之逼齐末帝，殆又有过，虽无属毛离里之亲，而名分上乃系母子，亦觉良心上太过不去。乌乎！忍哉！旋太后命内侍以藤椅至，亲为整理枕褥，扶令上舆，若不胜其慈爱者。此皆慈禧诡诈欺人之术，掩饰愚人耳目者。及帝既回瀛台，而太后之颜色复变矣。翌日，立嗣之诏遂下。

三五　老庆记公司（三则）

（一）　庆王干儿陈夔龙、陈璧

庆王奕劻之贪婪庸恶，世皆知之，其卖官鬻爵之夥，至于不可胜数。人以其门如市也，戏称之曰"老庆记公司"。上海各新闻纸之牍尾，无不以此为滑稽好题目。盖前此之亲王、贝勒入军机当国者，未尝有赃污贪墨如此之甚者也。

初，庆王以辛丑和议成，大受慈眷，然实李文忠未竟之功，而王文韶为之助成，庆王可谓贪天之功矣。顾荣禄未死以前，庆王实绝无议政权；及荣禄死，太后环顾满人中，资格无出庆右者，遂命领袖军机，实则太后亦稔知庆之昏庸，远不及荣禄也。

庆之政策无他谬巧，直以徇私婪贿为唯一伎俩，较之树党羽以图权势者，犹为未达一间。其所最喜者，多献礼物，拜为干儿，故门生、干儿满天下，然门生不如干儿之亲也。为干儿之中坚人物者，则为二陈。

一陈夔龙，夔龙本许氏婿，其夫人幼即拜老庆为义父，故夔龙实以干婿兼领干儿之职衔者也。陈夫人事义父极孝，凡所贡献，罔不投其嗜好，且能先意承志，问暖嘘寒，老庆亦爱之如所生。陈夫人常居老庆邸中，累日不去，外间有传其常为老庆亲挂朝珠者。冬日寒沍，则先于胸间温之，或赠以律诗一首。结句有云："百八牟尼亲手挂，朝回犹带乳花香。"亦趣闻也。

夔龙督直时，每岁必致冰炭敬数万，几去其所入之半，其他缎匹、食物、玩好等不计。老庆曾从容言："尔亦太费心矣，以后还须省事为是。"夔龙则敬对曰："儿婿区区之忱，尚烦大人过虑，何以自安？以后求大人莫管此等琐事。"老庆莞然，盖默契于心也。夔龙无子，夫人妒，不许置姬侍。老庆怜之，欲赐以一婢，然恐女不愿，试询之。陈夫人果涕泣跪陈所苦，老庆遂不复过问。后一女死，丧仪糜费，逾于贵宦。老庆赐以冥器全副，凡第宅、车马、玩器俱备。最奇者，特延江南巧匠制一美男子，衣冠楚楚，翎顶辉煌，谓之鬼婿以配之，盖夔龙女尚未字人也。

时庆之门如市，凡外省运动官缺，皆有价值等差。前门外某金店为之外府，而夔龙则其特别掮客也。御史江春霖骨鲠自矢，奋起参劾，中旨恶其诋毁大臣，罢职而去。都下争诵其文，醵资为之祖饯。江氏有诗纪老庆丑史，有云："儿子弄璋爷弄瓦，寄生草对寄生花。"盖其时庆子贝勒载振亦受段芝贵者为干儿。段之年龄固长于振，群哄传以为异，而陈夫人小名某花者也。

其一则为陈璧。璧未得邮部时，颇穷窘。然戚某在京中设金店，常出入庆邸，谓之曰："子苟肯于此一费心思，吾必当全力相助。他日富贵，幸毋相忘可耳。"璧愿求导线，戚乃令璧主其家，渐媒介与邸中人游谈。一日，戚得东珠鼻烟壶数事，重宝也，乘间献之老庆。庆问价几何，戚言："此某戚陈道某所献。"庆骇曰："素昧生平，安可受之？"戚言："彼与某爷交久，诚敬欲见老王爷，特未敢造次耳。"庆笑纳之，嘱暇日来。璧因入拜座下，备极谀媚。老庆大喜，璧因求为干儿，复假某戚金五万以献焉，老庆许之。于是由道藩一跃而入为侍郎，且邮部尚书矣。戚某遂攫得铁路局局长。

璧有妾六人，其第五妾颇风格，喜读书谈时务，且好习外国语言。侄某者曾留学东瀛，年少美丰裁，学业优异。五妾慕之，时与谈论，求其指示，意甚殷拳。盖以智识相切磋，实毫无他意也。璧偶见之，不无猜疑。而仆某者，喜挑拨，为侄所斥，五妾亦恶之。仆因谮侄与妾于璧。璧恨甚，乃使仆人夜杀侄而沈其尸于井。侄故供差陆军部，部僚乐与为友，忽数日不出，咸来问讯，家人答以不知，终莫明其究竟。同僚乃毕力探访，微闻其事，乃诉于法厅。时京师已试办检察厅。既起诉，正拟查究，会革命事起，璧避之天津，事几寝矣。民国既定，始有发其覆者，乃出尸于井，用法验之，显系用刀杀毙，然后投之井中者。乃拘璧及五妾、仆人等研鞫之。时庆已失势，而璧因金钱之力，卒归罪于仆而已得释焉。闻庆居津门，璧辄避道而过，不一存问也。殆所谓利尽交疏，即真父子且或暌乖，况假父子耶？

（二）　竞献祝寿礼物

庆于七十诞辰，大开祝典。各省长官以下，及京中尚、侍以下，皆纳资为寿。庆阳戒其属勿收礼物，而阴则署一册籍，判礼之厚薄多寡为四级：一福字册，凡现金万金以上及礼物三万金以上者入之，另存其名手折中。二禄字册，凡现金五千以上及礼物万金以上者入之。三寿字册，凡千金以上及礼物值三千金以上者入之。四喜字簿，凡现金百金以上及礼物值数百金者入之。其物不满百金者列为一册。寿言、诗文、屏幛、楹联，亦列册记之。闻所受现金计其总数，不下五十万，礼物不下百万云。然三日中自福晋以下所赌麻雀，统计输出之数，亦在三十万左右，其数良可惊矣。

有四川候补道某者，粤人也，家本富豪，意在调署一海关道以为荣。盖其家人妇子之见地，俱以海关为有名誉之官缺，苟得之，胜于其他长官百倍。故某意务欲得之。闻庆王好货，苟满其欲壑，无不可如志，乃挚金二十万来京中祝嘏。先以现金十万为寿礼，而门包仆费亦去三万金。嗣又悉李莲英之能纳贿也，更遣人至粤，取二十万金来，悉数入宫。于是庆王之福字册上，某竟裒然居首。陈夔龙闻之，亟补送四万金，而已无及矣。盖夔龙先止送六万金也。

诞日，庆延某入，置酒奉为上宾，固素未谋面者，同僚亦无一人相识。振、摸闻其为囊家也，诱与博，一掷万金。顾某生长粤东，粤故赌窟，此事殊惯技，邸中人非其敌，某竟获博进十余万金。及去，同人耽耽（眈眈）有垂涎意。明日，某遣人馈振、摸等玩物数事，中有钻戒、珠壶、玉玦等，计其值，盖较博进者过数万金，众始服某之识机也。越日，某更约振、摸等宴于某所，珠围翠绕，穷极豪奢，一夕盖六千余金云。不半月，某果得瓯海关道。出京时，往庆邸辞行，献一四川邛州方竹杖，云："可以扶老，以为纪念。"杖中空，有银券三万两云。庆于是喟然曰："此诚可儿也。"

（三）　庆邸败落遗闻

庆自革命后颓丧欲绝，宣统帝既宣告退位，彼声言必以老命殉国，实则口硬骨头酥耳。于是家人亲友，俱劝之出京，往居津门，闻其产寄顿外国银行者，约在三百万左右。于壬子正月十三日出京，系其亲家孙宝琦所力劝。庆初意尚欲老死宫门，而孙亲家则强令其家人捆载行李，雇揽大车，凌晨軂辘出正阳门而去。去未数时，而其诸子中历娶各种宝宝最有名之摤二爷，及在花柳界足与摤二爷相伯仲之隆五爷，竟率领大车数十辆，又某外国兵数名，直入老王之宅，分载财宝以去。到东交民巷某处停车，则各仿照梁山泊中之大秤分金银法，一一瓜分而散。惟时载摤常挟美妓往来京、津间。北京韩家潭中有庆余堂小班者，摤二爷夙游之地。班主曰“牛皮阿大”，庞然大物，服御豪侈，总领八大胡同之风月，殆亦七十鸟中之亲贵也。二爷所结识之诸宝宝，多为牛皮阿大所拉之皮条。民国肇建，阿大虽已移其连络亲贵之手段，媚结新国人物，然有时尤不忘旧恩，谄事摤二爷甚至。凡摤二爷之来踪去迹，阿大特守秘密主义。然遇秘密侦探，则其秘密终须揭破。盖庆余堂中有一名花曰“花艳红”者，实最后与摤结不解缘者也。民国元年之秋，大总统命令“镶红旗副都统载摤，因病呈请开缺，着准其免职”云云。此实民国成立后，老庆子姓之名字，得见于公文书中之第一次也。当日老庆记之两小老班，既将老主人之遗产实行民生主义以去，及老庆复归，则大观园中物事，遂已抄洗一空。其老家人如焦大、王善保、周瑞之流，乃告以琏二爷、珍大爷之所为。老庆叹息而言曰：“他们拿去，也就罢了。”神色阳阳如平常，绝不似好货寡人之口吻。于是乃有庆党之人物，为其主辨护曰：“可见庆王并不要钱，特汉人作坏葬送之耳。”此人乃大守民族主义，汉人某君语之曰：“君言诚然，但譬之妓然。高抬身价之妓女，虽未出门拉客，而客自以金窟奉之。君宁得谓此妓不要钱耶？”庆既侨寓天津，实行其颐养主义。平常大抵聚福晋、格格等打麻雀，其底码大都收束，以百计而不以千计。闻一万元底，则久不义矣。每日饭后起，以四圈或八圈为度，完后则福晋等各散，乃自洗骨牌而打五关矣。

三六　倚翠偎红

晚清政界趣闻，实推庆邸二子为最。前所述者，略见一斑，然尚未及其正文，正文惟何？则振之杨翠喜案，而配以搏之红宝宝是也。但振为惟一之翠，而搏乃红不一红，好看煞人哉，此红红翠翠相映带也。

初，振常往来京津间，与外省官僚游宴，号称通达时务，名誉鹊起。盖振曾出使，贺英皇加冕，有《英轺日记》之著述，一时风头颇健。又年少好交游，群小趋附，公然以太原公子自居。有盐商王竹林者，工于谄媚，以依附贝子之末光为荣，遂吮痈舐痔，无所不至。会北洋派中之末弁段某，怀挟运动之野心，思拜庆邸门下而无其由，时于冶游队中得晤此太原公子，因毕力拉拢，得遂其愿，乃竟以年长几倍之身，荫庇于美少年之宇下，而谓他人父。此犹不足，乃怜少父之无庶母，而物色风尘之外，得一色艺双绝之女伶以献之。于是曲意承欢，严君大悦，养子遂树高牙大纛，建旗鼓以独当方面矣。振本爱观剧，尤喜顿脱家风，见杨翠喜妖艳动人，偶露词色，其大养子遂以盐商之媒介，亲置此少父于尤物之房中，交情火热，自当贮以金屋。王竹林锐身自任，为之摒挡脱籍。于是香巢赌窟，一以贯之，迷此太原公子于温柔乡中，此间乐不思蜀矣。无何，鼓钟于宫，声闻于外，彼铁面无情之恶御史，不顾人家好梦，忽然大声疾呼起来，“吹皱一池春水，干卿底事”，都老爷诚不解事人哉。白简一声，春雷起蛰，中朝为大官顾惜名誉，不得不交查办。于是津门之三不管中，有一人来管起。此太原公子之东车站游兴，忽然为之打击，殆如“渔阳鼙鼓动地来，惊破霓裳羽衣曲”也。于是，全只纸老虎尽被铁御史触穿。外间物议沸腾，闹得老庆也动怒起来，说：“你是朝廷大臣，如何这样不顾面子?”振大爷不得已，把此事都推在盐商王竹林身上，轻轻将此位色艺双绝之尤物，也送给这大腹贾了。那大养子更不敢出头露面，好像一些没有关系的样子。于是朝廷所派查办之大员，按照常例复命，恭恭敬敬呈上八大字，谓之：“事出有因，查无实据。”一天风雨，从此消灭。但可惜如火如荼之振大爷，竟免尚书之职而下台矣。哀哉！杨翠喜必自咎曰："是妾命薄，害了公子。"呜呼！"门前冷落车马稀，老大嫁作商人妇"，竹林之幸，而翠喜之不幸也。

若夫振二爷之于红宝宝、苏宝宝则异是。今日八千金娶一名妓，明日一万金又娶一艳姬，予取予求，自适其适，绝无政治之臭味，或者于新闻纸中，讥其骄奢淫佚，咒诅老庆，以为悖入悖出之报，不知此乃村妇骂人口吻，于跌宕自喜之二爷，无毫末损也。后闻两宝宝不睦，竟闹出许多笑话来，以至二爷左右为难，乃遣之南下。异哉！终与振大爷之艳史同为一场春梦。彼由外铄，此则内溃。呜呼！女祸烈矣。或取某御史诗句，改窜成一联云："儿自弄璋爷弄瓦，兄曾偎翠弟偎红。"一段佳话，归结有清二百六十余年之国祚，较之陈圆圆、寇白门、董小宛、顾横波辈，便宜多矣。虽然，今之红、翠尚在，试使一谈往事，必不胜其天宝宫人之感也。

三七　某福晋

自慈禧有致毒慈安之嫌疑，谈者皆谓与名伶杨月楼有关系，然究不知其确否。惟宣统之季，复有某福晋与小杨月楼私通，偕往汉口漫游之怪剧。

初，某福晋好观剧，而尤好小杨月楼之剧。以杨月楼有父风，丰姿、态度、身手，无一不臻美善。某福晋日往厢楼独坐，凡宫中供奉及堂会，尤无不注意。后遂招之邸中，结为腻友。某贝勒心勿善也，而怵于阃威，亦无如之何。

某岁夏，汉口忽来一贵游，声势煊赫，自称贝勒，所携眷属曰福晋，日事遨游，殊不与官场通往来。众咸异之，或告于瑞澂。澂命人往觇之，仿佛言是某贝勒，澂骇曰："某贝勒来此而不告我耶？"欲自往拜之，幕客某止之曰："是必有故，得毋福晋为真相，而贝勒则赝鼎耶！"澂憬然若有所悟，乃使警厅密为防范而已，则微服往窥之，果非贝勒。及福晋出，则似曾相识，确为某邸中人物也。于是令警厅出其不意，捕男子出，福晋未之知也。警长严诘之，始供身系伶人，为福晋所劫，令与俱来，冒贝勒非己意。正研鞫间，忽澂遣人传语："已得京中急电，访问福晋消息，今姑拘留此伶，由我电请京中，得复办理可也。"旋得电"速令回京，勿事逗遛。诚恐体面攸关，徒滋众口，自不必在汉口办理"等语。乃遣人以电示福晋，恳其即日返京。福晋犹大言："须释杨伶偕行，否则立电京，撤去尔等差使。"语甚强项。澂请福晋启行后始释放，福晋不允。澂不得已，乃命差官护送还京，实则不啻押解杨伶也。既至京，福晋竟使杨伶自去，而身归邸中，差官不敢与争。及见贝勒，第言护送福晋而已，贝勒亦不追诘，慰奖数语而罢。差官回鄂，含糊复命。适革命义旗起，亦无人复究其事。

民国既定，京师新闻界中有揭载其隐者。盖福晋回京后，仍时与杨伶并辇往来。因并记及鄂中事，为贝勒所见，乃驰总统府泣诉袁氏，谓报界污蔑其名誉。袁氏乃特命警厅查禁报馆以慰之。然福晋秽史，业已喧腾人口，无可掩饰矣。

三八　磨盾秘闻（十二则）

（一）　僧格林沁与贩夫较力

咸、同间，有忠亲王僧格林沁者，武艺盖世。时率兵平捻，驻扎山东济、历间，门下食客以武技名者数十辈。有贩羊肉者，衣服破敝，肩荷担一，每日过门以为常。一日早归，日未晡，下担憩息邸门外，出胸旁所插短烟杆，盛以烟，燃火吸之。府门左右间石狻猊二，贩夫倚之，且弄其所衔烟。吸毕，突趋而问阍者曰："吾闻王善武艺，且门下多材，其技果何若耶？"阍者置不理。再三问，阍者益鄙之，掉首入内。贩夫怒，举石狻猊各旋之北向，遽去。阍者出见，怪之，思必贩夫所为，惊且惧。时王适他出，阍者恐归受责，奔告食客。食客思旋使复原状，卒不能动少许。方喧嚷间，王归见而异之，以问阍者，阍者以实告。王曰："人可致乎？"阍者曰："晨必经此。"王曰："宜留之。"

次晨，贩夫来，报于王。王出，令其复旋之南向。贩夫执石狻猊足，以肩腹荷之使旋，如举桌然，王称善者再。既顾见担中盈羊肉，命买二斤。时肉值低，每斤不过三十钱。王命仆往取钱，不计数，竭仆之力取之以与王。王以二指摄立持之，太前足趋后，太后足趋前。顾命贩夫取之，不能动；力取之，终不出一钱，以担绳贯指下，向抽之。王见绳将绝，贩夫汗涔涔下，恐前仆也，命已。出钱，钱已十八九碎，贩夫乃伏拜谢罪。王曰："子所谓质美而未学者也，然亦难矣。"命赠钱十贯，布十四，遣之。

此事某先生为予言。先生固昔日之投笔从戎，久历行间者也。先生复谈数事，因并志之。

（二） 捻军覆灭秘闻

同治六年十月，铭军追捻匪至赣榆县。时捻势已促，而渠魁任柱殊死战。部下有潘贵陛者，与铭军马队营官邓长安为中表亲，久陷捻中，忽愿投诚，密语邓："自矢刺任柱为贽，功成乞上赏。"邓携见刘铭传，刘谕不必剃发，如得手，保二品官，赏三万银。

是日下午，中军驻县西门外，左右军驻东南、西南两处。正造饭间，探报捻大队由东南来，即拔队迎击。任柱御之，未交绥。潘见任柱来，驰马迎之。任问："何以得回？"潘曰："中表邓某保留得不死。"问："何以不剃发？"潘曰："我伪对刘帅言，留发以便出入两军间，劝大王降也。"任问："刘帅现在何处？"潘指从西来有白龙长旗者，即刘帅坐营。任即传令攻之，潘出不意，奋手枪击其背，毙焉，遂急驰回阵报刘帅。刘不信，将斩之。潘曰："且复觇之。任柱死，其队必哗乱；若不哗乱，则任未死，大帅杀我未晚也。”顷之，贼队果哗嚣而退。左右两军合击，大破之。追杀四十里，斩万余级。

有黄旗马队善庆者，旧隶僧王部下，王薨，遂从刘。其时亦迎击，争潘功以为己功，得上赏，而潘遂仅得三品官、二万银矣。故奏报中死任柱者为善庆，非潘贵陛。同时有伪卫王李永，伪曾王赖汶光，皆被官兵击散。永逃，往投李世忠，世忠缚献安徽巡抚斩之，赖汶光逃往扬州，为华字营统领记名道吴毓兰擒斩之。

（三）　军中“木兰女”

皖人朱某者，读书应试，年逾冠不能青一衿，忿而弃去，从军为书记。展转数年，随大军度关陇，隶统领陈姓麾下。统领系记名巴图鲁，饶具武勇者也。朱年少，貌翩翩，性秉和蔼。统领甚倚重之，为同僚所不及。

一日，统领忽独召朱入，夜饮极欢，既醉，留与同榻，朱不可，拔刀将杀之。不得已，勉从焉。及登席，始知统领为女子，且处女也，大乐。朱由是每夕必宿统领所。同僚咸鄙之，以朱必为龙阳矣。无何，统领腹渐大，将产矣。大惧，无策，又不敢冒昧堕胎，商于朱。朱怂恿直言禀大帅。时征回事急，左文襄督陕甘。朱乃举木兰故事为言，谓必不见斥，从之。

文襄得禀，大惊异。欲奏闻，幕僚止之曰：“古今时势殊异。今朝廷方猜疑汉人，恐事涉欺罔，反因之得罪，不如其已。”乃命朱袭陈名，统其军，陈于是易弁而钗矣。

后朱从征回国，得功升提督。请归家，更纳二妾。陈大怒，挟其资财与所生子居甘肃省城，遂与朱绝。

初，将军多隆阿由湘入陕，道出荆子关。军中募长夫，有童子应募而来。面黧黑，且多痘瘢，且硕大多力，人绝不料其雌也。初入营牧马，继拔为正目，得洊升至记名提督巴图鲁。雄飞十年，一旦雌伏，奇矣。江夏范啸云游戎，曾隶其麾下，言其为人豪爽，绝无巾帼气，独喜与文士谈。其以身事朱，殆即赏识于牝牡骊黄之外者也，洵奇人矣。某君欲为作《铁马缘传奇》，未果。朱之好色而背此英雌，令佳话不完，宁非薄幸之小人哉！

（四）　陈春万巧运得福

湘淮军中为激励部下计，保奖极滥，部册载记名提督近八千人，总兵不下二万人，副将以下，则车载斗量，不可胜数矣。故提镇大员，苟欲得实缺，非督抚密保不可。有桐城人陈春万者，农夫也，多力而有胆。同治初投湘军，随大军转战出关陇，亦保至记名提督、巴图鲁、黄马褂矣。左文襄颇喜其勇，然以其无智虑，又不识字，十年来位不过营官，不但无简任之望，且并数营统领而不可得，郁郁不自聊。文襄既出关，陈营又裁撤，更无赖，贫不能归。迨文襄班师回任，陈欲面求一差委。及见文襄，忽向之称贺。陈骇曰：“标下来求中堂赏饭吃耳，何贺之有？”文襄曰：“尔尚不知耶？尔之印较我印大且倍也。”陈愈不解，文襄乃命设香案，命陈跪听宣旨，始知已特简肃州镇挂印总兵。廷寄到已数日，正觅其人不得也。清制：挂印总兵，体制尊崇，与寻常总兵夐异。其制盖始于雍、乾时用兵西南，年兵诸帅所奏请，例准专折奏事，不受总督节制，如定化镇总兵，乃挂定边左副将军印之类。时文襄颇疑陈以同乡情谊，密求李文忠而得此缺，甚忌之。盖因肃州镇出缺时，例由文襄奏报。即随折报二人以进，而皆未用故也。后始闻内廷人言，是日，军机开单呈请简放时，帝笔蘸朱太饱，未及见文襄所保之人，而朱墨已滴于陈名之上，帝遂下笔补之曰："即此可耳。"陈乃得之意中外，亦世俗所谓巧运也。不二年，谢病归。盖龋龁者多，终不克安其位。

（五）　张勤果轶事

张勤果公轶事颇夥，某君偶述之，乃最书其略如下：公讳曜，字朗斋，本浙之钱塘人，世居吴江同里镇。少年斥弛不羁，恒见恶于乡里。一日为其戚陈批颊而训之，乃大悔恨，走河南，投其姑夫光州知州蒯其其（某）。蒯以其无业，不之礼，月给数金豢养而已。勤果壮伟多力，食兼数人，署中两飧不得饱，乃日私食于市，所得金辄不敷，而衣褴褛不顾也。

时发、捻交哄，各省戒严，光之绅民募乡兵为捍卫计，请于州守，委一人统之，合署无愿任者。勤果请行，蒯许之。遂部勒乡兵壁城外。未几，有捻之大股窜州境。勤果率所部遮击之，斩获无算，捻遂溃。盖为僧忠亲王所败，尾追而至此者。贼退而王至，勤果率众跪迎道左。王壮之，询击贼状，大喜，立畀五品翎顶，以知县列保。不二年，洊至河南布政使。因得罪巨绅刘姓，刘族有为御史者，劾以目不识丁，奉旨改南阳镇总兵。仍统所部号为嵩武军者，累立功于河陕、关陇间，擢提督。

光绪初，入卫京师，膺慈眷，授山东巡抚。值岁大饥，勤果捐兼俸并集巨资以振之，全活无算，山东民至今感之。刘御史后为知府，被劾归，贫无聊赖，乃与勤果通殷勤。勤果岁必以巨金贻之。其书报，则钤以“目不识丁”四字小印，亦谑矣。

勤果后被劾，发愤读书，延通人教之，文学大进。其书法尤胜，有颜之骨、宋之肉，颇秀健，尺牍亦隽语络绎。或云其夫人甚通翰墨，得于阃教者为多。勤果最敬礼其夫人，终身不置姬侍。相传有同官自夸不畏其妻者，勤果色变曰：“子毋然，夫人可不畏耶?”其风趣类此。

（六）　孙金彪轶事

勤果之部将有孙金彪者，亦奇士也。与勤果同乡里，居盛泽镇，未达时即以勇侠称。父名孙七，精拳技，恃博为生，有枪船四五十艘。枪船者，首锐棹双舻，瞬息百里，鹢首置大铳一，中藏四五人，内河寇皆恃此为利器。七有德于镇，镇之人无贫富皆服焉。七既死，金彪年仅十四，入武庠为诸生，群枪船仍奉之为主，设博场于镇。金彪年虽少，独能以兵法部勒其众，刑赏无所私。

时苏城已为粤匪所踞，镇有富人黄某者，虑贼来镇劫掠，密通款于嘉兴贼酋，得伪檄，民赖以安。是江浙商贩自上海出入于贼中者，辄以盛泽为枢纽，镇益殷富，事无大小皆阴决于黄。会有小鬼法大者，邻镇大猾也。闻盛泽繁盛，率枪船百艘，莅镇设博局。既而忽思大掠以投贼，已密定期，黄闻之大恐。金彪之党谓黄曰："并世有英雄而君不知，毋怪君束手无策矣。欲制小鬼法大，盍用金彪乎？"黄大喜，盛筵款之，金彪允诺。会有皖北巢湖粮艘千人，避乱萃镇上。金彪往说其酋助己，遂与小鬼法大战，擒而磔之，尽夺其舟。于是设保卫局，集枪船团练为战守计，事皆一决于金彪矣。

初，金彪之灭小鬼法大也，举盛泽附镇，使举酋设博局以为酬。巢酋自恃功高，欲分盛泽博之半。弗得，则怏怏不能平。金彪度巢酋终弗戢也，思并之。会巢酋生日，金彪载羊酒入寿，而伏枪船于芦丛中以待之。饮博至暮，谓酋曰："今夜月色大佳，吾两人驾小舟纵饮湖上可乎？"酋从之。中流酒酌，金彪请以铳击宿鸟赌胜负。酋三击不中，忿甚。金彪曰："我一击便中也。"遂洞酋胸，毙湖中。众大噪，伏舟尽出。金彪手佩刀，号于众曰："若主欲为盛泽患，故除之。若毋恐，从者听吾约束，否则驾尔舟归乡里，决弗汝歼也。"众皆降。于是金彪势大盛，苏贼睨之莫敢犯。

会李文忠克吴江，金彪散其众，以保卫功授千总。东南大定，生计日拙。张勤果返自河南，赏其智勇，挈至陕，以功擢记名提督，授陕西汉中镇总兵，赏黄马褂。光绪壬辰、癸巳间，统嵩武军驻山东之烟台，为东军冠军焉。当金彪设保卫局时，一日闻渔父诉曰："孰谓孙氏守法者，乃取我大黑鱼而不与值。"夜既半，金彪忽呼庖人治鲙，庖人求鱼不得。方咨嗟间，一卒以鱼献。命渔父质之信，遂斩以徇。自是所部肃然，全镇以安。识者早知其为将才也。

（七） 蔡氏兄弟保镖传奇

四川某令积有宦囊，欲赉（赍）还其家，患群盗纵横，迟疑未行，适表弟曹某至。曹固以拳勇闻，力敌百夫者也。令大喜，置酒洗尘，终席夸曹不去口，并言欲护资还家，今得其人矣。幕客蔡氏弟兄请曰："令表弟之武艺，可赐观否？"令目曹，曹慨然曰："可！"即撤席，虚中堂，曹挟两白刃起舞，光闪闪不可逼视，座客皆嗟异，蔡氏兄弟无言。令曰："何如？"蔡曰："不敢言。"令问："何故？"蔡曰："以君之表弟也，故难言。"曹怒曰："君薄之乎？君能之否？"蔡曰："操若技以往，命且不保，何论橐中金？"曹不服，欲观两人技能。蔡顾仆曰："以我兵器来。"仆去，携枪一、刀一、盾一至，置堂上。两蔡曰："献丑矣。"一持枪，一持刀、盾相扑击，往来跳跃，轻如飞鸟。既而斗益急，如飘风骤雨。座客皆目眩，不辨其为弟兄枪刀也，良久方已。曹大服，因曰："两君之能，何不作镖客，可得重酬，乃寂寂甘居幕中耶？”蔡曰：“我两人故保镖者也。某年在京师有布镖银三十万，欲保赴苏州。镖行难其人，佥曰：‘非蔡氏兄弟不可。’我家南中，亦欲藉此归视，乃许之。既行，入山东境，天雨道泞，留止客店。偶倚店楼间，望见对楼一少年倚窗观书。时予方吸烟，少年嚄曰：‘好烟！此南中香奇也。’余因寂寞，过少年谈，携烟一包赠之。问姓名不答，但云：‘君将欲何往？’告以故。少年摇首曰：‘近日绿林豪客甚多，前行大不易。’正谈论间，楼下有过者，虬髯绕颊，肩青蚨十数贯，忽失足颠仆，童稚环睹而笑。虬髯徐起，理其钱，仍肩而去。少年目送之，不少瞬。余曰：‘此行路者，久注视何为？’少年笑曰：‘君不知绿林中暗号耶？虬髯，盗也。跌非真跌也，为暗识于阶下。其党过此，即知镖银在店中，以便认明会集，下手行劫耳。公身为镖客，而不知此等关目乎？’予惶悚而退。越日天霁，次晨将行。少年携酒一壶，熟鸡一只，直据上座，取鸡、酒且酌且啖，大言曰：‘我来观汝等长技，何不一试演？’予兄弟遂取矛盾，击刺于前，尽生平之能以贡之。少年曰：‘命可保矣，镖银则难保也。’乃曰：‘奈何？’少年曰：‘此亦天缘。吾当送汝曹一行，惟吾言是听则可。’因诺之，遂偕行。先走数程，少年皆曰：‘无妨。’又安睡。一日，少年曰：‘明日宜早住店，且须住某店有楼者。止吾辈一团住，毋留外客。’如其言。比晚，少年令尽移橐银置楼中，约曰：‘汝兄弟各携器械，守前后门，楼上我可独当之。仍令一仆侍我。汝等闻有声响，勿妄动，我命汝乃来。’是夜，予兄弟在前后门，迄不见盗至，但似闻院中有刀杖声。少年不呼，不敢入也。天将晚，少年始呼曰：‘幸无事矣。我杀盗十数，盗退矣。’某等错愕，少年拉至楼后院中，地上血迹淋漓殆满。问所杀之盗今安在，少年曰：‘已移掷二十里外矣。两君前途珍重，更无他虞，吾亦从此别矣，一言奉赠：此后勿再保镖也。’言毕，飘然去。某等召楼上仆，询所见。仆曰：初无动静，少年但对灯默坐。近三鼓，屋瓦戛戛作响，少年已不见。即闻后院有刀杖声。未几，少年又在座。如此者数次。忽一人闯然立灯前，绕颊虬髯如猬，忽与少年俱不见。少年俄又还座。闻楼下大声曰：‘究竟楼上何人？’少年应之曰：‘九郎也。’楼下啧啧太息曰：‘何不早言？徒伤兄弟无数。’后遂寂然。终不知少年为何许人。我等自此不敢保镖。今君技尚不如我等，可挟重资远行乎？”曹唯唯而退。

（八）　唐将军善战

唐将军者，河南人，谈者忘其名。嘉庆初，川、楚教匪作乱，唐在军屡立战功，军中获贼妻女，每赏军士。一日，获贼头目妻，国色也。唐请于主帅，欲得之。主帅曰：“以赏兵则可；汝弁也，不可。”唐曰：“不为弁，可乎？”主帅曰：“不为弁乃可。”唐遂辞官挈丽人还乡。

年余无事，且病，病甚剧。时教匪有苟文明者，麾下有朱漆火枪三千杆，号“无敌”。杨宫保遇春亦患之。诸将聚谋曰："我等殊血战，唐某独闲居，今病于家。病而死，可惜。不如劝之出，助我辈立功。"杨宫保及与唐素善者数人往迎唐，唐病甫痊，具言文明难破状，因劝之出。唐曰："我出不必至军中，诣贼中为间可耳。我谋文明必以夜。诸君归，视贼营号火起，即发兵援我。"诸将诺之，唐投贼营。

文明爱其武勇，又机变能察文明喜怒。文明倚之如左右手，所卧室他人勿能入，惟唐与偕。文明好男色，唐掠美童献之，文明益喜。前后凡得娈童四，进文明。因醉文明以酒，令四童子侍寝。夜三鼓，唐察文明已睡熟，鼾声大作。试呼之不应；以手撼之，不动。犹恐其醒，解衣入被，抱而撼之，文明仍熟寐。唐急起，取佩刀断其头。披衣潜出帐外，乘骏马遁归。唐去移时，贼营始觉，急来追。唐发号火，官军望见来援，贼乃退，三千人遂皆哗散，唐之力也。

后滑县教匪起，唐从杨宫保往剿。杨率手下亲兵二百人，行至道口，侦者曰："此贼巢也，宜由他道走。"宫保曰："我来剿贼，无避贼理。"当即进道口，唐请先往探之。既入，见群贼方烧羊肉饮酒。唐竟升座饮啖，贼以为其党也，不问。饮毕，唐忽起，拔刀杀数贼。贼惊，群围击之，唐力战死。杨宫保在外闻喊杀声，即与二百人俱进。遂破道口，夺唐将军尸以归。

（九） 苌渭清掌功无敌

河南孟县有苌渭清者，本秀才，好习《易筋经》法，相传其法为岳武穆所遗也。苌习之颇精，力能屈铁。大铁钉长尺许，错置三指间，指一动，已曲如钩。友或戏之曰："案头石砚颇厚，今欲碎此砚，毋令案动摇。当饮君酒。"苌答曰："此酒不易得饮。"以手微抚砚，案未动砚已碎，以故苌名闻于四方。

尝为友人自陕中送万金归豫，盗四人尾之行，皆狰狞少年，各以布裹双刀插腰间。见苌孤身客，挟多金，料必能成事。不测浅深，随十数程未敢下手。将近河南境，苌住店前屋，四人住后屋。苌往见四人问："公等将何往?"四人曰："某等诣河南访友耳。"苌曰："非也。公等实为我来。亦知河南有苌渭清乎？即我是也。如不信，请视院中石。"盖院中大石长丈许，厚阔各尺许。苌以手上下按之，随手成数段，四人者相顾色变。苌袖出白金八两曰："诸公远来，今空归，恐缺旅费，以此备一夕之餐。"四人亦不辞，是夜未曙，先苌行矣。

时少林寺有梅花和尚者，拳法极高，屡邀苌角艺，苌不往。后苌适某处，道经少林寺，梅花和尚预知之，遣徒数人，候于寺外。苌过，共邀之入。梅花和尚出迎，喜曰："慕苌相公名，如饥如渴。今日见过，真天幸也。"留苌饭。饭毕，和尚请曰："愿赐教。"苌不可，和尚请之益力，苌乃与偕至大殿。和尚作势，遥立呼苌曰："苌相公，任汝有何武艺，尽管使来。”苌亦作势敌之。两人作势殿上，于手搏法谓之遒风。相持既久，和尚忽奋掷一腿，苌侧身避，以手按之，举于空中，随以掌拍脚心。和尚上窜，顶撞于梁，复下坠地，半晌方起，拜于苌前曰：“相公真天人也。”苌曰：“我所以不愿交手者，知汝与我功夫不同，汝欲及我，须再加十年功，未卜能成否也。虽然，亦难为汝；若他人，则脑浆破矣。”

苏州有善手搏者曰：“金瀑山游大梁，与苌相遇，交甚厚，终未敢角艺。或问金曰：‘河南拳勇，高手几人？’曰：‘甚少。’曰：‘君能胜苌渭清乎？’曰：‘是何言？我曹纵能技击，然身体皮肉也，若苌渭清则铁石且不如也。皮肉不能敌铁石，况过于铁石者乎？’”

（一〇）　甘凤池角世武林

康熙末，南京甘凤池为天下拳师第一。尝遍游海内，访求能者。至四川某山古寺中，有徒数十人从师学艺，甘亦与焉。庙中一老僧，年八十矣，一腿偏废不出。一雏僧才十余龄，见甘等习艺，曰：“汝等胡为，终日轰轰，师父将命我殴汝等矣。”言毕，出寺去。甘不为意，师曰：“雏僧言非无意，俟其归，试嬲令出手，一观何如。”雏僧归，甘如言嬲之。雏僧笑曰：“前言戏耳，我焉能解此？”甘固请之，雏僧即举拳挥霍。甘之师者，双目瞽矣，侧耳听之，惊曰：“拳景极高。”因命甘曰：“汝试往见老僧，当有以教汝。”甘肃衣冠，诣老僧求见。老僧坐禅床，曰：

“汝所能，我已知之矣。汝视我墙中碑非完好者乎？”甘视之，墙中砌有石碑三，果完好。老僧忽伸病腿奋击墙上，其腿较不病者转长，墙屹不动而三碑齐折。老僧曰：“此谓内功，若汝所为，则外功耳。充汝之能，此一腿可使墙碑俱倒，然碑不得断也。”甘大服，请从之学，尽得其秘以归。

甘后家居授徒，一僧至门外化缘，予之钱不去，予之米不去，问何所欲亦不应。甘徒皆刚暴好事，怒殴之，僧亦不动，群起奋击，僧仍凝然若不知被殴者。徒大怪之，趋告甘。甘出，僧起立曰：“君在家甚善。明旦约某处城根相见。”甘如期往，僧已先在。僧曰：“我与君之能，尚用较量乎？但我来，与君一验功夫何如耳。”甘曰：“惟命。”僧坦腹负城墙立，曰：“君先拳我腹上三，我亦还击三拳。”甘即运拳击僧腹者三，僧不动。甘念僧腹能支伊拳，艺非常矣，转惧僧拳已勿能胜。然不得已，亦坦腹负墙立。僧奋右臂击之，拳且及，甘倏蹲地，拳从肩上过，深入城墙尺许。甘骤起肩其臂，臂断，僧色不变，徐以左手扶右臂出曰：“果然好。后十年再相见。”后竟不来。

甘尝遇少林寺龙僧吉小山于旅邸，龙吉小山者，与白眉和尚齐名，少林寺最高手也。问知甘姓，且南京人，即曰：“甘凤池，君何人？”甘诡言：“身系凤池之侄。”僧曰：“然则名家子弟，必工手搏法。”甘逊谢曰：“粗能之，而未精也。”因与较拳法。初亦相当，无甚高下。既而用器械，僧使铁筋筋。甘见柱石下垫旧铁刀，即起柱石，取刀敌之。斗良久，正吃紧时，甘挥一刀去，计必中僧，万无解免之理。僧头忽缩入颅，较寻常多缩入寸许，刀从顶上过。甘投刀下拜曰："我师也。"遂师事之。比归，终不敢言身即甘凤池也。

甘官侍卫时，偶于宣武门外闲行，见一道士从城内出，隆冬披葛衣，流汗满面，其行甚疾。甘见光景非常，急避之，道士已从身畔过，擦其肩。甘立不定，坐肉铺木墩上，压墩至地，道士不知何往，木墩碎若粉矣。甘无事，为贩马客医马。新马未调良，欲踶人，皆就甘医。甘以铁棒搅马后窍，马怒。甘坦腹受其踶，仍搅不已。马腿酸，蹄痛，不复踶，则更易他马，盖日医数十马以为常。

甘既老，犹保镖，旗书"南京甘黑虎"，盗望见之，皆敛手退。舟行至湖广，有女盗三人，在水面飞步至。甘坐船头看书，心甚异之，故示暇闲，仍一手持书，一手执枪以待。一女登舟，即夺其枪，二女助之，甘遂为所杀。甘之子尝习父艺，一日，慨然曰："我学父艺，艺如父止耳。当尚有进。"遂出外不复归，闻父死乃归，归而复建甘黑虎旗号。保镖赴湖广，至父死所，亦坐船头观书，三女盗复从水面至。甘子闻父死时右手执书，左手执枪，乃左执书右执枪以待。一女甫登舟，急以书扑其面，而枪中腹矣。女坠水死，二女遁去。

（一一）　罗思举弃盗立功

罗提督思举者，四川人，少为剧贼，犯案甚多，县令擒之至，杖杀之，薄棺埋郊外。罗夜复苏，撑棺破，掀浮土而出，逃入啯匪大倭子党。大倭子素耳其名，如虎得翼，引为心腹，所卧室惟罗得入。大倭子凶暴，每以非理虐其党，党人有阴欲谋之者，恨力不敌，计非罗莫能办此。乃厚结罗，且告之谋。罗亦恶大倭子之为人，许之。值盛暑，大倭坦腹卧室中，罗入登其床。大倭子有铁烟筒，头锐若焌，坐卧自随。罗取烟筒两手握之，力刺其腹，洞入里矣。大倭犹能跃起，趯罗倒地。罗复起扑倒之，大倭子死。罗为众所不容，走归。

时川、楚教匪未靖，罗投官军求自效。乡勇头目皆夙知罗之为人，言于帅，斥勿用。罗不得已，将转投教匪。途中遇老妪，相其貌曰："汝意非欲投贼耶？是断不可。"罗异其言，问："何适而可？"妪仍劝令从军，且曰："自此富贵至矣。"罗念军中惟一千总与素好，因往见之。千总留吃饭，问罗何技者最优，罗曰："某颇趫捷，高数丈可腾身而上。"千总曰："今教匪聚某山，山壁立，莫能上，正无策破之。汝若破此贼，大可进身。"罗诺之。千总为言于帅，帅问罗需众几何，罗曰："此非与之战也，乃为偷寨计，需火药五十斤，无需随人。贼山高，亦非他人所能登。"帅疑罗诳药，固欲派人随之。罗请与二十人俱。天傍晚，同至山下。度山势无路可上，惟一处山腰有枯树，可缘附之。而树去地尚远，非超跃可及。因还营，索长木数十株，用绳束之，令二十人扶使植立。罗带火药及火升木颠，跃及树，由树再跃登山，猱附而升，伏于丛莽间。俟夜深潜出，就贼营四面放火。贼仓猝不及备，多烧毙。黑暗中又不知何处兵至，狼奔豨突，自相残杀及践踏死者无数。罗仍伏草中不动。天明视之，贼营尽焚，贼俱散去。罗出，割死者首级十数，持以归，诣营报功，帅始收用之。自是每战辄陷敌，累功至今官。

任四川提督时，年已七十，两袜犹能各带铁条数枚，于署后设木梯，高四十级，日上下数十次，故矫健至老不衰。既贵，与人言不讳作贼，并于向被埋处建书院，以志不忘。

（一二） 名捕与巨盗

善缉捕之役，其技往往与剧盗争名。桐乡陈秀才言其尊人行贾山东，遇一客亦陈姓，尝与象戏，客局败，以其子拍几上，曰："唉！"棋已嵌入几中，与几面平。陈大惊，加物色焉。客曰："我山东名捕也，今退，不复为矣。"陈曰："以君之能，任缉捕必称职，何退为？"客曰："某当捕役时，实有能声，顾因是几得祸。某岁，邻邑有大窃案，邑之捕人不能缉，禀令聘予往。予勘被窃家墙垣，了无出入踪迹，知必远来高手贼，辞不易缉。令再三请，予曰：'试访之，获否未可必，亦不得限时日。'令诺，给银作旅费。某遂各处寻缉，偶过一村，见有大户新盖房屋，约百数十间。因于对门茶店小坐，漫问此屋何年兴盖。答言：‘本年。’‘主人土著乎？外来乎？’答：‘以外乡迁来。’问：‘何业？’答：‘不知。’予心动，即于村中僦屋暂居，日诣茶馆吃茶，且与大户仆人通款曲。亦皆系新来之人，不能知主人底蕴。但言：‘主人年七十余，双目皆瞽，此间无亲戚往来，约逾月即远出一次。出必以夜，从水路去，亦不知诣何处。’予因留意，探知伊主某夜当出，先于要路遗粪，而伏于暗处窥之。至三鼓，见二人携灯导一叟出，灯竟前走，并不需扶掖。叟步甚健捷，遇遗粪处，叟偭然旁走避之，并不践粪。予心知其瞽伪也，是可断其非善类。俟其归，往见其仆曰：‘某江湖算命，落魄无聊。汝主多财，幸荐某一推算，获钱当分用之。’仆曰：‘诺。’翌日，仆奔告予：‘主人候汝算命。’予即往，门者引之入。屋甚深，凡进一层屋，则一重门闭。至最后一层，见叟扶几南向坐。予揖之，叟亦不动。予言：‘宅上何人算命？’叟笑曰：‘子为算命来乎？子非山东名捕陈某乎？’某大惊，然心念此时已无路可出，既为猜破，不承认则反示弱。慨然应之曰：‘果然，我陈某也。’叟曰：‘是矣，子姑归，三日内听复信。’复令人导予出。过三日，无消息。予复踵其门问之，门者传言：‘信已送君枕边，何尚未知？’予归，搜视枕底，则白金二百两，白刃一柄，赫然存焉。予悸欲绝，急往白县令，言末由缉访，噤不敢言叟状。自是有戒心，辞役，不复作捕人矣。”

又有京师老番役一，缉捕最有名，因老退役。后京中连有大窃案，提督严比番役追缉，讫无影响。众役窘，求助于老番役。老番役往被窃家勘视，曰：“京城土贼及外来者，予无勿知，未见有此高手。当留意细访。”久之，无端绪，惟察某处有业剃头者，光景非常。因与游，不能测其底里。念京师除此人更无可疑者，拟下手擒之。剃头铺对面有空屋，老番役常偕剃头者于中闲谈。是日，老番役遣其徒伏空屋后门，徒能运五十斤铁锤，戒之曰：“但门内有人出，急击勿失。”徒携锤往伺。老番役乃约剃头者至空屋中闲谈，均立廊下。剃头者两手扶阑干，老番役佯与谈，举手欲按其手。盖老番役长技，但经伊按住，无得脱者。甫欲按下，剃头者已觉之曰：“嘍！汝欲何为?”老番役不答，急按其手。剃头者忽用蜕皮法，抽两手出。老番役所握者，皮两把而已。其徒在后门外，瞥见一人出，急挥锤击，不中，中地，黑尘坌起。剃头者竟杳无踪。

三九　小德张

隆裕太后权力远不及慈禧，而亦有宠监著闻，卓者小德张之能继靴子李而兴也。顾小德张之势力与资富，虽自不及李，相传亦有百万私产。在宣统朝，大吏奔走其门下者，实繁有徒。民国而后，太后既退居深宫，小德张尚能拥资自乐。惟群监已失婪贿之路，皆欲朔饥欲死，闻小德张独富，遂一见即向之索钱。小德张绝足不敢出宫门一步，并其私宅亦不敢归。然其在前门外大栅栏所开最巨丽之洋货肆，名曰“德义”者，尚金碧耀煌，购物者肩摩毂击也。隆裕下世，小德张遂出宫居私第，公然又为某金店之主人翁矣。得此郎君，于以殿二千年来宦寺之局，即非天之骄子，亦历史中不可不载之人物也。

四〇　春阿氏案

光绪晚年，京师有一奇案，几与前此之四大奇案（予志其三：一逆仆包祥弑李毓昌，二木工妇弑夫，三涿州狱，其四即杨乃武案，人所共知者也）并称。后虽雪昭，而罪人未诛，冤者又已卒，诚憾事也。

初，满人某者，居东城某胡同，有世职食禄，不事事，娶妻亦旧族，即春阿氏是。有后母年尚少，夙著艳名。父死，颇不安于室，然亦未有新著之秽史也。氏貌美而性烈，然事姑孝。满俗：姑媳之间，礼节繁缛，凡早晚问安，以逮饮食、起居、坐立、言动之细故，无不严辨尊卑上下。姑虽年少于媳，而名分所在，责备綦苛，且生性奢糜骄倨，又家渐中落，奴婢星散，至中馈圂圊之事，亦须媳代之，而氏服劳奉养，迄无怨言。某性颟顸，嗜酒与博，既不更事，复难养家。氏守常禄及出私蓄以附益之，不足则恒忍饥，人皆知其贤。无何，姑之丑史渐著，所欢者为某旗佐领。禄入亦不敷，则更绍介他金店友以分其劳，故某之门渐如市，秽声四播。某时闻同辈中讥刺，疑之，始留心窥察信，则大愤，声言欲与金店友为难，非得千金，将擒而置之步军衙门，语且侵佐领。二人惧，以告后母。后母谓："是混混者妄言耳，尽听之，彼必无奈何。"一日，俟金店友既入，彼竟伏人于门侧，俟其出要击之。金店友长跪求释，署券百金始罢，自是不敢复至。后母知之，恨甚，自是常外出不复归。

会母有侄某者，亦无赖，与某素不相能，平日见面不交一语。母既憾某不已，思惟侄可制之，乃嘱金店友以财饵侄，侄果愿效驰驱。是晚，母忽返，侄挽他友醉某以酒，扶掖而归。则见妻房中一男子翩然出，一瞥不见。大怒觅之，诟厉不已，抶其妻无算。妻以其醉，忍受之，不与较。久之，鼾寝矣。姑召媳入，语某无礼状，反劝慰媳。氏言："彼醉，儿不与较可耳。业已如此，抱怨亦奚益？"谈良久，始归房，乃从旁榻寝。盖某性暴烈，酒后恒不令氏同卧，或非招之，氏不敢自由行动也。比醒，天已黎明，某殊无声息。氏意彼酣恬，亦不为意。出房如厕，过姑室窗外，灯火荧荧，犹闻人亵语，太息不已，自言："家道如此，何以持久？"欲乘夫醒婉劝之。入房审视，不觉惊晕，盖夫已僵卧血泊中，颈上刀痕缕缕，亦不知于何时被人杀死矣。出房惊呼："有盗！"姑跃而起，若预知者，问："安得有盗？盗安在？"氏不能对。姑入视某状，大哭曰："杀吾儿者，必记日间痛抶之仇也。"因立命人缚氏鸣官。氏乃悟陷害之故，自思身命如此，辨亦无益；但此非美名，即亦不承，官其奈我何？

既付有司，姑历述当日夫妻反目状，且及房中有男子窜出事。官知为暧昧，而疑氏朴素婉笃，非不贞者，姑妖淫若此，情大可疑。然氏但供其夫不知为谁何所杀，亦无房留男子事，而绝不及姑之有外遇。及访舆论，人言凿凿，皆指斥姑，顾不可据为定谳。以言导氏，氏终不肯承。或私劝之，则曰："妾命薄，业嫁此家，复何恨？姑虽有外遇，但与杀人是否有涉，吾未目击，徒扬其丑何为？吾甘死于此。苟不能昭雪，亦命也。"始终不言，历问官三五，矢不移，案悬不能结。无何，氏得疾死狱中。某官始访得姑侄杀人状，而侄亦亡命黑龙江，已死。惟姑犹存，欲惩治之，而为氏旌表。革命事起，遂未果。

四一　贺昌运

贺昌运者，四川富家子，以道员入都营干。偶游香厂，睹一丽人，风骚冠侪辈，因注意焉。未几，托波通辞，竟成邂逅之缘，入此室处，予取予求矣。丽人乃道、咸间某相国之孙媳，某胡同巨第巍峨，家无尊长，仅一庶祖姑，亦聋瞶不事事矣，故贺得出入无忌。顾某相国门生故吏，列朝右者颇多，戚友通往来者，不无显赫之辈，闻其状，愤不能平。时贺竟移居相国第中，俨如小夫妇矣。戚某者，又怂恿其庶祖某诉讼，庶祖姑懦，畏贺气焰，谢不敢。后乃得相国族侄某者，诉于官厅，一时哄传都下。

以贺某身为职官，犯此奸占之行为，苟不严惩，何以澄叙官方，整饬纲纪。刑官不得已，乃捕贺置之狱。贺上下行贿，卒以五万入庆邸，而得递解回籍之判决。既出狱，丽人追与之俱曰："以尔车来，以我贿迁。"从此双宿双飞，薄道员而不为矣。贺家故有妇，丽人愿为夫子妾。后挈之俱居沪，相国遗产为之挥霍殆尽，亦孽缘也。

四二　吏部鬻官案

吏部鬻官盖时时有之，惟庆邸时则定价招徕，明目张胆，较为显著耳。初，庆邸贿赂公行，外省官吏，几无不以贿得者。言官哗然，朝旨终不问。及振大爷之杨翠喜案出，御史江春霖辈上疏力击，反得罢官之结果，言路益愤。诸谏台会议松筠庵曰："不以法破此獠，吾终不需此乌台矣。"或曰："擒贼擒王，固痛快之事。但机会未至，徒劳何益？吾意不若不剪其羽翼，则事易办也。"众皆然之。或乃言："今吏部员曹悉系庆党。平时为其经商卖力者，不知凡几。以予所得凿凿有证者，某事某官，咸可指数。不如从此处着手，官小力薄，纵庆欲回护，然物议如此，彼必不能以一手掩尽天下耳目。揆之救大不救小之例，亦当易于得力。苟有动机，吾辈徐图进行，为得寸得尺计。此法殊占便宜。"佥曰："诺。"疏上，而吏部郎官王宪章者拿问矣。王宪章为某曹郎中，庆邸走狗也。每岁鬻州县者百计，以十分之五呈庆，而自取其二，余则同侪分润焉，行之有年。至此破裂，急求救于庆邸。庆邸报之曰：“牺牲子之一身，以保我名誉。吾官尔子孙，令尔含笑于九泉可也。”王遂正法于京市。

四三　流星有声

同乡赵先生子敬为予言，宣统辛亥春间，即武昌举革命旗之岁也，某夜在寓，集友人手谈。方思索间，室内沈静无声，忽闻隆隆霍霍，起于空中，似雷非雷，咸疑汽车远过，然声亦不类。侍者大呼曰：“流星，光何巨也！”予与友疾趋出视之，光甚闪烁，照耀万丈，而其声即随之，愈远愈剧，回音作爆裂响，约五分钟始不见。自西北往东南，其行甚缓，不似寻常流星之一瞥即过也。是夜，见者甚多。合之各地所谈，情形大略相同。惟东南各处友人来函，则并云未见，或者止京师一地所见欤？占验若何，则未之闻。予虽不信禨祥，惟赵君所述则甚确，并有数友证明之。